基于导学的自主学习型数学课堂的教学实施与评价

修洁 著

吉林大学出版社

· 长 春 ·

图书在版编目（CIP）数据

基于导学的自主学习型数学课堂的教学实施与评价 /
修洁著 . ——长春: 吉林大学出版社，2020.12
ISBN 978-7-5692-7987-0

Ⅰ.①基… Ⅱ.①修… Ⅲ.①小学数学课－课堂教
学－教学研究 Ⅳ.① G623.502

中国版本图书馆 CIP 数据核字（2020）第 263155 号

书　　名：基于导学的自主学习型数学课堂的教学实施与评价

JIYU DAOXUE DE ZIZHU XUEXIXING SHUXUE
KETANG DE JIAOXUE SHISHI YU PINGJIA

作　　者：修　洁　著
策划编辑：朱　进
责任编辑：朱　进
责任校对：刘守秀
装帧设计：王　强
出版发行：吉林大学出版社
社　　址：长春市人民大街 4059 号
邮政编码：130021
发行电话：0431-89580028/29/21
网　　址：http://www.jlup.com.cn
电子邮箱：jdcbs@jlu.edu.cn
印　　刷：三河市嵩川印刷有限公司
开　　本：787mm×1092mm　　1/16
印　　张：19.5
字　　数：310 千字
版　　次：2020 年 12 月第 1 版
印　　次：2023 年 4 月第 1 次
书　　号：ISBN 978-7-5692-7987-0
定　　价：76.00 元

前　言

2009 年 2 月，在烟台市教育科学院倡导的作业改革精神的指导下，海阳市育才小学进行了小学数学作业改革的尝试。十几年来，我们以减轻学生课业负担、提高学生学习效率、激发学生学习兴趣、提高学生核心素养为目标，探索作业改革的有效途径，探索出作业改革与课堂教学融合的基于导学的自主学习型数学课堂教学模式。

现实困境：课时少、任务重，改革势在必行

新教材使用之初，教师的理念在逐步提升，学生的学习方式也悄然改变，而教师的课堂和学生的课外作业却还在走着"老路子"。课堂上的低效率使得没有完成的教学任务被放到课后，利用布置巩固性作业来弥补；在作业的处理上，教师还要拿出课堂时间进行讲解或者批改。教师的主要精力放在学生作业批改上，没有时间去研究教材、研究学生、研究课堂。

鉴于此，实施作业改革实属当务之急。从提高课堂教学效率入手，以促进学生全面发展的高度重新认识作业。传统的作业观，已经不适应当下课改的新要求，将作业与课堂有机融合，把学生的生活实践性作业、动手操作性作业、自主探究性作业等全部纳入作业改革的视野中。坚持以促进每一个学生发展、全面提高教学质量为目标，以精心设计、减轻负担、快乐高效为立足点，以培养学生自主探究、实践体验为主线，首先要为课堂教学服务提供新型作业模式。

理论意义：作业创新的三大走向

《数学课程标准》指出："人人学有价值的数学，人人都能获得必需的数学；不同的人在数学上得到不同的发展。"[①]

1. 从重自主学习走向导学作业

导学作业设计时要充分发挥学生的积极性、主动性和探究性，这是新课程改革的要求。教师作为学生学习的引领者，要从关注学生的自主学习转变为关注导学作业的设计。要设计让学生能主动探究、主动获取知识、主动运用知识解决问题类型的导学作业，更要设计能让学生对自己的作业进行自我解答、自我反馈和自我评价的导学作业。

2. 从重应用意识走向实践作业

"应用意识"是新课标中的一个核心概念，它强调在数学教学过程中要主动地发现生活中的数学信息，能够用数学知识解决生活中的实际问题；面对新的数学知识时，能够主动地寻找其实际背景，并探索其应用价值。数学实践性作业注重生活具体情境的应用，设计使数学知识与技能可以解决实际问题的活动型作业，这类作业意在沟通抽象的数学符号、图形与学生的实践生活的联系。作业的形式一般有调查性实践作业、操作性实践作业、探究规律性作业和知识迁移性作业。

3. 从重技术运用走向网络化作业

应提倡现代教育技术与课堂教学、作业相融合，这样，作业可以超越纸、笔的传统形式，走向网络化、数字化。学生可以根据教师提供的资源（例如微视频），围绕一个核心问题，对提供的相关资源进行深入分析，进而解决问题并得出结论。这类作业更加关注学生的信息分析、综合和评价能力，注重培养学生对信息的深度加工和探究学习的能力。

---

① 李建利. 新课改下教师角色转变的思考[J]. 上海：科学教育，2011（3）：76.

走过历程：作业改革三部曲

海阳市育才小学的作业改革经历了"课前导学提纲—课前实践性作业—课前导学性作业"三个阶段，在多年的尝试操作中克服了一个个困难，摸索着前进。实践证明，一个阶段比一个阶段适用，一个阶段比一个阶段有效。

课前导学提纲的使用大大提高了课堂的效率，但我们在实施过程中依然发现其存在的弊端。如教师"导"得过多，限制了学生对知识的主动探究。因此，我们又尝试着将数学经历这样的活动放到课前进行。从而提出了课前实践性作业，让学生课前去调查、操作、探究，这些作业的实施大大提高了学生的作业兴趣，开阔了学生的视野，但耗时太长，学生负担过重，不能很好地掌握知识，我们重新定位课前作业，进行了课前导学作业的实践与探索。在"互联网＋"时代，单纯的"文本导学"已经满足不了学生的学习需求，在此基础上我们提出了"微课"导学作业（带有二维码），关注学生的差异性，重视学生对学习的需求，实现学生个人价值。

显著成效：作业改革的实践意义

1. 创新了课堂模式

学生的作业与课堂教学是不可分割的。学生借助导学作业进行学习，节省出的时间，在课堂上就可以进行大量练习题组的训练，从而减轻课后巩固性作业的压力。基于导学的自主学习型课堂教学模式因此在作业改革的环境中应运而生。

2. 提升了教师的专业化发展水平

经过多年的实践，教师的课堂观、作业观、评价观都在发生改变，教师逐步明确自己在课堂教学中起到组织、引领、评价的作用。实践研究中，教师通过对日常教学的反思、总结、提炼，不断积累教育教学经验，促进自己更好地成长。

3. 改变了学生的学习方式

因材施教的思想由孔子提出后,不仅对我国的传统教学思想产生了深远的影响,也是当前教育的一个探究方向。学生借助教师提供的"微视频"和"导学作业单",总结并记录自己有疑惑的地方,课堂上经过小组合作学习、全班展示交流等活动,解决自己的疑惑。这样,既尊重了学生的差异性、个性和主体地位,又立足于学生个体的发展,起到减负增效的作用。

修洁

2020.8

目　录

第一章 基于导学的自主学习型课堂 教学模式概述

"师者,传道、授业、解惑也"。教师精心备课,课堂上滔滔不绝地讲课,学生跟着教师时而思考、时而看书、时而动笔记笔记,这也许是传统课堂我们期待的情景。但多年来的教学实践告诉我们:有时我们教师讲得很卖力,学生却学得很乏味;教师一节课说得口干舌燥,学生的学习收获未必多;或许学生学了一些"知识",却未必"知其所以然"。

所以,我们一直在研究,什么是有效或高效的课堂?怎样的教学方式或者教学模式会让学生事半功倍,迅速成长?高耗低效,原因在哪?高效课堂,路怎么走?我们在探索着。

美国教育家彼德·克莱恩说:"学习的三大要素是接触、综合分析、实际参与。"[①]其本质就是让学生亲历知识的探究过程,积累丰富的学习经验,在原有知识基础和生活经验的基础上,经过分析、推理、论证,从而获取新知识。新课程倡导的自主学习、合作学习、探究学习等学习方式,都是以学生积极主动参与学习为基础的。学生参与学习的积极性、参与的深度和广度,是衡量课堂教学效果有效性的标准。

---

①何萍. 数学学习和生活实践的"链接与交互"[J]. 教育科研论坛,2005(11):10-11.

第一节　基于导学的自主学习型课堂教学模式的提出

传统的课堂教学，注重教师对知识的讲解，讲得多、练得少。教师在课堂上采用简单的回答式（一问一答）进行教学，将学生"抓在手中"，学生被"牵着鼻子走"。一节课下来，表面上看似热闹，学生能够对教师提出的问题"对答如流"，但没有学生提出自己的疑惑或者问题，究其原因，是教师"刻意为之"的问题主导着课堂。问题都是由教师提出，学生丝毫没有参与，缺少了学生生活经验的支撑，缺少了对知识的亲自感知，学生自然对学习毫无兴趣，效果也很差。于是，课堂上的低效，导致课上达不成的学习目标只能借助课后布置巩固性作业来进行弥补。这直接导致学生被禁锢在课本里，淹没在题海中。这些做法慢慢使学生厌倦学习，怠于思考，没有了个性，更缺乏创造性。最终，学生被作业所累，教师苦于批改作业。沉重的作业负担不利于教师的专业化成长和创新工作的开展，更不利于学生的健康成长和创新能力的培养。

2009 年 2 月，烟台市教育局新颁布的《烟台市义务教育五四分段课程实施计划》中规定小学每周安排 4～5 节数学课、学生各科家庭作业的总量不能超过 1 小时。课程实施计划中对课时的限制和对作业量的控制，导致传统的上课方式、家庭作业的处理方式渐渐适应不了新课程标准的要求，完成不了新课程标准规定下的课堂教学任务。

现实问题让我们不得不重新审视自己的课堂，因此我们从提高课堂教学效率、改进课堂教学模式入手，以改革作业方式为突破点，探索一种新的课堂教学思路。因此我们提出了"课前导学性作业支撑下的小组合作学习模式"的研究。

2009 年 5 月，我校被确定为烟台市小学数学作业改革的试点单位，借此机会，我们从改革作业方式入手来改变学生的学习方式和课堂教学模式。

我们对小学数学作业进行了有针对性的研究。数学作业作为学生认知数学概念、掌握数学知识、获取数学方法、提升创新意识和拓展学生数学思维的一项经常性实践活动，也是师生间相互传递信息的一个极其必要的窗口。然而，在作业调研中发现：一方面数学课外作业存在过多、过滥，导致学生忙于应付的现象；另一方面是大量的作业简单重复，缺乏针对性、探究性。学生又没有时间深入思考，往往马虎应付，而教师受制于大量的作业，导致没有足够的时间进行认真、细致的批阅，最终只能是机械、简单勾画对错号。归根结底，这种现象是教师不愿意花精力去研究、分析、沟通作业设置与数学知识之间的联系，每次上完课，随意留几道题给学生作为课外作业的外在表现，也是造成"学生课业负担过重"的现实因素。这种状况不仅严重影响数学教学的效率和质量，同时也抑制了学生的主体意愿，阻碍了学生数学思维的形成和发展，甚至于出现个别学生因对作业没有兴趣，疲于应付而导致抄袭作业、不写作业等恶劣现象的出现。

因此，以最大限度减轻学生的课业负担为目的，开展数学课后作业设计研究，构建科学规范、精巧高效的小学数学作业体系，是解决学生课业负担过重，身陷题海难以自拔等突出问题的现实需要。

《数学课程标准》中指出："数学活动是师生积极参与、交往互动、共同发展的过程。"[1]这一过程必然充满着观察、实验、模拟、矫正、探索与创造等。这也说明数学有两个侧面：一个是形式层面的数学，即静态的数学知识；一个是发现层面的数学，即动态的数学思维。只有把这两者结合起来，才是完整的数学，任何一方的缺失都会造成数学的难教和难学。

基于"思维对话"和"差异教学"的理论，我校早在2007年9月就开始进行数学作业改革的探索，先后经历了"课前导学提纲—课前实践性作业—课前导学性作业"三个阶段（见图1-1），通过不断地尝试摸索和思考改进，最终于2011年提出了以"导学作业支撑下的小组合作学习"为课堂教学模式的改革思路：即学前"导学"，引领学生独立思考、自主探索；课中小组合作展示交流所学知识，教师组织梳理知识、巩固练习；课后拓展延伸、深化实践。

2013年，在反复的实践应用中我们发现：课前导学作业适用于迁移性的"计算课"和操作性的"几何课"，不适用于"起始课"和"概念课"。如何解决这一问题，将"老师"带回家呢？我们想到了将信息化与课堂教学进行融合，打造新型的课堂。于是，开始了"微课导学"的研究，并申报了国家级、省

---

①中华人民共和国教育部．《义务教育数学课程标准》（2011年版）[M]．北京：北京师范大学出版社，2011：1.

级和烟台市级的信息化专项课题研究,取得了显著效果。

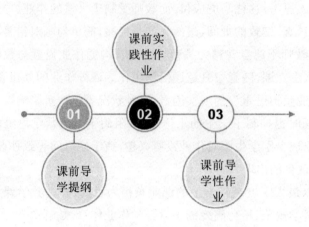

图 1-1　数学作业改革经历的阶段

在此基础上,2016 年我们提出了"基于导学的自主学习型课堂教学模式"。该教学模式的基本流程包括"智慧导学—自主探究—合作学习—拓展提升—实践应用"这五大环节(见图 1-2)。

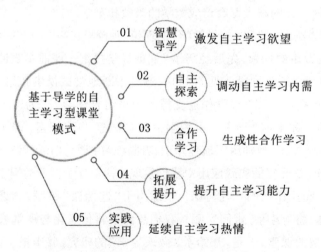

图 1-2　基于导学的自主学习型课堂模式

这种模式的核心理念是让学生的思维动起来,让学生的思维活起来。通过导学作业使动态的数学思维和静态的数学知识紧密联系,让学生在完成作业的过程中体悟数学的趣味、实用和奇妙,让学生的数学思维和学习数学的能力通过学生自主学习、合作学习等方式得到提升。

通过五年的实践,教师们感到这种授课模式不仅彰显了导学作业的科学性和合理性,提高了课堂教学的效率,达到了既"减负"又"增效"的目的,也实现了数学学科课堂教学高质量的目标。这一做法得到了上级教育主管部门、家长和学生的肯定和赞许,其成果在全市进行推广应用。

第二节 基于导学的自主学习型课堂教学模式的内涵

为什么要研究自主学习型课堂?《数学课程标准》中明确指出:"学生学习应当是一个生动活泼的、主动的和富有个性的过程。除接受学习外动手实践、自主探索与合作交流同样是学习数学的重要方式。学生应当有足够的时间和空间经历观察、实验、猜测、计算、推理、验证等活动过程。"[①]

"智慧导学"是各种导学作业的合称,它包括"微课"导学、"问题"导学、"目标"导学等,是学生进行自主学习的引领,是学生进行合作学习的前提,是学生学习真正发生的一个必经阶段。(见图1-3)

图1-3 "智慧导学"与自主学习、合作学习的关系

---

① 中华人民共和国教育部.《义务教育数学课程标准》(2011年版)[M].北京:北京师范大学出版社,2011.

基于导学的自主学习型数学课堂的教学实施与评价

　　合作学习是20世纪70年代初兴起于美国,颇具影响的教学理论与策略。它以课堂中的小组学习和全班展示交流为主要组织形式,根据一定的程序和方法,利用合作性人际交往促进学生认知、情感和社会性等方面的发展。[①]合作学习是一种投入产出比率较高的学习方式。一般来说群体合作比个体学习更能产生好的学习效果,是一种不容忽视的教学策略。

　　但是,合作学习能否成功是有前提的,传统课堂上的合作学习环节大多数效果是不够理想的,甚至于仅仅是走过场,浪费了大量时间和精力。为什么这么说呢?根据我们多年深入课堂进行观察发现,学生要在真正意义上完成合作学习,就必须具有自主探究知识的前提,要在开展自主学习的基础上,积累一定的知识基础、生活经验及解决问题的方式和方法。学生只有自己亲身经历了,在合作学习交流时个体的活动性才会充分展示,才会有话语权,才能产生思维的碰撞,进而取得好的学习效果。

　　那么,学生怎样才能有效进行自主探究学习呢?是不是让学生课前预习就可以了呢?目标学习理论告诉我们,没有目标的学习是没有动力的,也是没有效率的。因此,我们根据小学生的认知特点和所学知识的类型,提出了"智慧导学"这一观点。在"智慧导学性作业"的引领下,通过恰当的问题、富有启迪性的生活情境、有趣的数学现象等引领学生开展有目标的自主学习,从而有效实施"基于导学的自主学习型课堂教学"这一模式。

　　"基于导学的自主学习型课堂教学"简单地说就是学生在教师设计的"智慧导学"作业引领下先行进行自主学习,把自主学习探究的成果在课堂上与同学进行交流、互动和分享,把个人不明白的问题在小组交流中合作解决,同时梳理出小组内解决不了的问题,将这些问题通过全班合作学习,由师生合作解决或由教师指导解决,从而达成学习目标的教学过程。

　　具体地说,教师在备课时,要先依据课程标准制定翔实的学习目标,然后根据学习目标和知识内容,设计可以引领学生自主学习的"课前导学性作业"。学生在自主完成导学作业的同时,收获知识、发现并提出新的问题。学生自主探究的成果是课堂上合作学习的重要资源。课堂上对"学习成果"进行分享交流,在和谐的师生互动、生生互动、生本互动中多向反馈交流信息,解

---

①焦海霞. 合作学习与体育合作学习策略 [J]. 百色学院学报, 2007, 20(3): 130-132.

决疑难问题；最后在教师引领下梳理知识体系,巩固学习成果,引领学生进一步思考,实现由课内到课外的延伸。

该模式的核心理念是在"导中学"、在"学中导"。"导中学"是指学生在教师设计的"智慧导学性作业"的引领下自主学习；"学中导"指的是教师在学生合作学习过程中相机引导,点拨提高,梳理知识体系。这里的"学",前者是自主学习,后者是合作学习；这里的"导",前者是"智慧导学性作业",后者是教师的"引领""指导""交流""启发"及"总结梳理"等。

第三节　基于导学的自主学习型课堂教学模式的理论基础

基于导学的自主学习型课堂教学模式,有如下理论为指导。

第一,罗杰斯的人本主义学习理论。罗杰斯认为："学习的过程不仅是学习者获得知识的过程,而且是学习方法和健全人格的培养过程,每个人都有学习的潜在能力；内容有意义且符合学生学习实际才会产生学习；学习者自我发起并主动积极地参与的学习是最有效、最深刻的；从做中学,鼓励学生自由探索"。[1]我们主张的基于导学的自主学习型课堂教学就是让学生有目标地进行自主学习,与该理论是完全吻合的。

第二,建构主义理论"让学生成为有意义的主动建构者,要求学生在学习过程中发挥主体作用,用探索法、发现法建构知识的意义；在建构意义过程中要求学生主动搜集并分析有关的信息和资料；'联系'与'思考'是意义建构的关键。"[2]学生的自主探究就是一个自我建构的过程。在这个阶段,我们的目标是引导学生主动搜集并分析有关的信息和资料,主动去解决问题,想方设法自主地去解决问题,并记录解决问题的方法,如果遇到新的疑惑或问题,也记录下来,为课堂上的合作学习积累素材和资源。

第三,多元智能理论。"1983年由美国哈佛大学教授霍华德·加德纳提出。每个人都有自己的优势智力和劣势智力,教育应该充分发掘学生的潜力,

---

①莘县实验小学经验推广,互联网文档资源（http：//wenku.baidu.c）.
②莘县实验小学经验推广,互联网文档资源（http：//wenku.baidu.c）.

让每个学生都能获得成功,其核心是每个儿童都是潜在的天才儿童,要相信每一个儿童只要给予恰当的引导都可能成功。因此,多元智能理论倡导积极平等的学生观,强调个性化自主的学习。"[1]基于导学的自主学习型课堂充分体现了这一点。小组内组员间的相互帮扶、小组长的引领、老师的启迪、师生之间的平等关系,都在不断地发掘学生的潜力,使每个学生都能获得成功的体验。

第四,尝试教学理论。尝试教学理论的基本观点是"学生能尝试,尝试能成功,成功能创新",特征是"先试后导、先练后讲"。[2]尝试教学理论的学科理论依据主要包括哲学基础、教学论基础和心理学基础。从哲学角度看,辩证唯物主义的认识论要求重视学生在教学中的实践活动,使学生获得知识、发展思维、培养能力。基于导学的自主学习型课堂是在尝试教学理论的基础上进行了大胆的改进,即在学生自主学习前进行有目标地引领,让学生明确目标,明白要做什么,怎么做,以及做到什么程度。

第五,陶行知的六大解放理论。"解放他的头脑,使他能想;解放他的双手,使他能干;解放他的眼睛,使他能看;解放他的嘴巴,使他能谈;解放他的空间,使他能到大自然、大社会里取得丰富的学问;解放他的时间,不把他的功课表填满,不逼迫他赶考,不和家长联合起来在功课上夹攻,要让他有一些空闲时间消化所学,并且学一点他自己渴望要学的学问,干一点他自己高兴干的事情。"[3]这是基本内容,"基于导学的自主学习型课堂"教学模式之所以把学生的自主探究学习放在课前,就是给学生足够的时间和空间,让学生在自己的探究空间里俯下身子,放飞思维,这样才会将自主学习落到实处。

第六,发现学习理论。布鲁纳认为:"发现,并不限于追求人们尚未知晓的事物,而应指人们利用自己的头脑亲自获得知识的一切方法。"他认为,学生应该在教师的启发引导下按自己观察事物的特殊方式去表现学科知识的结构,借助于教师或教师提供的其他材料去发现事物。

发现学习的基本观点如下。

①莘县实验小学经验推广,互联网文档资源(http://wenku.baidu.c).
②张锋.也谈"尝试教学法"在中学体育课中的运用[J].教育教学论坛.2009-12-15.
③莘县实验小学经验推广,互联网文档资源(http://wenku.baidu.c).

（1）学习的本质是主动形成认知结构。学习是一个积极主动的认识过程，学习者不是被动地接受知识，而是主动地获取知识，并把新获得的知识和已有的认知结构联系起来，积极建构知识体系。

（2）学习包括获得、转化和评价三个过程。习得：新知识的获得是与已有的认知结构和知识经验联系的过程，是主动认识、理解的过程。转化：转化是对新知识的进一步分析和概括，使之转化为另一种形式，适应新的任务，并获得更多和更深刻的知识。评价：对知识转化的一种检查，通过评价检查我们处理知识的方法是否适合新的任务，运用是否恰当。

（3）强调学习的内部动机。学习的最好动机是对学科本身感兴趣，只有这样，学习的积极性才能得到充分发挥。

"基于导学的自主学习型课堂"教学模式实施的前提就是借助教师设计的"智慧导学性作业"激发学生的自主学习动机。让学生来自主探究学习，重在经历学习的过程，积累丰富的知识经验和探究方法，去自主构建知识体系，获取第一手学习材料，这是学生成长中很重要的一笔财富。

第二章 自主学习型课堂教学效果的影响因素

第一节 导学与导学作业

导学概念界定的关键点在"导"和"学"二字上,导学作业于学生而言,是可以借助其培养自主学习的能力;于教师而言,是可以让其发挥主导作用;于教学理念而言,导学作业中蕴含着丰富的新思想、新观点,具有重要的实践意义、应用意义和价值意义。

导学作业主要由两部分组成:一是教师的导,二是学生的学。导学作业既是教师设计供学生使用,在学习中起到辅助作用的一种学习工具、一种学习载体,也是联结课堂内外,联结教师的"教"、学生的"学"与相关"知识"的纽带。教师通过"导"来引导学生进行学习,学生借助"学"来完成学习任务,实现学生的"学"和教师的"导"的和谐统一(见图2-1)。

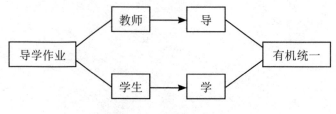

图2-1 导学作业的组成

第二章　自主学习型课堂教学效果的影响因素

一、什么是导学

导，本义：以手牵引，引导。"导"，《说文》云："引也。"[①]在这里"导"就是教师引导和指导。

"导"主要指教师指导学生开展学习，关键是教师对"导"的设计。"导"的目标是让学生清楚即将学习的知识内容，即需要探究的内容；让学生掌握探究学习新知识所要用到的方法；让学生进行提前探究，知道如何去做；让学生有兴趣地期待学习过程，接近和完成学习的结果。

"学"主要指学生根据教师设计的导学作业要求，有针对性地去完成学习任务。学的目标是让学生根据教师设计的导学作业的要求，通过一系列的操作、调查、实践等活动，自己发现知识规律、寻找解决问题的方法、提出疑惑的问题等实现自主学习。同时积累自主学习过程中的经验和素材，为课堂上小组合作学习、展示做好充分准备。

《现代汉语新词词典》中给"导学"的定义是引导学习。我们这里的导学是指教师借助学习材料（包括学案、"微课"导学、实践性作业、问题导学等）来引领或指导学生积极主动地探究知识的过程。

二、什么是导学作业

导学作业是指导学生进行自主学习、积极参与、优化发展、合作学习的方案。由教师结合《数学课程标准》的要求、学生认知水平、知识经验编写的供学生课外预习和课内自主学习用的学习材料。是落实"先学后教，教学合一"[②]的基本理念，是培养学生主动学习的意识，坚持面向全体学生，让每一个学生都能"真学习"并主动获取知识，不让每一个学生掉队的有效保障。

利用导学作业开展学习活动是以学生的自主学习为主体，以教师的启迪引领为主导，也是师生共同合作开展学习的一种教学模式。倡导学生自主学习、自主探索、自主收获，是学生学会学习、学会合作、学会发展的有效途径。

导学作业是学习材料。是由教师设计的，把教学目标、预习任务、知识重

---

① 卞中恒.《察今》注解商榷[J]. 语文教学通讯，1989(Z1).
② 邹文耀. 探究"先学后教，教学合一"在教学中的应用[J]. 教育界，2013(20)：71.

难点、教学活动、评价任务等编写成供师生使用的学习材料,也是帮助学生揭示学习过程与方法、实现深度学习的思维辅助工具。

导学作业的基本特点:超前性、指导性、探究性、实践性。导学作业的设计是基于新知、基于学情、基于生活经验的,注重对学习方法的指导,尤其在培养学生的自主学习能力、合作探究能力和实践操作能力等方面有重要的意义。课前,学生通过完成导学作业,对所要学的新知识有了一定程度的了解,获取到了新知识的操作技能、思维方式和学习方法的指导。与传统教学相比,导学作业将学生的主体地位表现得淋漓尽致。

导学作业就像旅游时的"导游图",它带领学生从入口进入,随着标志牌的指示,经过自己的努力、同伴的互助和教师的指导,从入口找到最后的出口。导学作业"板块式"呈现学习的目标,帮助学生明确了"导游图的终点"在何方。在导学作业内容的安排上,学生知道了如何开展探究式学习,也就是"沿着导游图的路线"顺序前行,最终走向"终点"获取新知。"板块式"学习活动中设计了具体的操作流程安排,为学生的学习行为搭建了必要的"脚手架",有助于进一步细化学习过程,放大学习细节,实现由"重教"到"重学"的有效转化,从而指导学生自主学习,达到培养学生自主学习能力的目的。教师在设计导学作业的时候,将新知识进行"问题化"的梯度设计,将"大坡度"放缓、把"大的问题"化小、把"高起点"放低,这样一来,学生沿着一个个的"台阶"拾级而上,脉络清晰,学生的能力会在循序渐进中得到提高。

将以上阐述与本校实践相结合可得:导学作业是教师在《数学课程标准》的指导下,在对整个数学知识体系的掌握下,通过对学生认知发展水平的了解,遵循教育教学原则和学校的规章制度而设计出来的学习方案。这里共阐述三种类型:课前导学作业、课中指导导学作业、课后辅导导学作业(见图2-2)。

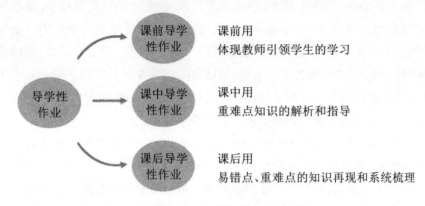

图 2-2　导学作业的三种类型

课前导学作业是教师设计的,是引领学生课前进行自主学习的有效材料,导学作业单上主要呈现学习目标、知识链接、学法指导和学生自主探索的目标等,供课前使用;课中指导导学作业是针对某一知识点在课堂上开展探究性学习,导学作业单上主要呈现探究这一知识点的方法、建议和探索过程等,供课堂上使用;课后辅导导学作业是对易错点、易混淆点、重难点知识的点拨、梳理和系统建构等,既是对新知识的巩固和延伸,也是对学生思维的挑战与拓展,导学作业单上主要呈现典型题练习、知识对比和结论获取,供课后使用。

三、导学作业的设计

导学作业的设计应包含两部分内容:一是学生用的学习方案;二是教师用的教学方案。教师根据教材内容设计导学作业,学生根据导学作业设计的相关要求开展学习活动。导学作业的设计一般包含两条主线:外显的主线是学生外在的操作互动,内隐的主线是学生内在的思维活动。

导学作业相对于教案而言,它是在素质教育思想的指导下,由教师根据教学任务、学生的知识基础、能力水平、学法特点和心理特征等设计的或在教师指导下由学生设计的培养创新意识、训练和发展学习能力的,供学生在整个学习过程使用的学习方案。我们研究的基于导学的自主学习型课堂教学模式中的导学作业不是孤立存在的,而是与教师设计本节课的教学设计相匹配的,教学设计是本节课所承载的课程标准的要求的具体落实。

基于导学的自主学习型数学课堂的教学实施与评价

教学活动中，教离不开学，学也离不开教，教学永远包括教和学，是教与学有机结合的辩证统一。运用导学作业进行教学，实质是凸显学生的"学"。教师的"导"贯穿始终，学生始终是在教师"导"的基础上进行学习的，教师的"导"和学生的"学"两者缺一不可，相辅相成。[①]导学作业突出了学生的主体性，是学生开展自主学习的依据，是学生自主学习能力的一种体现。

例如，五年级下册"圆的面积"课前导学作业。

1. 我们研究过很多平面图形的相关知识。在长方形、正方形和平行四边形的学习中，我们都研究过它们的哪些知识？（各部分名称、周长、面积等）

思考：对于圆，我们学习了哪些知识？圆的面积如何求呢？

温馨提示：回想一下，我们在学习"平行四边形的面积"时是怎样通过"转化"的方法来进行研究的，圆的面积该转化成什么图形来研究呢？

2. 准备几张完全相同的圆形纸片，把它平均分成4份、8份、16份甚至若干份，把每一个圆形进行重新拼组，研究一下拼成的图形与我们学过的什么图形类似？两者之间有怎样的关系？动手试试看！

3. 作业要求：

（1）把拼成的图形带回来或者贴在导学作业记录单上；

（2）探究拼成的图形与圆形各部分之间有怎样的关系？把你的发现写下来。

从以上内容来看，教师的"导"为学生的"学"指引了方向，探究圆的面积可以借助之前的知识基础，把圆"转化"为已经学过的图形来探究它的面积。这样，学生回家之后就能够根据"学"的指导完成学习任务。从学生反馈的作业情况来看，学生乐于动手实践，喜欢主动去探究、去发现，大部分同学能探究出圆的面积的求法。当然，学生的差异是现实存在的，部分学生没有研究出圆的面积，但他们经历了知识探究的全过程，经历了"从头到尾"思考问题的过程。自主探究获取数学基本活动经验，哪怕最后的结果不是理想的结果，但"学"的过程也是有价值的。

---

①李福灼，李淑媛．近年来我国导学案研究的回顾与反思［J］．教育与教学研究，2013，27（2）：95-98.

四、导学作业的意义

基于导学的自主学习型课堂教学，符合新时代教育教学规律，与新课改的核心理念是一致的。

首先，"导学案"的运用在很大程度上改变了传统的"师授生受"的教学模式。[①]基于导学的自主学习型课堂教学模式能有效地处理"学"与"教"的关系，凸显"学"的主体地位，符合现代教育规律。众所周知，教育的核心关系实际上就是"教"与"学"的关系。现代教育区别于传统教育最基本的标志就是从"教师本位"逐渐转向"学生本位"，基于学生的学习需求，以学来定教。这样才能使学生的能力不断增长，使每个学生都得到全面而自由的发展。[②]因此，基于导学的自主学习型课堂模式厘清了"教"与"学"的关系，在建构自主学习型课堂方面实现了突破。

例如，在"圆的面积"的案例中，教师设计的导学作业给予学生充分独立探究的时间和空间，学生利用"转化"的方法把要探究的新知识"变成"已经学过的图形来进行研究，从而探究圆的面积。从学生完成的导学作业"成果"（见图 2-3）来看，效果非常好，大部分学生都能将圆形进行平均分，大部分学生是平均分成 4 份、8 份、16 份等。不难发现：分成的份数越多，拼成的图形越接近平行四边形。课堂上，教师根据学生探究的结果，有针对性地进行点拨指导，引领学生获取新知。从导学作业的使用情况来看：课前，导学作业成了"被带回家的老师"，课堂上，导学作业成为学生合作学习很重要的"合作伙伴"。总之，导学作业的使用把自主学习的权利还给了学生，学生成为学习真正的主人。

---

① 林红春 . "导学案"不应沦为"应试"的工具 [J]. 中小学数学（小学版），2015(21)：46.
② 吴永军 . 关于"导学案"的一些理性思考 [J]. 教育发展研究，2011(20)：6-10.

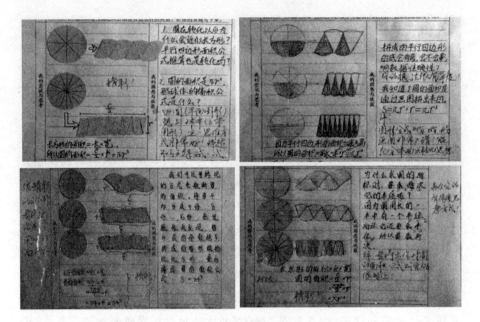

图2-3 学生完成的导学作业"成果"

其次,基于导学作业的课堂教学与新课改的核心理念高度一致。从新课改的核心理念"一切为了学生的发展",以及《基础教育课程改革纲要(试行)》中提出"转变学生学习方式"的要求来看,具有"共识"的是:以"自主·合作·探究"为标志性的学习方式为主,师生之间、生生之间通过对话、互动,帮助学生建构知识与意义。[①]

例如,在上述"圆的面积"的案例中,导学作业的设计并不是直接告知学生新知识的结论,而是让学生自己通过动手操作、自主提炼、自主发现新知,学生带回来的精彩的导学作业成就了学生探究的精彩,学生作业内容丰富(或者"贴",或者"画",或者"写"等方式都是将新知"转化"为旧知),研究的路径科学、合理、有针对性。同时,在课堂上教师给予学生充分展示自己学习成果的时间和空间,无论是在小组合作学习,还是在全班展示环节,学生正是因为对知识有了切实的把握,能够主动交流、质疑、思考、互动,集体完成新

---

①吴永军.关于"导学案"的一些理性思考[J].教育发展研究,2011(20):6-10.

知识的建构,培养了学生分析问题和解决问题的能力,培养了学生积极思考、互动交流和合作学习的能力。

当然,导学作业的课程意义也是值得一提的。导学作业的设计改变了教师的课程身份,也就是说教师设计导学作业时,需要重新理解课程,并从新的角度来开发和设计导学作业,特别是多"微视频"的开发方面,对教师提出了更高的要求。导学作业的使用改变了学生的课程身份。传统的学习方式是课堂上教师按部就班地引导学生学习新知,而导学作业的设计让学生在课前就已经对新知有了一定的了解和认知,课堂上经历自主学习后,在合作学习环节,学生借助自主探究学习的收获,在小组内与同伴对话,分析自主探究的结果的正确性,进行分析与整理。展示交流环节中,以小组为单位参与课堂教学中,与教师对话、与小组对话,对照和检测自己的成果,反思自己的思维和言行。在拓展提升环节中,对自己的学习情况进行查漏补缺,让自己的学习不断走向扎实和深入。

五、导学作业的设计类型

叶圣陶先生说:"给指点,给讲说,却随时准备少指点,少讲说,最后做到不指点,不讲说。这好比牵着孩子的手教他学走路,却随时准备放手。我想,在这上头,教者可以下好多工夫。"[①]不难看出,叶先生倡导教师要把课堂的时空还给学生,学生是课堂的主角、教学的主体。在课堂上,他们或讨论,或讲解,或质疑,或展示。从表面上看,教师的作用似乎被弱化了,其实不然,角色的转变,对教师的主导作用提出了更高的要求。在课堂上,要充分发挥教师的主导作用,教师需要"放手而不放弃""让位而不缺位"。"导学"重在引导学生对将要学习的内容展开积极的思考,宗旨是培养学生"先学""合学""群学"的学习习惯,真正做到愉悦求知、减负增效。

《学记》指出:"君子之教,喻也。道而弗牵,强而弗抑,开而弗达。"根据加德纳的多元智能理论,学是多元的、动态的、富有个性的,这样我们就应该以学生的"学"为出发点,坚持"顺学而导",努力做到"道而弗牵",实施无

---

①张敏亚. 趣说"偷懒"——小学生有效管理之我见 [J]. 作文成功之路（下）,2016(2):40.

痕教育。[①]

导学作业的设计根据分类标准的不同,所分的类型也不同,但无论哪种分类方法,所倡导的"先学后教、学为中心"的理念是不变的。

(一)按照使用时间节点进行分类

导学作业在课堂上使用时间的不同,设计的导学作业内容的侧重点也不同。导学作业可以从课前、课中、课后三个时间节点起到"导"的作用,每一个时间段的"导",其关注点和承载的任务是不同的。(见图2-4)

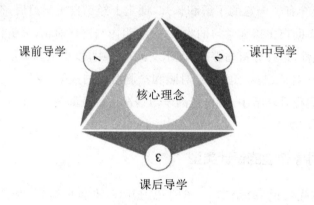

课前导学　　　　课中导学

核心理念

课后导学

图2-4　按照使用时间节点对导学进行分类

1. 课前"导"

数学知识源于生活,又服务于生活。导学作业设计的内容要从现实情境入手,聚焦数学本原,指导学生学会学习。在课前导学作业上,一是让学生整体感知本节课的学习目标,激发探究兴趣;二是让学生能够经历自主探究过程,积累数学基本活动经验;三是对新知的探究,让学生知其然并知其所以然。

例如,三年级下册"24时计时法",我们设计了课前"微课"导学作业。"微课"的内容是利用"化曲为直"的数学思想直观呈现一天的24小时时钟的变化情况(见表2-1)。学生从"微课"中经历一天昼夜变化的历程,不难发现时钟一天是转两圈的,用24时计时法来计时,每一时刻与普通计时法是有区别的。学生结合导学作业中"什么是24时计时法?""为什么要学习

---

①胡学发. 基于"问题驱动、多元导学"教学法的翻转课堂研究与实践 [J]. 中小学教师培训, 2014(10):30-33.

24 时计时法？"这两个关键性问题进行探究。学生观看"微课"后有感想、有困惑、有收获，为课堂合作学习积累丰富的学习资源。

表 2-1　三年级下册第二单元信息窗（二）导学作业设计——课前用
学习内容：24 时计时法

学习目标	1. 知道什么是 24 时计时法。 2. 会用 24 时计时法正确表示时刻。 3. 在比较 12 时计时法和 24 时计时法的过程中，观察出两者之间的区别和联系。
知识链接	1. 普通计时法就是用凌晨、早晨、上午等时间词加上时刻的方式来表示时间的。 2. 利用"化曲为直"的思想直观呈现一天的 24 个小时，这 24 个小时与时钟的时刻有对应的关系。
我的尝试与思考	1. 请仔细观看微视频。 （出示了一天 24 小时的时钟的变化情况，利用"画曲为直"的方法把"圆形"的钟面转化为一把"时间尺"。） 2. 完成下列两个问题： （1）什么是 24 时计时法？ （2）为什么要学习 24 时计时法？
我的收获与疑惑	

2. 课中"导"

"导学"的内容主要有两点：一是阐述知识的形成过程及结论；二是对重难点知识的拓展延伸。课堂上学生交流后，教师可借助"微课"引领学生探究，学生在"微课"引领下自主解决学习时产生的困惑和问题。

例如，一年级"认识钟表"一课，课堂上教师引导学生明确了钟面的结构后，"微课"呈现钟面的结构图和时针、分针的变化，认读整时的方法等内容，供学生自主探究，动态、直观、清晰的可视化资源，利于学生理解和识记抽象的数学概念（见表2-2）。

表2-2 一年级下册第一单元信息窗（一）导学作业设计——课中用
学习内容：认识钟表

学习目标	1. 认识钟表，知道钟表是由数字和时针、分针组成的； 2. 知道时针、分针的区别和作用； 3. 能认识并正确写出整时。
知识链接	1. 观察小力家的钟面上都有什么？引出学习钟面上的秘密都有哪些？了解时针、分针的作用与区别； 2. 借助对钟面的认识，会认读整时。
我的尝试与思考	1. 填一填 （ ）（ ） 2. 钟面上有（ ）个数，这些数的位置都是固定不变的，最上面的数是（ ），最下面的数是（ ），最左面的数是（ ），最右面的数是（ ）。 3. 整时的分针都指着（ ）。 4. 如果分针指着12，时针指着7，就是（ ）。 5. 读出下面的钟表表示的是什么时间？ （ ）（ ）（ ）

我的收获与疑惑	

3. 课后"导"

主要是回顾知识的重难点、易错点、混淆点,梳理知识探究的过程,对学生进行学法的指导,并构建知识体系,同时,相对应地出示典型的练习题组或分层作业,利于学生课后拓展和提高。

例如,三年级下册"相遇问题"的微课,系统地梳理了"速度、时间和路程"的概念及这三者之间存在的数量关系"速度 × 时间 = 路程",借助线段图等方式帮助学生理解数量关系,构建数学模型(见表2-3)。思维导图呈现了多样的解题策略供学生参考,利于学生充分认识"相遇问题",能够借助"微课"有效地完成作业。

表2-3　三年级下册第九单元信息窗(一)导学作业记录表——课后用
学习内容:相遇问题

学习目标	1. 掌握速度、时间和路程的概念及数量关系。 2. 会用线段图等方式理解数量关系,初步构建相遇问题的数学模型。 3. 会用两种方法解决相遇问题及相遇问题的变式练习。
知识链接	1. 理解速度、时间和路程的概念及数量关系。 2. 借助线段图等方式理解数量关系,构建数学模型。 3. 知道相遇问题的两种解决方法,会用该方法解决相遇问题及其变式练习。

续表

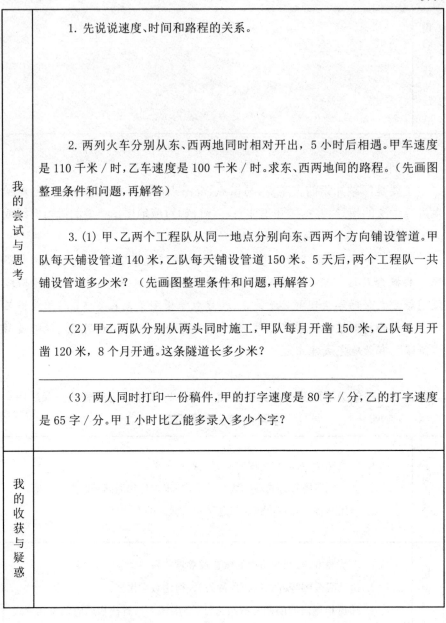

我的尝试与思考	1. 先说说速度、时间和路程的关系。 2. 两列火车分别从东、西两地同时相对开出，5小时后相遇。甲车速度是110千米/时，乙车速度是100千米/时。求东、西两地间的路程。（先画图整理条件和问题，再解答） _____ 3. (1) 甲、乙两个工程队从同一地点分别向东、西两个方向铺设管道。甲队每天铺设管道140米，乙队每天铺设管道150米。5天后，两个工程队一共铺设管道多少米？（先画图整理条件和问题，再解答） _____ (2) 甲乙两队分别从两头同时施工，甲队每月开凿150米，乙队每月开凿120米，8个月开通。这条隧道长多少米？ _____ (3) 两人同时打印一份稿件，甲的打字速度是80字/分，乙的打字速度是65字/分。甲1小时比乙能多录入多少个字？
我的收获与疑惑	

（二）按照"导学"方式进行分类

导学的方式多种多样，例如"问题导学""微课导学""实践探学"等，不同的"导学"方式对学生的"学"起到不同的作用（见图2-5）。

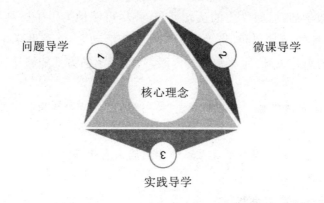

图2-5　按照导学的方式进行分类

例如"问题导学"的方式主要是利用"问题串"架构全课,有助于学生明确学习目标,根据提出的"大问题"有针对性地开展研究学习,有利于激发学生的学习热情,培养学生的问题意识;"微课导学"的方式利用可视化的视频资源,直观清晰地呈现新知识,有助于激发学生的学习兴趣和学习主动性,使学生乐学、好学、会学,能大大地提高教学的效能;"实践探学"的方式,主要采用调查研究、实践操作、实地勘察等形式,让学生主动参与学习活动,学生通过收集数据、查阅资料、独立思考、合作交流、推理论证、实践检验等多种活动沟通数学知识和学生实践生活间的联系,有助于学生在实践操作中发现规律并加以验证,培养学生的应用意识、实践能力和创新意识。

1. 问题导学

夸美纽斯说:"寻求并找出一种教学的方法,使教师因此可以少教,但是学生可以多学。"[①]教学过程其实也是问题的解决过程,利用问题导学的方式,能有效激发学生学习的积极性,问题可以由学生提出,可以成为驱动学生的学习任务。

(1)在教学难点处设置问题,加深理解。教育是慢的艺术,在教学难点之处教师要放慢节奏、适时驻足,引导学生提出不明白的"问题",解决了这些"问题"就是解决了教学中的难点。对于难点是否真正突破,教师要考虑设

---

①汤曙红.抓住数学思想方法提高教学效率[J].湖南教育(C版),2011(4):47-47.

置必要的数学活动,将学生的认知外显,并尽可能地为学生提供可操作、看得见、开放性的活动空间,将"问题"设置在活动之中,帮助学生真正了解数学知识的来龙去脉,厘清知识的内涵,问题导学的方式能够让深度学习落在实处。

例如,四年级下册"方程的意义"一课的设计可以提出如下几个关键性的问题:

1. 方程与等式有怎样的关系?你能画图来表示吗?

2. 什么是方程?

3. 为什么要学习方程?

对"方程和等式的关系"这一难点的教学,很多教师都是让学生用语言去表达:"方程是特殊的等式,等式中包含方程。"我们不禁要问:"能用数学语言表达,就表明学生真的理解方程和等式的关系了吗?"如果学生只是记住了这句话,那就成了被动地接受,这样的理解当然是模糊的。在导学作业设计时,教师就应该预想到这一步,提出"你能用画图的方法来表示等式与方程的关系吗?"这一要求。这样,学生在画图的过程中就理解了两者之间的关系。如此"方程和等式的关系"这一问题被披上了活动的"外衣",驱动学生在"画"的活动中深化理解。既加深了学生对等式和方程关系的理解,又让学生的思维充分外显。

(2)在知识联系处设置问题,巧妙迁移。众所周知,小学数学知识体系是呈螺旋式上升的,知识与知识之间存在着千丝万缕的联系。在小学数学的知识体系中,任何一个知识点都不是孤立存在的,需要把它放在整个知识系统框架中去感知、去学习,利于沟通知识之间的联系。

例如,三年级数学"长方形和正方形的面积"一课,设计如下问题:

1. 长方形和正方形的面积是什么?

2. 怎么求长方形和正方形的面积?

3. 长方形和正方形的面积与它们的周长有什么不同?你能举例说明吗?

本课属于"图形与几何"领域的内容,"面积"属于"二维空间"的知识。我们现在所用的青岛版教材,经过重新改编后,将长方形和正方形的周长与面积的认识这两个单元的内容,同时安排在三年级上册的教材中进行学习,这无疑为学生建构并区别长方形和正方形的周长与面积增加了学习的难度,这就要求教师在新知识的探究中要将"难点"明晰出来,让学生在最初的认知中就要建立"对比学习"的意识。对教师而言,无论在集体备课还是具体的导学作业设计或者是教学中都必须做到"见树木更要见森林"。也就是说,教师需要站在课程全局的高度整体把握知识的整体结构,当然,更要与四年级所要学习的"平行四边形、三角形、梯形、组合图形的面积和周长"及五年级要学习的"圆形的面积和周长""长方体和正方体的表面积""圆柱和圆锥的侧面积或表面积"等相关知识建立联系,有助于教师从"高处"着眼整体建构知识体系,从"细节处"着手来实施教学,一定要找准学生的认知起点与知识的逻辑起点,放大新知识同化或顺应的切入点,这样才能设计出驱动学生有效思考的问题。

总之,问题是引领学生思考的抓手,问题决定着学生思维的方向、广度和深度。正如陶行知先生所言:"发明千千万,起点是一问。"[1]用问题点燃学生思维的火花,在知识联系处、学生易错处、教学难点处设置问题,调动学生学习的积极性和主动性,让学生真正地深度学习。

2."微课"导学

"微课"作为一种新兴的教育技术,成为国内外学者们的研究热点,当然学者们对"微课"持有不同的见解。我们认为,"微课"是指以视频为载体,由教师精心设计的讲解一个或者几个知识点的碎片化的教学资源。作用是引领学生在线自主学习,为课堂合作学习提供丰富的探究资源等。其核心理念:一是强调整体建构;二是关注生命个体;三是倡导以导启智。

(1)利用"微课"展示知识的全过程,让学生明确知识的来龙去脉。"微课"有其自身的可视化的优势,能够直观地展示知识的发生、发展、应用和知识之间的相互关系。与"微课"同步搭配的导学作业,明确地提出了学生要求完成的学习任务。学生利用导学作业经历自主学习、小组交流、师生答疑等一系列的学习过程,能够主动收获知识,提高自主学习的能力。

例如,一年级下册"钟表的认识",课前导学作业的"微视频"中呈现情境图(见图2-6),王老师给四位同学打电话询问到家的时间,接着视频画面聚焦到小力到家的钟面上,引导学生进行观察"钟面上都有什么,引出

---

① 马彩霞. 发明千千万,七点是一问 [J]. 语文天地初中版,2020(3):1.

学习钟面上的秘密都有哪些？"，"微视频"继续引导学生借助钟面直观学习；"钟表上有12个数，2根指针，短针叫"时针"，长针叫"分针"。重点认识这两根针的主要特点，时针最短最粗，转得最慢；而分针又细又长，走得比较快；12个数字的位置是不变化的，不论是什么样的钟面都是在相对固定的位置。借助对钟面的理解，认识整时，知道小力到家的时间"时针指着5，分针指着12，就是5时。"接下来，让学生自主挑战，认读其他三位同学到家的时间。

图 2-6 导学作业的情境图

低年级学生数学学习的最好方法就是基于学情、尊重学情。"微课导学作业单"呈现给学生的不仅仅是"图文并茂的影视素材"，还有与之配套的"作业单"。"微视频"中教师采用"童趣化"的语言，加上"儿童化"的情境图，激发学生的兴趣，引导学生建构新知。为强化重点，视频中设计了"请再跟老师一起看一遍"的学习方式，引领学生对照视频进行"再学习"。学生一边看视频，一边完成教师设计的"微课导学作业单"，将探究的过程和学习的收获记录下来，让学习真正发生。

（2）展示新知的生长点，让学生明确新旧知识之间的本质不同。导学作业设计时一定要找准新旧知识的生长点，这是设计导学作业的起点，这样有效的设计能让学生利用旧知识迁移的方法进行自主学习。

例如，教学四年级上册"小数加法和减法"一课，设计的"微课导学作业"。

首先，引领学生计算两道整数加减法的练习题：33+73，709-45，要求先进行竖式计算然后验算。并提出问题"想一想，整数加减法的计算方法是什么？"。接着，出示课本中的信息窗图："小牛健健出生时的胸围是 0.77 米，小牛壮壮出生时的胸围比健健多 0.03 米"，让学生提出关于一道加法和一道减法的练习题，并尝试计算。思考一下，这是关于什么的计算题呢？它和我们之前学过的知识有什么不同的地方呢？该如何计算呢？小数加减法的计算与整数加减法的计算有什么相同点？又有什么不同点？想一想计算小数加减法时为什么要把小数点对齐？

本课例中的"小数加减法"与"整数加减法"的计算是"同中求异"的，一是两者的计算方法是一致的，都是从低位算起，满十向前一位进一；二是计算时相同数位要对齐。不同之处就是小数加减法要想保证"相同数位"对齐必须做到小数点对齐，而整数只需要"末位"对齐就可以。"微课导学"中把关键问题进行罗列，让学生借助图中的信息提出问题，列式解答，找准新知的生长点，利用旧知识进行有效迁移，引导学生在自主学习中探寻计算方法。

3. 实践探学

《数学课程标准》指出："有效的数学活动是学生学与教师教的统一，学生是学习的主体，教师是学习的组织者、引导者与合作者。"[1]因此，布置实践性作业、动手操作型作业、调查访问型作业，是新课标的要求，具有较强的可行性。

"实践探学作业"是指教师根据所学的数学知识和数学方法设置实践性的探索活动，学生要综合思考学到的数学知识和生活实践，利用实际行动主动地完成作业。这种作业是课本知识的一个有效补充，学生必要充分调动已

---

①中华人民共和国教育部．《义务教育数学课程标准》(2011 年版)[M]．北京：北京师范大学出版社，2011：2.

有的知识水平和深度思考才能很好地完成作业。实践性作业能有效地拓宽学生的视野，有助于提升学生的核心素养。

（1）有生活味的内容是设置"实践探学作业"的前提。建构主义认为："人的认识不是对客观现实的被动反应，而是主体以已知经验为依托所进行的主动建构的过程。"[1]新知识建构的前提是要激发学生学习的兴趣，尽可能地设计学生喜闻乐见的作业，要将生活的需求与要探究的知识有机进行融合，"实践探学作业"正好满足这一要求。

例如，一年级学习"元、角、分的认识"一课时，由于学生年龄小，缺乏生活经验，不能很好地理解"人民币单位之间的互换"这一知识点，单靠加大练习量，机械训练的方式来巩固知识，会使学生产生厌烦情绪，而靠死记硬背学会的知识，也必然会被遗忘。基于"既然人民币源于生活，索性就让它回归到生活中去"这样的思考。课堂上设计"购物体验坊"这一活动，模拟"超市收银的场景"，让学生利用手中的"人民币"学具，购买自己喜欢的文具，并进行付款、找零钱、核实等活动项目。学生课堂上意犹未尽，顺势将这一活动延伸到课间甚至可以延伸到周末来开展。并把"实践探学作业"布置给家长，要求亲子协作利用周末时间完成一次真实的购物体验。学生根据自己的实际情况，选择符合自己学习水平的、比较有信心的购物方式，并能及时把参与活动的情况记录下来。

每个学生的数学认知水平和学习能力是不一样的，这种客观存在的个体差异决定了每个人在数学实践活动中的能力也是不同的。为此，我们在设计作业时，应尽可能照顾这种差异，从实际出发，因材施教，设计有层次的作业，让全体学生都有练习的机会，都有获得成功体验的机会，在完成作业的同时，能力得到相应的提高。在作业的提供上，让学生有自主选择的空间，减少统一性，增加选择性。

（2）动手操作性的作业，让学生乐于参与。苏霍姆林斯基告诉我们，在手与脑之间有着千丝万缕的联系，这些联系起着两方面的作用：手使脑得到发展，使它更明智；脑使手得到发展，使它变成创新的工具。[2]课堂教学中教师

---

①王陈华,黄韬．小学数学实践性作业的实践探究［J］．教学与管理（小学版），2016(1)：50.
②王陈华,黄韬．小学数学实践性作业的实践探究［J］．教学与管理（小学版），2016(1)：52.

要给学生创设动手操作的活动体验,引导学生经历活动的全过程,让学生获得感性认知,积累基本活动经验。

例如,一年级在教学"认识钟表"一课时,我们改变传统的借助钟表的模具让学生看一看、拨一拨、玩一玩的学习方式,布置了实践导学作业,让学生自己动手制作一个钟表,并说出自己制作钟表时的感受。学生经历了动手制作的过程,对钟表的感知不再是简单的感性认识,而是上升到理性层面的认识上来。明确做钟表时,首先,要确定好钟面上的 12 个数字,这些数字的排列顺序及各自的固定位置;其次,制作时针、分针时要注意它们的长短,分针最长,时针最短;最后,在转动某一个"针"时,其他"针"也应该受到影响等。学生在课堂上交流分享自己的"制作经验",经历活动积累的经验是教师的说教所达不到的目标。另外,在这一活动中,部分学生制作出了"长方形"的钟面,出现了"钟表的宽"设计的太窄,以至于影响到"针"的转动的情况,这个"生成"是教师始料未及的,也正是这"意外的精彩"才会让学生感受到思考问题要全面、细致、周到,如果学生能经常收获这样的"精彩",长此以往,将会是一笔不可多得的"财富"。

学生在实践作业的过程中,与家长的协作、与同伴的互助及其自主探究获得的制作方法和经验教训等,都是学生的学习成果。有效地设置实践作业达到了"以生为本、以趣为引、学以致用"的目的。

（三）按教学内容不同进行分类

按照小学数学教学内容不同可以划分为"数与代数""图形与几何""统计与概率""综合与实践"四大领域,每一领域中（见图 2-7）设计导学作业都是有所侧重的。

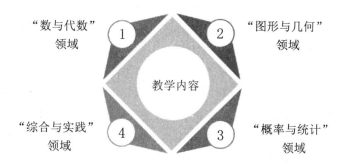

图 2-7　按教学内容对导学作业进行分类

基于导学的自主学习型数学课堂的教学实施与评价

1. "数与代数"领域

该领域，要求学生建立"数感"的意识，也就是说要深刻理解分数、百分数、小数及负数等数学概念的内涵和外延。设计导学作业的理念与以往的传统教学目标理念是有区别的。例如，不提倡要熟练掌握"小数与百分数间的关系""比较数的大小"等数学知识，而是侧重于通过体会"数"与生活之间密切联系，通过体会学生在实际生活实践中的感知，知道数能起到表达数量、顺序和编码等的作用，真正达到对数的概念的理解与掌握。在学习数与代数领域的过程中，运用导学作业有利于提高学生的数感，体会出数的价值所在，感受数与代数在实际生活中的意义，更好地为生活实际服务。

例如，三年级下册"小数初步认识"导学作业的设计。

学习目标

1. 认识小数的样子，了解小数的结构，掌握小数的读、写法。

2. 借助具体情境，知道以"元"为单位、以"米"为单位的小数的具体意义，加深对小数意义的理解，明确小数与分数是可以互相转化的。

知识链接

1. 仔细观察视频中出示的小数的范例，仔细观察小数，了解小数的结构，学习小数的读、写方法。

2. 借助生活实际中"元、角、分"的单位换算，明确小数在具体情境中的意义，知道小数和分数可以互化。

自主作业

1. 请读出下列六个小数：26.01　3.5　45.45　0.34。

2. 读上面的小数时，你认为有什么要提醒大家注意的呢？

————————————————————————

3. 填空。

0.3 元 =（　　　）角 2.7 元 =（　　　）元（　　　）角

7 分米 =（　　　）米

4. 找一找，你在生活中还在哪里见到过小数？你觉得，和原来的"整数＋文字"的书写相比，哪种书写方式更加简单？（例如：2.7 元和 2 元 7 角）

5. 芳芳的身高今年达到了 1.55 米，你能根据今天学过的内容，举一反三，大胆说一说这个小数中的各个数字代表什么意义吗？如果不能，记下是哪一个数字说不出来，课上一起探讨。

第二章　自主学习型课堂教学效果的影响因素

本课是学生认识小数的起始课,属于"初步认识"。虽然学生第一次接触小数,但三年级的学生已经具有一定的生活经验,他们已经对"小数"有了感性认知。也就是说学生或多或少从生活中的很多地方(例如,超市的价格标签、购物小票、视力表等)见过小数。导学作业就是抓住了这种生活中的有效衔接点,在设计上注重联系生活实际,从"元""米"等学生熟知的情景入手,把"分数"作为一个"桥梁",沟通生活情境、分数、小数之间的关系,让学生指导 1 角就是十分之一元,也就是 0.1 元,引领学生步步接近数学的本质,这样可以有效地把抽象的小数知识转换变为学生头脑中具体的认知,有效地建构对小数意义的理解。

2. "图形与几何"领域

新课标提倡培养学生的空间观念,对于学生要掌握周长、面积、体积等图形概念的相关知识做出了具体要求:要求学生理解图形与几何的相关概念,熟练掌握图形与几何的公式;要求学生能够通过测量来实际感知图形的几何特点,找到图形的几何特征并进行巩固记忆;要求学生根据提出的几何问题完成数学问题的计算,并体会其中蕴含的数学思想方法;要求学生把握测量几何图形的方法,能够正确选择合适的测量的工具与测量手段,完成对需要测量的图形结果的认识,并体会实践测量中的乐趣,营造数学学习的空间意识,培养学生空间观念。[①]

例如,三年级上册"面积和面积单位"导学作业的设计。

学习目标

1. 知道物体表面或封闭图形的大小叫作图形的面积,能用面积来表述生活中的面,能用"面积"来说话。

2. 知道平方米、平方分米、平方厘米这三个面积单位,并知道它们的大小关系,并能估测面积的大小。

相关知识

1. 通过物体的表面感知面积。

(1)生活中有很多物体,请你列举几种物体,指一下,它们其中的一个表面。

(2)这些物体的表面有大有小,哪个大一些? 哪个小一些呢?

---

①张琪雯. 小学数学学案导学的实践研究 [D]. 长沙:湖南师范大学,2015.

2.通过封闭图形认识面积。

（1）认一认：图中有哪些封闭图形？

（2）指一指：封闭图形的面积。

（3）比一比：哪个封闭图形的面积大一些？

3.教师总结：数学上规定，物体表面的大小，封闭图形的大小都叫作它们的面积。

自主作业

比较长方形和正方形的大小，把你比较的方法写出来。（见图2-8）

【教师提供给学生学具材料：不同大小的图形（圆形、长方形、正方形等），可以借助通过摆一摆、画一画的方法来这两个图形的面积的大小，你有什么发现？】

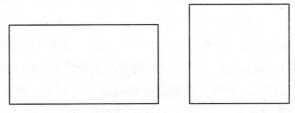

图2-8　长方形和正方形

在制作该领域的导学作业时，"微视频"的制作要发挥其直观、形象、演示的功能，特别是高年级会学习到求立体图形的表面积或体积的相关知识，比如对于长方体、正方体、圆柱、圆锥这些立体图形时，可以利用"几何画板"等软件，展示立体图形的动态变化情况，这样就会把复杂的立体图形转化成了直观的平面图形来进行简单认知。本案例中，教师设计了比较长方形和正方形的面积大小的活动，让学生充分感知到当利用"重叠"的方法无法比较两个图形面积大小的时候，就可以借助"第三个量"，也就是"小单位"（例如小正方形、小长方形或者小圆形等）来进行比较，让学生充分感知到学习"面积单位"的必要性。教师给学生提供各种各样的小图形作为一个个的"单位"，让学生借助这些"小单位"作为"第三个量"来进行比较，发现这种方法能够比较出比较小的长方形和正方形面积的大小，但这种方法存在"小单位"不规范、无法言说"小单位"有多大等问题，进而深刻领会到"统一面积单位"的必要性。不难看出，对该案例的设计，教师非常用心，层层递进,逐层深入。首先,让学生感知要选择"第三个量"来进行比较;其次,感受到"第三个量"一定是要规范的;最后,抽象为"统一的面积单位"。这样的探究过程,使学生深刻理解这一知识点。同时,学生在使用学具的过程中,不仅培养了学生的"直观想象"的核心素养,而且使得学生的空间"逻辑推理"能力不断得到提高。

3."统计与概率"领域

该领域的教学,一定要注重儿童的日常生活经验,在教学中智力捕捉生活背景与学习材料之间的内在联系,用生活的经验和实例学习数学,理解数学、感受数学。让学生亲历"做数学"的过程,逐步形成统计观念,发展概率思想。

例如,"抛硬币"导学作业设计。

学习目标

1.经历实验操作的过程,让学生学会统计的方法,并学会计算事件发生的概率。

2.体会事件的不确定性,学会计算事件发生的概率,培养学生思维严谨的数学品格。

自主学习

1.自己准备一个箱子,装上四个白球,四个黑球,从箱子里任意拿出来一个球,记录一下你拿出来的球是什么颜色的。

2.摸球实验记录。

第一次:＿＿＿＿＿＿＿(球的颜色);

第二次:＿＿＿＿＿＿＿(球的颜色);

第三次:＿＿＿＿＿＿＿(球的颜色);

第四次:＿＿＿＿＿＿＿(球的颜色);

第五次:＿＿＿＿＿＿＿(球的颜色);

……

3.通过多次实验操作,你认为摸到红球的概率是多少? 摸到黑球的概率是多少?

4.你能分析一下是怎么回事吗?

"统计与概率"领域,核心是数据分析,教师在设计导学作业时,要遵循数据收集、分析与描述的过程,要正确引导学生理解随机现象的发生,让学生知道统计与概率随处都在,在生活中应用得特别广泛。教师要设计多样活动培养学生"数据分析"的核心素养。

4. "综合与实践"领域

该领域要沟通与其他学科之间的联系。导学作业的设计要与学生日常生活实际相联系,让学生在解决生活问题的过程中,感受数序的魅力,获得解决问题的能力,积累数学活动经验。

例如,三年级"变化的影子"这一实践活动的设计,一张简单的实践导学的操作表格就可以让学生感悟数学与生活的紧密联系。

作业要求

1. 准备一米长的竹竿和一把米尺。

2. 在一天中选定不同的时刻(早晨、上午、中午、下午、傍晚),分别测量竹竿的影子长度,并记录下来。

心理研究表明:促进人们素质、个性发展的最重要途径是人们的实践活动。[①]上述实践导学作业中,用简单的工具(米尺和记录表),要求固定的长度(1米的竹竿和选定的测量物),通过不同时间段来测太阳影子的方法,让学生在"玩"中获取知识,得到"早晨和傍晚影子长,中午的影子短"的结论。在深入探究"影子的长度"与"与竹竿长度"的关系时,渗透了分、倍的知识,也为今后建构"比"的数学模型做了铺垫。

六、导学作业的兼容性

上面章节已经详细阐述了导学作业的类型,但在具体实施过程中,根据需要,可将不同类型导学作业方式进行合并设计,会使得导学作业的设计更加丰富、高效。例如,设计课前导学作业时可以采用"问题"导学和"微课"导学兼顾的方式;设计"图形与几何"领域的导学作业时也可以采用"问题"导学和"微课"导学兼顾的方式等。接下来,从两个方面阐述一下各种导学作业设计的融合性。

(一) 问题导学在课前、课中、课后的设计

在小学数学课堂中,根据学生的学情、知识基础和课堂组织形式等因素,

---

①王陈华,黄韬. 小学数学实践性作业的实践探究 [J]. 教学与管理(小学版),2016(1):50-52.

第二章　自主学习型课堂教学效果的影响因素

"问题导学单"可以设置课前问题导学作业单、课中问题导学作业单、课后问题导学作业单等。

1. 课前问题导学作业单

顾名思义,指的是供学生课前探究新知识时使用的导学作业,教师设计课前问题导学作业时一定要基于本班学情,合理设置问题,引导学生主动探究新知。

（1）与文本对话,唤醒学生的生活经验

例如,五年级下册"圆的认识"一课,教师设计如下课前"问题导学"作业单。

1. 你会画圆吗? 请画出一个。

2. 你知道圆的特征有哪些? 写出你的发现。

3. 生活中有哪些地方用到了圆? 请你多列举几个例子,你能用数学的眼光来分析一下为什么要设计成圆形? 比如车轮设计成其他图形能行吗?

4. 搜集有关圆的数学文化,并将你搜集到的材料整理下来。

对圆形这一知识的探究,是基于学生的认知基础的,学生从动手画圆开始,积极探究圆的基本特征,能从生活中找圆,再借助分析"车轮为什么设计成圆"这一生活现象,引导学生进一步感知圆的特征。当学生能够从数学角度"圆的半径处处相等"这一特征去解释"车轮为什么设计成圆形"这一现象时,学生已经会用数学的眼光去看问题,有效培养了学生的"数学抽象"的能力。教师提出"搜集有关圆的数学文化"的要求,旨在让学生感知到古人智慧的博大精深,学生搜集到的素材丰富多彩,从文化史料一战国时代的墨子为圆形下了一个定义:"圆,一中同长也。"中,读懂了"圆"这一完美图形,理解了圆心、半径的相关知识。对数学文化的搜集与整理,渗透了"传统文化"教育,落实了数学学科德育中的"爱国主义"教育。

（2）对话思路,激活内存。学生解决问题的经验来自丰富的现实原型,教师要巧妙地利用这些资源唤醒学生的生活经验。给学生设置思考的平台,充分开启学生的思考之门,倡导"解题多样化"。

例如,教学五年级"解决问题的策略"一课,教师设计如下课前"问题导学"作业单。

1. 一个停车场里有四轮小汽车和两轮摩托车共 24 辆。如果这些车共有

86 个轮子,那么停车场里有几辆小汽车和几辆摩托车?

2. 请你想办法求出停车场中停放的小汽车和摩托车的辆数。

（1）用列举法,列举一下。

（2）用假设法,从不同的角度试一试。

3. 我还有不同的解决方法：_____

这个知识是典型的"数学建模"类型的解决问题,数学思路很重要,该问题对学生来说是有难度的,教师刻意地放低了难度,给学生提出了方法的引领,例如问题 2 中提到的列举法和假设法,学生就可以从这两个角度出发来解决问题。其中案例中最后一个问题："我还有不同的解决方法？",就是提倡学生要用多样化的策略来解决问题,有的学生是这样想的"每减少一辆小汽车,增加一辆摩托车,就减少 2 个轮子……",还有的学生用算式进行表达"（4×24-86）÷（4-2）＝5（辆）",经过了这样的思考也找到了答案。学生思考的差异,正是教师新课教学的重要资源,更难得可贵的是学生"逻辑推理"能力也同时得到了培养。课前有效的设计多样的解题途径（可以画图表示,可以列式表达,可以用语言表达,可以推理说明等）,给予学生充分的时间和空间去拓展思维空间。课堂上,教学活动可以设计得更加精彩,教师可以进行拓展练习,可以将古人"鸡兔同笼"的问题抛出来让学生进行解答,在有了之前的思考经验后,学生的思考力定会很快提升,同时也为初中阶段学习"二元一次方程组"奠定基础。

2. 课中问题导学作业单

课中问题导学作业单供课中用,教师在设计学习内容时主要用于新课展开环节的研究性学习。

（1）自主研究、发现中国古人有"不愤不启、不悱不发"之说,西方的苏格拉底式对话教学其实也是问题教学法,关键之处智慧的一问,确实能使人豁然开朗,实现教学的有效性。[①]问题教学法因它最能有效地统摄师生双方的思维而成为有效教学的首选策略。

例如,二年级上册"找规律"一课,出示"课中问题导学作业单"。

---

①李春月 . 计算机教学中的提问艺术 [J]. 吉林省教育学院学报：中学教研版,2010,26(2)：78.

1.观察情境图（见图2-9），你能发现各种颜色的小旗是怎么排列的吗？

2.猜想一下，第17面小旗是什么颜色？用你的方法表示出来。

3.根据你的方法，思考一下，第25面，第40面小旗分别是什么颜色？把你的方法讲给同伴听。

图 2-9　小旗排列情境图

教师引导学生从三方面发现规律：一是观察，引导学生发现小旗的颜色是有规律排列的；二是比较，引导学生分别数一数这些小旗是按照怎样的规律排列的；三是归纳，借助探究25面、40面小旗是什么颜色的问题，在排列中找到小旗所蕴含的规律。学生表示出来的方法是多种多样的：有的利用数一数的方法，发现小旗的排列顺序是一面红色的，一面黄色的，一面绿色的……按照这样的规律接着数下去，就发现了第17面小旗的颜色；有的学生利用"圈一圈"的方法，也就是把红色、黄色、绿色这三种颜色的小旗圈成一组，第17面小旗正好圈了5组，还剩余2面；有的学生直接建构了除法算式：17÷3=5（组）……2（面），从而确定了小旗的颜色。然后将探究的方法进行拓展，继续来探究25面和40面。学生多种多样的算法，在课堂上教师都应该让学生去交流、分享、感悟。在这里，教师鼓励学生发表自己的观点，激励他们的创新意识，始终以问题解决贯穿研究的始终。课中"问题导学单"为学生合作提供了非常宝贵的学习资源，学生在经历了自主探究学习之后，将自己的想法在小组内交流，生生之间分享、质疑、补充等学习方式，无疑就是将认知进行再学习的过程，有效的合作学习，会助力学生掌握知识和提升合作学习的能力。

（2）合作探究、交流、分享。《数学课程标准》指出："学生学习应当是一个生动活泼的、主动的和富有个性的过程。除接受学习外，动手实践、自主探索与合作交流同样是学习数学的重要方式"。①要合理设置关键性问题引领学生开展小组合作学习。

例如,五年级下册"圆的周长"一课,教师设计如下课中问题导学作业单。

1. 选择多个圆形实物或圆形纸片,四人小组合作,想办法测量它的周长和直径,并将周长与直径进行比较。看看能从中获得什么样的结论,并在小组里进行交流。

2. 记录测量结果。

学生在四人小组学习时,围绕关键性问题"探究圆的周长与直径的关系"先进行猜想,再测量周长,并与直径进行比较。小组合作中,组长分工明确,组员负责测量相关数据,组长负责记录并召集组员观察测量数据,并计算其中存在的关系。从猜想到验证,学生获得了新知。

(3) 聚焦核心,适时追问。小学数学课堂中只有围绕核心知识展开教学,才能让课堂教学变得更有针对性,更加有效。设计课中"问题导学单"时要把准学生的起点,处理好"核心"知识与重点知识的关系。

例如,五年级下册智慧广场"有趣的测量——测量不规则物体的体积"一课,可以设计如下活动任务。

1. 你们组需要哪些测量工具,计划如何进行测量? 如何能求出不规则物体的体积呢?

2. 全班交流,形成方案。

方案一:将石块放入有适量水的容器里(上升法)。

方案二:将石块放入容器,加适量水后,取出石块(下降法)。

方案三:将石块放入盛满水的容器里(溢出法)。

3. 自主选择,实际测量。

4. 全班交流,汇报结果。

5. 对比方案,总结提升:把不规则石块的体积转化成"规则的长方体",求水的体积就可以解决问题。

---

①中华人民共和国教育部.《义务教育数学课程标准》(2011 年版) [M]. 北京:北京师范大学出版社,2011:2.

在此环节,教师创设"测量不规则石块"的情景,让学生产生认知冲突,在任务驱动下,引导学生经历自主谈论设计方案、动手实践测量、交流展示方法、对比结果等学习活动,探索出不规则物体体积的测量方法。始终围绕关键性问题"如何能求出不规则物体的体积呢?"开展学习,导学作业设计巧妙,引发学生的思考,引领学生主动建构新知,同时培养了学生"数学建模"的核心素养。

3. 课后问题导学作业

课后问题导学作业是新课结束后供学生自我反思和拓展练习的,导学作业的呈现方式还注重帮助学生梳理知识,构建知识网络,做到举一反三。

(1)单元整理类型的导学作业。数学单元知识是有系统性、整体性和层次性的,进行知识的系统建构能促进学生整体把握数学知识体系。

例如,在复习三年级上册"长方形和正方形的周长和面积"时,教师设计如下。

1. 根据单元学习的相关内容自主整理长方形和正方形的周长和面积公式。

2. 本单元我的困惑是_____

3. 易错题整理。

题目：_____

解答：_____

我的提醒：_____

单元整理的自我反思,应该把本单元学过的知识进行梳理、整合和重构,构建知识网络。大多数学生整理得比较完善,用列举的方法、列表格的方法或者思维导图的方法进行表达。学生经历了对单元知识的系统思考,教师在引领学生分析本单元所有知识点和知识结构的同时,需要精心设计练习题组,同时呈现学生的易错题,让学生进行辨析,能有效提高学生建构知识体系的能力。

(2)综合提高型的导学作业。该类型的导学作业,能将课堂上学到的新知识与课后学生的生活实践进行有机融合,起到学以致用的目的。

例如,在学完三年级下册"角的度量"这一课后,教师设计如下。

1. 在纸上任意画出两个角,测量一下你画的角是多大的? 你能比较出你画的两个角的大小吗?

2. 测量一下一副三角尺中每个角的度数是多少?

3. 请利用一副三角尺进行拼摆,拼完后,想一想,你拼出的角都是多少度的,并标注在角上。

我拼出的角有_____

"角的度量"的导学作业设计的非常丰富,有学生动手操作,有直观想想,还有系统建构。学生经历画、量、拼、摆、算等一系列的活动,培养动手操作能力、直观想象能力和实践能力,落实"直观想象"的数学核心素养。

4. 课型不同,核心不同

不同类型的课,教师设计的"问题导学"作业单的侧重点应该不尽相同。

(1)计算课。计算教学要依据数学学习的特点,遵循学生认知的规律,以核心问题"为什么这样算?"为探究点来凸显算理,以核心问题"怎样进行计算?"为探究点来聚焦算法,只有算理和算法有机融合,学生才是学会了计算。以问题促进学生思考、以问题引发学生学习、以问题激发学生探究,既可巩固计算之本,让学生知算法、明算理、晓应用,又能培养学生的表达技能,促其愿说、能说、会说、敢说,提升学生计算方面的技能。

例如,三年级上册"两三位数除以一位数(一)"中信息窗(三)"三位数除以一位数(被除数百位上有余数的除法)",设计如下"问题导学作业"。

1. 观察情境图中的信息"有438只鹰风筝,如果每盒装3只",你能提出什么数学问题?

2. 你能列算式解决吗?

3. 你在计算"438÷3"这个算式时,用被除数百位上的4来除以3,与前面我们学过的三位数除以一位数的算法有什么不一样的地方? 你想到了什么方法解决吗? 把你解决的办法写出来。

这一案例中聚焦关键性问题"438÷3这个算式,被除数百位上的4除以3,余下1个百",余下的这"1个百"应该怎么办呢?让学生聚焦新旧知识的衔接点,思考与之前的算法不一样的地方,尝试用新方法去解决问题。学生有"两位数除以一位数(被除数十位上有余数的)"的知识基础,可能会进行知识迁移,把"百位上余下的数与十位上的数合在一起,变成几个十,再来除以3",来解决这一问题,这正是基于学生的学情,正是让学生聚焦关键问题的学习,学生通过自主探究、自主尝试,自主地解决了问题。

再例如,三年级下册"三位数乘两位数"中信息窗(二)"三位数乘两位数的竖式笔算"设计如下"问题导学作业单"。

1. 观察信息窗图"为了帮助大天鹅过冬,我们要买 114 袋谷子和 340 袋玉米,谷子每袋 23 元,玉米每袋 21 元",你能提出什么数学问题?

2. 你能列算式解决吗?

3. 你在计算:114×23 时,与前面学过的两位数乘两位数有什么不同?该怎么计算呢?你能尝试计算吗?试着说一说你找到的三位数乘两位数的计算方法。

该导学作业的核心问题,聚焦新旧知识的衔接点,让学生明确"三位数乘两位数"与"两位数乘两位数"的不同之处,那就是第一个因数多出了个"百位"上的数,该怎么乘呢?这是学生思考的关键,借助旧知识进行有效迁移,学生能够知道"用第二个因数个位上的数 3 去乘第一个因数中百位上的 1,乘得的结果写在百位上",计算中就自觉地把"三位数乘两位数"的知识转化成"三位数乘一位数"来解决,这就是导学作业设计的目的所在。教师课堂上就可以游刃有余,根据学生完成导学作业的反馈情况,重点关注计算方法的提炼就好。

再例如,五年级下册"比例尺"中信息窗(二)"利用比例尺解决实际问题"这一课时,设计如下"问题导学作业"。

1. 观察信息窗图:"雏鹰少年足球队乘汽车以平均每小时 100 千米的速度,从济南出发到青岛参加比赛,同时出示山东省主要城市位置图的比例尺是 1∶8000000",你能提出什么数学问题?

2. 要求雏鹰少年足球队需要几小时到达青岛,就是先求济南到青岛的实际距离大约是多少千米,从地图上量得两地之间的距离为 4 厘米,你能列式计算吗?

3. 你能找到已知比例尺和图上距离(或实际距离),求实际距离(或图上距离)的方法吗?

本节课是典型的利用计算来解决问题的课型,导学作业的设计从引导学生"提出问题"入手,尊重学生的学习经验,把握思维的起点,根据教学内容和学生实际设定科学合理的切入点是激活学生思维的关键一步。将生活问题"求济南到青岛的实际距离大约是多少千米?"转化为数学问题"就是求济南到青岛的实际距离",明晰了这一点,就知道了本题的关键。导学作业的设计引导学生在独立思考、主动探索的过程中,理解和掌握基本的数学知识与基本技能,让学生经历"已知比例尺求实际或图上距离"的过程,经历数学建模的过程,提炼思想内核,培养数学素养。

(2)概念课。数学概念是客观现实中的数量关系和空间形式的本质属性在人脑中的反映。这种类型的课,要关注"概念"的内涵和外延。一般围绕"是什么?为什么学?怎么学?"这三方面引导学生开展自主学习。特别指出,学生能否根据导学作业设计的意图进行自主学习,自主学习投入程度如何,主要取决于教师创设的问题情境的质量如何。

例如,三年级上册"时、分、秒"中信息窗(一)"认识时刻"设计如下"问题导学作业"。

1.之前我们认识了钟表,知道钟面上有12个数字,有三种针:分针、时针、秒针,请你设计一个钟表,拨出一个时刻,并把这个时刻记录下来。

2. 你找到如何记录时刻的方法了吗?

3. 任意拨两个时刻,你能算出这两个时刻相差多少分钟吗?

本节课的内容,是在学生认识了钟表,知道钟面的基本结构,会认读"整时、半时、不到几时、几时刚过"等相关知识的基础上进行学习的,教师设计"课前导学作业"时,就应该充分尊重学生的认知基础,恰如其分的把握"火候"。如果前面的知识涉及较多,无疑是浪费了学生的精力和时间;如果前面知识涉及不够,就有可能造成学生探究新知的"断层"。所以,基于学情、尊重学情、结合学情的设计才是有效的设计。该导学作业,尊重了学生的知识基础,既有前面知识的复习,也有本节课内容的探究体现。特别关注到了学生"直观想象"这一核心素养的培养,比如,让学生提炼"写时刻的方法",就是要在学生的头脑中直观地呈现时钟的变化情况,认读时刻时,要先看时针指"过了"几,再看分针"指向"几,综合起来才能写正确。再比如,让学生"拨两个时刻,并计算相差多少分钟",更是无形中让学生在头脑中想象出一把"时间尺",用"结束的时刻"减去"开始的时刻",才能圆满完成学习任务。不难看出,看似简单的导学作业,以"问题"的形式引领学生学习,起到了非常好的效果。

再例如,五年级下册"比例尺"中信息窗(一)"比例尺的意义"设计如下"问题导学作业"。

1.观察信息窗图"研究足球战术,需要画一个足球场平面图,足球场地长95米,宽60米",你能提出什么问题?

2. 你能想办法画出足球场的平面图吗?

3. 用数据分析一下,你画的平面图像不像?

4. 你能找到画足球场像的理由吗?

马云鹏教授曾在讲座中说:"一节课好的情境一、两个就可以,关键是这个情境能引起学生的认知冲突,能激发学生的新问题。"[①]不难看出,该导学作业设计时重点关注了的问题情境:一是"画一个足球场的平面图",直指问题的关键;二是让学生用数据分析"画得像不像?"并且找到画得"像"的理由,学生在思维的冲突中完成"比例尺意义"的模型建构。

(3)图形与几何课。图形与几何领域的课,重视对学生动手能力和实践能力的培养,因此导学作业设计时,就可以把需要耗费大量时间动手操作的任务放置在课前,学生在课前有充足的时间和空间去自主探究,导学作业上还可以让学生展示出自己探究到的成果,学生在小组展示过程中会有课前探究成功的喜悦感,彼此分享成果后的价值感和认同感。

例如,三年级上册"图形的周长"信息窗(二)"长方形和正方形的周长"一课设计如下"问题导学"作业。

1. 请任意画三个长方形(要求边长是整厘米数),你能分别求出它们的周长吗?

2. 在求周长的过程中你能想到简单的计算方法吗?

3. 你能把你的计算方法用一个公式表示出来吗?

4. 用上面的计算方法,尝试着写出正方形周长的公式。

本节课的内容是学生对"周长"概念的再实践,在本节课之前,学生已经知道了"封闭图形一周的长度就是它的周长"这一概念的内涵,对长方形的周长公式的探究就是建立在此概念之上,学生最基本的认知就是把四条边的总和加起来,求的就是它的周长。导学作业的设计不仅仅停留在对周长这一概念的理解上,更巧妙的是让学生在"画—算—想"的循环中,发现"长方形的周长其实就是两个长和两个宽的总和",所以,计算公式是"长方形的

---

①何绪铜. 聚焦核心素养引领课改落地——中国教育学会小学数学教学专业委员会第十七次学术年会侧记[J]. 小学数学教育,2017(3):69-70.

周长＝（长＋宽）×2"。学生有了探究长方形周长公式的经验，再自主研究正方形周长的公式就可以水到渠成。

再例如，三年级下册"线和角"中信息窗（一）"线和角的认识"设计如下"问题导学作业"。

1. 以前我们学过线段，知道线段有两个端点，不能无限延长。当把线段的一端无限延长，就会得到一条射线。把线段向两端无限延长，就得到一条直线。这就是它们的联系，这三者有什么区别呢？你能设计一个表格把它们的联系和区别表示出来吗？

2. 你能从生活中能找到这三种不同的线吗？请你记录下来。

3. 我们知道从一点引出两条射线所组成的图形叫作角，根据角张口的大小不同，请你多画几幅不同的角，你能比较出它们这些角的大小吗？把你的方法写下来。

学生的空间观念来自丰富的现实原型和充分的动手操作。[①]学生个体经验是发展空间观念的基础，是想象和理解空间关系的有力支撑。本节课的内容有两个要求，一是认识直线、射线、线段，并且知道三者的异同点，二是认识角，知道角的大小与张口程度有关，与边的长短无关。导学作业的设计不只是停留在直观操作层面，还要在学生直观操作中建立空间的观念，并在此基础上让学生画出从生活中找到的不同的线、不同的角，这也是培养空间观念的有效手段。培养学生的空间观念需要大量的自主探索活动，需要有充分的时空予以保证，课前导学作业的设计正好可以满足这一要求。

再例如，三年级下册"生活中的线"中信息窗（一）"平行与相交"设计如下"问题导学作业"。

1. 观察信息窗图，图中有很多直线，想象一下，在同一个平面上两条直线相交会有几种可能？请你把这几种可能都画下来，并标上序号。

2. 能把你画出的图形，按照一定的标准分类吗？

3. 你有什么好办法能画出一组平行线？

分类讨论可以提升学生的几何思维水平，导学作业在设计时并没有单纯

---

①陈玉华，黄琰."正方体展开图"教学实录与评析［J］. 小学数学教育，2017（5）：64-68.

停留在"画"的基础上，而是让学生"先画，再分类，再画"。两次"画"的要求是不一样的，先"画"的要求是让学生根据生活经验任意画，只要在同一平面内画出两条线来就可以；再"画"的要求是基于学生对"平行线"初步理解的基础之上，画出一组"平行线"。其中的"分"，就要求学生头脑中必须有分类的标准，分类标准的确定是衡量学生有序思考的杠杆。事实上，学生在分类、排序、衡量的过程中，需要充分调用头脑中的空间思维能力和想象能力。

（二）"微课导学"在课前、课中、课后的设计

"微课导学"作业根据课堂不同时段的使用情况，主要分为三类：一是课前预习的"微课"导学作业，"微视频"主要是新知识的一种视频展示，"导学作业"用于指导学生自主探究新知识；二是课中展示的"微课"导学作业，"微视频"主要是核心知识的展示，"导学作业"主要用于知识重难点和问题解决的方法、策略；三是课后拓展的"微课"导学作业，"微视频"主要是将本节课学过的新知识进行整理、归纳和评价，"导学作业"呈现本节课的练习题组，对课堂所学内容进行拓展、巩固和延伸。

在"微课"资源的开发方面，要做到精心、细心、用心。为使"微课"资源开发得更加科学、规范、有实效，在认真分析课程标准、认真研读教材和认真分析学情的基础上，我们借鉴电影脚本的积极元素，预先设计"微课"的"脚本"，也就是设计微课程设计方案。从内容设计、呈现方式、解说词、设计意图、设计亮点等方面进行预设，运用恰当的教学策略完美呈现"微课"的内容，具体参考如下设计方案。

表 2-4　微课程设计方案

微课程信息	
主题名称	
选题意图	
内容来源	
适用对象	
教学目标	

教学用途	□课前预习　□课中讲解或活动　□课后辅导　□其他
制作方式 （可多选）	□拍摄　□录屏　□演示文稿　□动画　□其他
预计时间	6分钟左右
微课程设计	
教学过程 （应用片段）	
设计意图	
设计亮点	

1. 课前"微课导学"——找准起点

（1）微课程的定位专题要"小而微"。根据小学生的注意力发展的特点和心理特点，聚集核心知识点，运用恰当的多媒体技术，使得"微课"设计"可视化"的状态更加细腻，使学习的过程更加具体、形象和直观。

例如，三年级下册"路程、速度、时间"一课，本课是小学数学非常典型的解决问题的"建模"课型，学习内容不仅让学生知道什么是速度，如何求速度，而且还要知道"路程＝速度×时间"这一数量关系，并且能利用该数量关系解决实际问题。因本节课的内容比较抽象，且对三年级学生来说难度较大。试想一下，这么多的知识点都做成"微视频"，学生接受起来一定非常困难。最好的方式就是聚焦"关键点"来设计"微课"，视频的设计可以直指问题的"核心"——揭示"速度"这一概念，解释速度的内涵，讲清楚速度单位（比如千米／时、米／分、米／秒）的特点。这样利用导学作业就可以在课前达成前两个学习目标。对学习目标三：建立"路程、速度、时间之间的数量关系"的模型这一难点就可以放在课堂上来探究，探究时为让学生明确"同向而行、相对而行、相背而行"的关键点，教师可以采用以学生为"小模特"进行直观演示的方式来进行教学。

（2）微课程制作遵循"细微、精准、互动"的基本原则。将知识进行单一处理,时长一般控制在 6 分钟左右以内;要将文本有效地转化为问题,选取核心内容,有效揭示问题的实质,使学生对教学内容有一个清晰而透彻的认识,把握问题的关键,体现"微视频"的特点。

例如,三年级上册"两位数乘两位数(不进位)"一课,学生在学习本知识之前会计算两位数乘一位数的竖式,聚焦新旧知识的衔接点,不仅让学生知道如何进行两位数竖式的计算,而且还要让学生知道为什么这样算的理由。"微视频"的设计采用"数形结合"的方法,直观呈现 23×12 的"点子图",并且同时出示竖式的计算方法,边计算,边"圈点子图",(见图 2-10)让学生知道用第二个因数 12 中个位上的 2 去乘 23,得到 46,求的就是 46 个一,也就是图中的 2 个 23;再用第二个因数 12 中十位上的 1 去乘 23,得到 230,求的就是 23 个十,也就是图中的 10 个 23,这样的设计做到了细微、精准,视频的设计采用动画演示的方式,让学生愿意学,乐在其中。

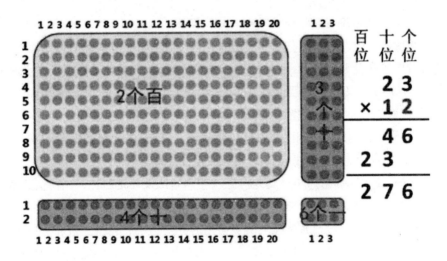

图 2-10 23×12 的"点子图"

2. 课中问题导学——激活思维

课中设计问题导学的方式,教师要引导学生厘清预设性问题与生成性问题,学生在学习过程中提出的问题,是非常有价值的。学生一边学习一边思考,在学习的情境中提出的问题就是学生思维的"卡顿"点,解决了这些问题就达成了学习目标。学生只有能自己提出问题,才能找准自己需要探究的关键点,也是评价自己对知识的掌握和认知是否到位的一种有效的手段。

例如,三年级数学下册"24时计时法"一课。课中"微课导学"可以将微视频制作成"24时计时法和12时计时法的直观对比图",学生借助"微课导学作业单"进行自主探究,边看视频,边进行探究学习。

课中导学作业探究单:

1. 什么是24时计时法?

2. 你知道24时计时法和12时计时法有什么区别吗? 有什么联系吗?

3. 请你举个例子来说明你的发现。

本案例聚焦问题的关键——"24时计时法和12时计时法的区别和联系",微视频中的"直观对比图",呈现了一天24小时两种计时方法,同时给学生提供与之搭配的导学作业,学生带着问题去看视频,借助视频中出示的信息去解决问题,有效地促进教学活动的开展,便于学生对重难点的理解和掌握。

3. 课后"微课导学"作业单——知识拓展

课后的"微课导学"任务单,帮助学生回顾梳理本节知识的探究过程、学法指导策略及分层作业,建构知识体系。"微课"的设计是对整个单元或者某一课时的知识进行典型分析和整理,可以分析知识体系、知识脉络、知识结构,可以进行学习建议指导、设计相应的练习题组等。与之搭配的导学作业,就是知识的再现和应用。微视频对学生而言,就是把"老师"带回家,导学作业就是在"老师"的指导下的实际应用和提升。

例如,五年级智慧广场"鸡兔同笼"导学作业设计是这样的。首先,系统出示本节课要解决的相关问题,进行归纳总结,强调"鸡兔同笼"是这一类问题的典型案例。然后,系统梳理解决问题的方法:1.画图法;2.列表法;3.假设法;4.方程法。思维导图呈现多种的解题策略供学生参考,每一种方法都附以典型案例进行引领。最后,出示不同类型(包含古代的和现代的相关类型)的练习题,让学生有针对性地解决。学生认真学习了"微课",通晓了该类型多样的解题方法,能有效地完成导学作业布置的相关任务。"微视频"设计精妙,"导学作业单"设计巧妙,不仅达成本节课的学习目标,同时建构了知识学习的方法。

再例如,一年级上册"十几减9"导学作业设计如下。首先呈现三个学习目标:1.能流利地说出"计算十几减9(退位减)"的方法;2.会正确计算十几减9,并能运用其解决相关的问题;3.锻炼学生思维严谨和叙述流畅的品质。其次,呈现问题设计的方式起到激发学生学习兴趣的目的。"同学们,我们学习了十几减9(退位减)的计算方法,想一想,计算十几减9(退位减)都有哪些方法呢?请暂停播放,把你的想法写在导学作业单的空白处。"再次,"微视频"呈现"十几减9(退位减)的不同算法:1.破十法;2.连减法;3.数一数;4.看减法想加法;5.先去掉1捆再加上1"。每一种方法都附上典型案例。最后,出示一组练习题,让学生有针对性地练习。

不难看出,上述两个案例设计采用的方式都是先纵观本课的所有内容,对相关知识进行了归纳梳理,对典型案例进行了细致的"视频"讲解,展示出了本节课全部的重点知识,"微课"真正成为学生课后学习的"小老师",基础较差的学生就可以借助典型案例的引领多次观看,并且弄清楚不懂的地方,给学生提供了弹性的空间。再加上导学作业单上有针对性练习题,学生可以学以致用,学有所获。

另外,"微课"还可以呈现分层作业,让不同的学生得到不同的发展。

例如,三年级上册"图形的周长"一课中设计的练习。

1. 根据"微视频"提示,在导学作业单上记录出什么是图形的周长?(基础性练习)

2. 请你画出几个自己熟悉的图形,并用彩笔描出它们的周长。(基础性作业)

3. 测量你画出的图形的边长,并求出这个图形周长。(拓展性练习)

4. 国庆节快要到了,请你设计一个贺卡,送给同学,求出你设计的贺卡的周长。(实践性练习)

课后"微课导学"作业的应用,尊重学生的差异,使学生当堂没有掌握的知识课后可以利用"微视频"有针对性地反复进行学习,这就是自主型课堂教学的价值所在。

七、导学作业设计原则

一份优质的导学作业必须具备以下几个特点:紧密联系课程标准的要求,落实目标;紧扣教材的教学内容,适当拓展;符合本班学生的学情特点,难度适中。结合以上特点,导学作业的设计应符合以下几个原则。

（一）主体性原则

学生是学习的主体，导学作业的设计一定要符合学生的认知水平、知识基础和数学知识储备。一定要让学生在学习过程中经历知识形成的全过程，从学生的立场出发，结合学生的生活实际来进行精心设计。

例如，一年级"图形的拼组"一课，导学作业是这样的设计的。首先，让学生认识基本的平面图形，如长方形、正方形、圆、三角形、平行四边形等。然后，给学生提供这些图形的卡片，让学生回家进行剪拼，并设计出自己喜欢的图案。最后，还将知识进行拓展，让学生研究"七巧板"的组成，利用七巧板来设计美丽的图案。（见图2-11A，B）从导学作业的反馈来看，学生作业兴趣高、效果好。具体表现在学生作业参与度高、作品数量多、内容丰富，更重要的是在拼组的过程中，不同的学生从不同层面上感知了各种平面图形的特征，学生的空间观念和直观想象得到了不同程度的发展。这样的导学作业，促使学生真正成为数学学习的主人。

A

B

图 2-11　利用"七巧板"设计的图案

学生是发展的主体，只有充分发挥学生的主体地位和主动性，让全体学生动起来，积极主动地参与到学习活动中去，才能真正做学习的主人。

（二）简约性原则

学生借助导学作业开展有效学习活动，注重利用有效的生活情境使学生发现问题，并解决问题。本着利用导学作业起到降低学生的学习难度的作用，可以设计有梯度的"问题串"加以引导，将复杂烦琐的学习活动设计得简洁明了。

例如，五年级上册"长方体和正方体的表面积"，本节课的知识目标有三个：

1. 知道什么是长方体和正方体的表面积；

2. 会计算长方体和正方体的表面积；

3. 利用长方体和正方体的表面积解决生活问题（会计算长方体的六个面、五个面、四个面的面积，并能区分）。

通过学前调研发现，学生对长方体表面积的概念（长方体是由6个面组成的，这6个面的总面积叫作它的表面积）这一内容是了解的，对"如何求表面积"这一内容不太明确，至于表面积的其他类型题（比如，求五个面、四个面的面积）更是无从下手。如此看来，对第一个知识目标学生已经知晓，教师只需要点拨即可，不需要让学生再去探究。第二个知识目标学生自己的思考和动手实践能够达成，教师放手就好。而对于第三个知识目标学生自主学习难度较大，需要借助同伙互助或教师点拨才能达到。基于这样的分析不难看出，对于学习目标二，学生能够自主探究收获新知，可以设计为导学作业；而学习目标三不适合课前探究，就不能布置为课前导学作业，应该留做课堂上师生共同研究。

进行如下设计。

1. 量一量长方体的长、宽、高，求出这6个面的面积总和。

2. 试着找到求长方体表面积的方法。

3. 自己找一个生活中的长方体，用你喜欢的方法求出6个面的面积总和。

数学研究的基本方法要遵循从简单到复杂、从一般到特殊的原则，上述案例中将三个学习目标进行了非常清晰准确的定位：学生课前已经有的知识基础（什么是长方体的表面积）教师不讲；学生自己探究能达到的目标（长方体的六个面的面积总和）教师大胆放手；学生探究有困难的知识（求长方体五个面、四个面的面积并解决生活问题）课堂上集体研究。将复杂的知识，基于学生学情的分析科学地设计导学作业以化难为易、化繁为简，起到水到渠成、事半功倍的作用，有效促进目标的达成。

（三）启发性原则

设计导学作业时，教师应当预设学生存在的学习问题，并认真分析学生存在这种问题的原因，采用启发式的"问题串"，引导学生进行思考，培养学生的思维能力、动手操作能力和创新能力。

例如，一年级上册"分类与整理"一课，导学作业中提出以下问题。

1. 观察一下你家里的衣柜，说一说，衣柜里的衣服是如何分类的？还可以怎样分类？

2. 如果要将你的家庭成员按照一定的标准进行分类，你会如何分？你分类的标准是什么？

课堂反馈时，尽管低年级学生的语言表达不一定那么清楚准确，所选取的"分类标准"不一定科学，学生提出的"问题"不一定是教师预设的，但是教师都应该积极地去启发、去引导，引领学生完成新知的建构。案例中，创设符合学生年龄特征的生活情境，渗透"分类"的数学思想，看似难度较大，但从低段开始让学生亲自去感知、去触摸，去尝试进行"分类"训练，这样的活动设计对培养学生核心素养可以起到较好的效果。

（四）科学性原则

导学作业的设计应该落实新课标的要求，符合数学知识的逻辑，让学生在学习的过程中获得适应社会和进一步发展所必须的"四基"。

例如，一年级上册"认识左右"，导学作业设计时可以根据儿童的年龄特点，以儿歌的方式进行设计。

1. 学唱儿歌："左三圈，右三圈；摸摸左耳，摸摸右耳；早睡早起，咱们来做运动；抖抖左手，踢踢右脚；勤做深呼吸，一起唱唱跳跳，我们才健康"（教师设计微视频）。

2. 要求：边做动作边唱儿歌给爸爸妈妈听。

3. 仔细想想，你有什么好方法可以区分左右？记下你的好方法，课堂上说给同伴听一听。

课堂上交流时，学生对儿歌的哼唱兴趣不断，做动作时也没有出现分不清左右的情况，学生正是因为有了课前与家长的交流，对"前后左右"的感知，才可以在课堂上交流出好多区分左右的好方法。比如，写字时用右手握笔，用左手按纸；站队稍息时，要伸左脚；走路和上下楼梯时要靠右边行走等。低年级的学生喜欢教师的鼓励、表扬，课堂上教师可以多用显性的评价促进学生元认知水平的提升。由教学目标所转化的评价语言，如"你高高举起的右手，说明你真的掌握了""用右手摸着你的右耳朵，思考得可真深入""你思考时向右转头，是不是想到了好点子？"等，更是学生乐于接受的。

（五）探究性原则

史宁中教授曾说："我们必须清楚,世界上有很多东西是不可传递的,只能靠亲身经历。"①在导学作业的设计中,设计学生乐于探究的活动,充分调动学生的探究欲望,让他们能够积极主动地参与到学习中去,经历知识探究的全过程,能自主建构知识体系,自主归纳方法,自主总结规律,自主拓展创新。

例如,四年级下册"三角形三边的关系"一课,课前导学作业提出问题："是不是任意的三根小棒都能围成三角形?"激发学生的探究兴趣。学生猜想可能有三种情况:一是能围成三角形,二是不能围成三角形,三是有的能围成三角形,有的围不成三角形。学生在有了想充分探究兴趣的前提下,布置的导学作业自然是学生喜欢的。

作业要求

1. 回家找多根小棒,分别量出它们的长度。

2. 任意选三根小棒,围一围,把你拼摆的结果记录下来。

3. 思考一下:为什么有的三个小棒不能围成三角形? 围成三角形的三根小棒的长度有怎样的关系? 把你的想法记录下来。

学生自主建构知识的过程,实际上是主动探索的过程,在用小棒"围三角形"的过程中,学生带着问题"是不是任意的三根小棒都能围成三角形? 如果能围成三角形,这三根小棒有怎样的关系?"进行操作的,在探索过程中自己进行猜想、验证、推理,并能够和同伴通过小组交流、全班展示、师生点拨等形式建构新知。

八、导学作业设计时应注意的问题

基于导学的自主学习型课堂教学模式开展的是否顺利、高效,这取决于导学作业设计得是否合理、科学,是否可操作。因此,我们提出了"六应该"和"三要求"。

（一）做到"六应该"

（1）导学作业的设计应该具有明确的学习目标,应该站在学生的角度去精心设计,让学生明白要学什么,怎样学,学到什么程度。

---

①曹荣荣. 在"做"中积累数学活动经验 [J]. 教师,2015(27)：45.

（2）导学作业的设计应该帮助学生梳理知识结构体系,应该让学生明确新、旧知识的衔接点,应该让学生知道如何沟通新旧知识的方法,做到从"高处"着眼架构体系,从"低处"着手获取知识。

（3）导学作业承担着对学生学习方法进行指导的作用,学习方法的指导要有针对性、易操作、有典型性,这些方法应该是学生学习的"脚手架",另外,还应该让学生明白一份"静态"的导学作业实则是可以转化为"动态"的自主探究学习活动。

（4）导学作业的设计应该是清晰的板块式的设计方法,要预留出合适的板块,让学生通过达标检测或反馈练习,知道自己学到了什么程度,是否学会了新知识。

（二）做好"三要求"

1. 学生的角度

（1）学生要结合导学作业的内容进行自主学习,要能自主解决导学作业中的问题,对解决不了的问题要做上标记,要在课堂上与同学交流或向老师请教。

（2）学生要学会整理重难点知识,要随时将自己的学习体会记录在导学作业的"我的收获与困惑"一栏中。

（3）学生要整理好本学期的导学作业,供复习时使用。

2. 教师的角度

（1）对学生完成的导学作业,要求教师认真批改、及时反馈,根据批阅情况了解学情,在课堂上根据学情随时调整教学策略。

（2）课堂教学时要求教师以学生为主体,把设计的导学作业作为"范例"使用。

（3）导学作业要做到"四精四必":精选、精讲、精练、精批,有发必收、有收必批、有批必评、有评必纠。教师必须提高三种能力,即提高备课时高屋建瓴的能力;提高课堂教学中反馈评价的能力;提高课堂教学时点拨提升的能力。

3. 其他角度

（1）课前要求及时发放导学作业。

（2）课前要求学生自主完成导学作业,养成自主学习的习惯和能力。

（3）要求教师灵活地把握学生对导学作业的完成情况,随时调整课堂教学节奏。

九、导学作业的设计模板

（一）导学作业应包含以下基本要素

1. 学习目标

制定学习目标的目的是使学生明确要学什么,应掌握哪些内容,掌握到什么程度,增强学习的主动性和针对性。目标不仅要具体,而且要基于解读课程标准,结合教材的单元目标要求和课时目标要求来确定。目标的表述要以学生为主体,要让学生明确本节课要完成的学习任务。

2. 学习重点、难点

教学的重难点是学生思维探究的最佳切入点,要激励学生想方设法突破重点,做到课前知晓重难点、课内明确学习任务,课后知晓复习方法,切实提高自主学习效率。

3. 学法指导

培养学生学习能力的核心因素,是要教会学生学习。教师要把学习的各种方法多样化地告知学生,可以针对典型题进行方法的指导,可以对学生进行数学思想方法的渗透,可以提示学生注意相关的知识"陷阱",可以帮助学生建构知识体系等。

4. 记录过程

导学作业上给学生"留白",记录学生自主探究学习的全过程和作业中设置的反馈检测题,教师通过查看学生导学作业的完成情况,了解学生对新知的掌握情况和在自主学习中存在的问题,有助于教师在课堂上调控课堂教学策略。

（二）每一版块设计的具体内容及承载的作用

导学作业设计的具体内容包含如下内容：年级,册别,单元,信息窗,学习内容,学习目标,知识链接,自主作业（我的尝试与思考）,自我反思（我的收获与疑惑）。每一版块的设计承载的作用如模板所示,如表 2-5 所示。

表2-5 ＿＿＿年级＿＿＿册第＿＿＿单元信息窗＿＿＿导学作业设计

学习内容：＿＿＿＿＿＿

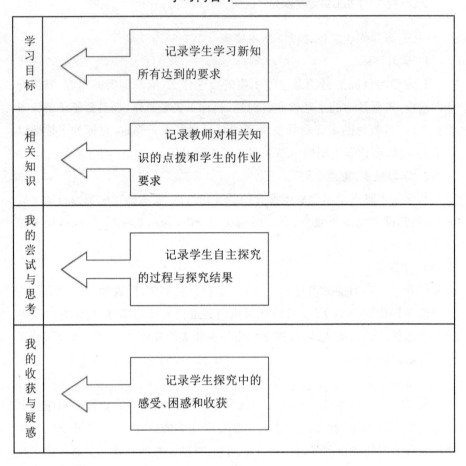

十、导学作业各版块的设计策略

崔允漷教授说，学习有如下四种值：动力值、数量值、知能值、意义值。[①]
导学作业是自主学习型课堂的具象演绎和实践方略，有力地促进了学生核心
素养的提升，也促成了学生对自我的超越。

---

①李向京．导学·合作课堂教学模式如何让学习增值［J］．内蒙古教育：基教版，2012(18)：10-11.

第二章　自主学习型课堂教学效果的影响因素

导学作业设计前应做的准备有以下几点。

首先，把握学生的学习情况与心理状态是设计导学作业的起点，当教师对学生已有认知结构、自学能力、学习情绪与学习意向有了整体的把握，才能够设计出具有针对性和可操作性的优秀导学作业。

其次，教师必须熟悉小学数学知识体系是呈螺旋上升的，熟悉所教授单元章节的设计情况，熟悉每一"信息窗"知识的相互顺序和承载的不同作用。只有理解课本编写目的，才能系统地把握教材，才能根据不同学习层次学生的学习需求，开展因材施教，从而实现有效教学，提高课堂质量。

最后，扎实进行集体教研，设计优秀的导学作业。教师都应该充分参与集体备课与研讨当中，厘清教学目标、教学重难点、教学设计、习题设计等，仔细聆听其他教师的意见，并结合各自班级的学情和学生特点认真修改导学作业，使其成为适合班情的个性化导学作业。

导学作业的设计既要体现学生的主体性，也要体现教师的主导性；既要体现"学什么"，还要体现"怎么学"；既要有预设达到的学习目标，又要有对学习目标进行回归性检测的反馈总结。每一板块设计的策略阐述如下。

（一）学习目标的设计

著名教育专家钟启泉教授曾说："所谓教学目标就是教学过程中师生所预期达到的学习效果和标准。它是教学设计的关键，是教学活动的根本指向。"①不难看出，教学目标在整个教学设计中占着举足轻重的地位。在导学作业中，学习目标就是由教学目标转化而成的，但它又不是简单教学目标中对三维目标的机械描述，而是应该具有可操作性、可检测性。一个明确的学习目标使得教师在课堂上知道"教什么"，学生明白"学什么"，它是学生学习的目标和方向，它既是一节课的出发点，也是一节课的终结点。在实践操作中，学习目标的设计遵从以下三点原则。

1. 要以学生为主体

教学目标的表述主体是教师，常用"使学生理解、使学生掌握、使学生……"，而学习目标的表述转为学生为主体，常用"知道、能、可以……"。这样的表述可以使学生更加清楚、明白自己学什么、怎么学，对所学知识要达到什么程度。同时，学习目标的设计要符合本班学生的学情，过高或过低都会使它的指导性、引领性降低。

例如，四年级下册"平行四边形的面积"一课的学习目标的设计。先分析数学课程标准,标准中对本节课的要求是这样的:"探索并掌握平行四边形的面积公式,并能解决简单的实际问题。"基于对课程标准内容的分析和学情的把握设计学习目标如下。

1. 经历平行四边形面积公式的推导过程,知道平行四边形面积的计算方法,并会用字母表示平行四边形的面积公式。

2. 从平行四边形面积公式的推导过程中感知转化的思想方法,体会"转化"给数学学习所带来的方便。

3. 学会运用平行四边形的面积公式解决实际问题。

落实课程标准时,首先要对其中的关键性行为动词进行解读。上述案例中课程标准内容的行为动词是"掌握"。"掌握"的同类词是能,指的是在理解的基础上,把对象用于新的情境。也就是说,要知道平行四边形的面积是如何推导来的,能用平行四边形的面积公式来解决实际问题。详细解读课程标准中的关键性行为动词,也就明确了本节课的学习目标指向哪里。

2. 要全面涵盖三维目标

在导学作业的学习目标的设计中,需要综合考虑,将以上的三维目标有机地结合起来。教师既要把握课程标准的四个方面:知识技能、数学思考、问题解决、情感态度,又要关注学生的心理需求,教材的教学内容,让学生在知识的建构中,发展情感态度价值观。

例如,上述案例"平行四边形的面积"一课设计的三个目标中:目标一,体现了知识与技能,对平行四边形面积计算方法是什么、会用字母表示等知识点提出了明确的要求;目标二,重点是对探究的过程,对探究过程中用到的数学思想方法和解决问题的方法提出了明确的要求;目标三,体现了对情感态度价值观的要求,要将学到的知识应用到生活中去,提升学生的数学素养。

3. 可检测性

导学作业的学习目标具有导教、导学的功能,学习目标定位不明确则不利于这些功能的发挥,不利于全面完成学习任务,容易使"教"与"学"失

---

①杨彦虎.易"跑偏"的语文教学内容——论语文教学内容与教学目标错位现象[J].语文月刊,2017(7):46.

去明确的参照标准。学习目标过于空泛,会导致该作业失去可检测的功能,难以判断本节课的学习目标是否达成。

例如,上述案例"平行四边形的面积"一节课学习目标的设计,非常清晰地阐述了本节课学生所要达到的目标:知道什么是平行四边形的面积,并会用字母表示;知道可以利用转化的思想方法来探究平行四边形面积;会用平行四边形面积公式计算面积并能用以解决生活问题。

（二）知识链接的设计

教师的教学应当关注学生已有的知识经验和生活经验,将原有的知识经验作为新知识的生长点与迁移点,引导学生从原有的知识经验出发,获得新的知识经验,学生对后续知识的学习,必然是建立在已有的知识经验基础之上。[1]因此,正确、全面地分析学生已有的知识基础就显得尤为重要,这是教师设计导学作业的起始点。而导学作业的知识链接就是本课题学习新旧知识的衔接点,这对教师立体式把握教材的能力也是要求极高的,教师要从教材的横向、纵向交叉联系各类知识点,使相关知识点紧密联系到一起。

例如,"平行四边形的面积"这一节相关知识的设计。"微课"导学视频中,教师首先是引导学生回顾长方形面积的推导过程:长方形的面积公式是什么?（长方形的面积＝长×宽）它的面积公式是怎样推导出来的?（用数方格的方法）,长方形的面积公式与它有什么关系?（与长方形的长和宽有关）。接着,提出关键性问题:把平行四边形转化为长方形,就可以求出它的面积。在转化的过程中平行四边形什么变了?平行四边形的什么没变?如果沿着平行四边形任意的一条高剪开,也能拼成长方形吗?通过一系列问题的追问,沟通了两种图形之间的关系,有效地渗透了转化的数学思想方法,更有助于学生理解平行四边形面积的推导过程,有效辨析了为什么"平行四边形的面积不是用底乘邻边"做好铺垫。

（三）自主学习的设计

华东师范大学副教授周彬在《还学生一个自主的课堂》中提道:"知识从来都是学会的。在教与学之间,如果没有教,学还是可以推进的;如果没有学,教就变得毫无意义了。因此教是为了帮助学生学,而不可能代替学生自己的学。"

导学作业自主学习内容的设计是学生学习任务的体现,要明确内容,明确方法,明确时间,应遵循以下原则。

基于导学的自主学习型数学课堂的教学实施与评价

1. 问题化原则

教师应该精心设计问题,将知识碎片整理为具有关联性的系列问题,通过对知识点的设疑、质疑、解释,从而激发学生积极主动的思考,逐步培养学生的探究能力。问题的设计要少而精,能启发学生的思维,引导学生探究并进行思考,通过问题的精心设计,使学生意识到必须积极思考才能解决问题,从而让学生学会思考,学会自学。

例如,四年级下册"平行四边形的面积"这一节的导学作业,自主学习的问题设计如下。

(1)把平行四边形转化成长方形,还可以沿着哪条高剪开?

(2)平行四边形与转化而成的长方形这两者之间各部分存在怎样的关系?

(3)通过剪拼的方法,你知道如何求平行四边形的面积吗?

2. 方法化原则

导学作业的自主学习不仅包括学习内容的学习指导,还包括学习方法的探究指导,也就是要解决"学什么、怎么学"的问题。

例如,四年级下册"平行四边形的面积"这一节的导学设计中,对学习方法的指导非常明显,首先,知道要用转化的方法来探究平行四边形的面积;其次,要把平行四边形转化成长方形来探究它的面积;最后,要沟通平行四边形和转化成的长方形各部分之间的关系,寻找联系,可以探究得到平行四边形的面积计算方法。

3. 参与化原则

通过实施基于导学的自主学习型课堂教学模式给学生创造平等参与的机会,增强学生积极参与的热情,加强学生积极参与的意识,培养学生积极参与的能力,让学生在参与中学习,在参与中成长,这就是所谓的参与性原则。

例如,四年级下册"平行四边形的面积"这一节课中小组交流环节,出示小组合作要求。

(1)组内每位同学轮流交流自己的想法和做法。

(2)小组长负责记录,汇总整理小组成员中不同情况的探究方法。

(3)选取组内认为最好的方法准备全班展示,提前在组内设计好全班展

---

①李丹. 建构主义视角下的自主学习理论研究 [J]. 产业与科技论坛,2014(7):166-167.

示的分工,并策划展示的方案。

4. 层次化原则

导学作业的自主学习问题的设计要有梯度、有层次、有深度,每个问题能引导学生由浅入深地熟知教材,能点燃学生思维的火花,能满足各层次学生的学习需求,使每个学生体验成功的喜悦,调动学习积极性,提高学习的兴趣,增强学习的信心。

例如,四年级下册"平行四边形的面积"一课的重点题型整理。

(1)如果知道平行四边形的底和高,怎么求平行四边形的面积?

计算方法是＿＿＿＿＿＿＿＿＿＿＿＿＿＿

(2)如果知道平行四边形的面积和底,怎么求平行四边形的高?

计算方法是＿＿＿＿＿＿＿＿＿＿＿＿＿＿

(3)如果知道平行四边形的面积和高,怎么求平行四边形的底?

计算方法是＿＿＿＿＿＿＿＿＿＿＿＿＿＿

(4)实践应用:用木条制作成一个长方形镜框,长20厘米,宽16厘米,至少需要多长的木条? 如果镜框中间要安装上玻璃,需要多大的玻璃? 如果把它拉成一个平行四边形,周长和面积各有什么变化? (选做)

这几个问题是有一定难度的。根据平行四边形的面积公式,学生可以类推出已知"两个量"求"另一个量"的情况,在这里需要学生具有一定的逻辑推理能力,学习能力相对弱一点的学生解决这个问题就有些困难,会计算基本的平行四边形面积即可。对不同的学生有不同的要求,分层布置作业,将问题(4)定为选做作业,学有余力的学生完成就好。

(四)反馈总结的设计

学生借助导学作业进行自主学习的效果如何,能否根据教师的预设达到预期的学习目标,需要给学生"留白",让学生自主完成。"我的收获与疑惑"就是用来专门记录学生在自主学习中所思、所疑、所获的。其实,这是学生的学习成果,更是一种反思能力的培养。反思能力也是建构主义学习的一个核心特征。

例如,四年级下册"平行四边形的面积"一课反思总结的设计可以"留白",教师只需告知学生,在这里栏目中记录自己探究过程中的收获或者是疑惑的地方即可。这样,教师在批阅导学作业时,通过查看学生的反馈情况,就会更深入地知道哪些学生已经掌握,哪些学生哪些地方还存在问题。当然,还可以鼓励学生将在探究过程中的真实的感受记录下来,丰富认知体验。

（五）"典型"导学作业的设计案例

1. 课前"微课导学"作业

在上课前发给学生,相关作业要求都在导学作业中明确提出。其中"相关知识"板块,介绍的是学生的学习内容和具体的作业要求。

例如,四年级下册"平行四边形的面积""微课"导学作业——课前用（见表2-6）。

表2-6　学习内容：平行四边形的面积

学习目标	1. 探究平行四边形的面积,总结出平行四边形面积的计算公式。 2. 会用平行四边形面积的计算公式解决实际问题。
知识回顾	1. 回顾长方形的面积公式及探究方法。 2. 想办法探究平行四边形的面积计算公式。
我的尝试与思考	1. 我的想法：平行四边形可以转化成（　　　　）形。 2. 在转化的过程中,平行四边形和新转化成的图形的各部分有怎么样的关系？在转化过程中什么没变？ 3. 你找到平行四边形面积的计算方法了吗？请画图说明你的想法。 _____ 4. 我的结论： （1）我发现：平行四边形与转化后的图各部分有以下的关系： （2）平行四边形的面积 = _____ （3）用字母表示为_____
我的收获与疑惑	

2. 课后"微课"导学作业

与课前导学作业的设计侧重点不同,课后导学作业更多偏重知识脉络的梳理和知识体系的整体架构。"微课"的设计是对平行四边形面积公式推导过程的再现,是对整节课学生学过的知识、探究出的各种公式及利用公式解决相关问题的梳理和提升,对建构知识体系,巩固新知起到良好的作用。

例如,四年级下册"平行四边形的面积""微课"导学作业——课后用(见表 2-7)。

表 2-7　学习内容：平行四边形面积

学习目标	1. 知道通过画、剪、拼等操作方式能探究出平行四边形面积的计算方法。 2. 知道平行四边形的面积公式,能根据面积和底（或高）,求出高（或底）。 3. 会用平行四边形面积的计算方法解决生活问题。
知识回顾	1. 回顾整理平行四边形面积推导过程。 2. 梳理平行四边形面积公式,并用字母表示。 3. 平行四边形的面积公式及变式。
我的尝试与思考	重点题型整理： 1. 如果知道平行四边形的底和高,怎么求平行四边形的面积? 计算方法： 2. 如果知道平行四边形的面积和底,怎么求平行四边形的高? 计算方法： 3. 如果知道平行四边形的面积和高,怎么求平行四边形的底? 计算方法： 4. 在研究平行四边形的面积时,你收获了哪些方法? （围绕学习方法来谈） ————————————————

续表

我的收获与疑惑	动动脑,求下图中的*X*,把你的想法写出来。 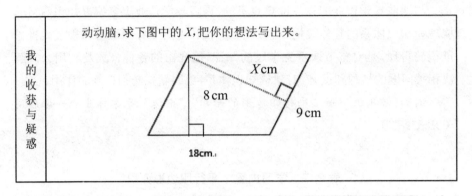

3. 单元整理导学作业设计模板

单元知识的整理与复习,不是旧知识的简单再现和机械重复,而是要求学生在整理过程中把旧知识转化,把平时相对独立的知识,以再现、整理、归纳的方法串联起来,从而加深学生对知识的理解、沟通,并使之条理化、系统化,导学作业恰恰可以有效地做到这一点。设计导学作业时找准切入点,以点概面、以面概全,重视对整个单元所有知识内容的系统梳理,注重渗透数学思想方法。

例如,四年级下册"多边形面积的整理与复习""微课"导学作业——课后用(见表2-8)。

表2-8　学习内容：多边形面积的整理与复习

学习目标	1. 通过复习多边形面积的相关内容,整理出重点知识。 2. 梳理长方形、正方形、平行四边形、三角形、梯形面积之间的关系,建构知识网络图。 3. 会用所学的重点知识来解决生活中相应的数学问题。
知识回顾	1. 各种多边形都可以利用转化的方法沟通之间的联系。 2. 整理各种图形面积公式的基本形式和变形式并用字母表示。
我的尝试与思考	
我的收获与疑惑	

从导学作业反馈的情况来看,学生能够根据导学作业的提示,利用转化的方法把学过的平面图形的面积的相关知识点"串"起来(平行四边形可以转化成长方形求出面积,三角形、梯形可以转化成平行四边形求出面积),综合起来看,长方形就可以看成一棵知识树的主干,平行四边形、三角形、梯形就是树干和树枝,这样系统地梳理整理,就形成了完整的思维导图。当然,教师在点拨时可以把圆的面积(今后学习的内容)推导方法补充完整,使学生对整个平面图形面积的建构有更清晰的认知。设计单元整理的导学作业就是要帮助学生完善知识系统、能力系统和思维系统,让不同层次的学生有不同的收获。

第二节　自主学习和合作学习

一、自主学习和合作学习的辩证关系

我国自 20 世纪 90 年代初期就在课堂教学中开始引入小组活动，由此引发了对合作学习的探讨。[①]而研究者更多地是将其作为一种有效的教学模式，来激发学生兴趣，改善课堂学习的氛围，提高学生的学业质量，促进社会适应性的发展。

（一）概念的提出

在我国古代思想家和教育家的著作中早已有了与自主学习、合作学习类似的"学习"思想。孟子曰："君子深造之以道，欲其自得之也。自得之，则居之安；居之安，则资之深；资之深，则取之左右逢其源，故君子欲其自得之也。"[②]这就是在提倡独立自主、学会学习、获取较深的知识技能。《周易·兑卦》中"君子以朋友讲习"和《礼记·学记》中"独学而无友，则孤陋而寡闻"就是提倡合作学习。[③]

基于导学的自主学习型课堂教学模式，既要关注学生的自主学习，又要关注学生的合作学习，要把自主学习和合作学习作为开展自主学习型课堂教学中非常重要的环节。自主学习是渗透在课堂教学活动中每一个环节的，它是有效开展合作学习的前提，是进行有效合作学习的基本保障。同时，合作学习又是检验学生自主学习效果的平台，在合作学习中学生能够将在自主学习中获得的结论进行交流、分享，学生能够尽情地展示个人在自主学习中的所思、所得、所感，合作学习更是师生交融的场所。

---

①裘煜彦．合作学习的研究 [J]．科技资讯，2006(12)：154-155.
②林众，冯瑞琴，罗良．自主学习合作学习探究学习的实质及其关系 [J]．北京师范大学学报（社会科学版），2011(6)：30-36.
③林众，冯瑞琴，罗良．自主学习合作学习探究学习的实质及其关系 [J]．北京师范大学学报（社会科学版），2011(6)：30-36.

第二章　自主学习型课堂教学效果的影响因素

（二）自主学习和合作学习方式的实质

所谓"实质"，《汉语大辞典》中指出是事物、论点或问题的实在内容。

1. 自主学习的实质

自觉性是自主学习的核心特征。学生在自主完成导学作业的过程中，能够根据学习目标的提示，在学习目标的指导下，自主地选择合适的学习方法，自主地去解决问题，并自主评估自己的学习结果，这就是学习中的反思性或自我监控性，心理学中称其为"元认知"。[①]

2. 合作学习的实质

合作学习是以合作精神为基本出发点，以社会互动为基本关系，以人际交往为基本方式，这三点构成了合作学习的基本特征。学生的合作精神体现为学生在学习过程中互相帮助、互相促进、互相关心进而共同解决问题的行为，体现为"人人为我，我为人人"的合作价值观。[②]在基于导学的自主学习型的课堂上，无论是四人小组互相交流，还是组间互相质疑，只要是围绕"共同的任务"，集体探究的学习行为都是合作学习的表现。

3. 合作学习的作用

合作学习利于培养学生的团队合作精神和合作技巧。与传统的学习方式相比较而言，合作学生在促进学生的思维能力、合作意识、增进友谊等方面有着很强的优势，是一种新型的学习方式，也是新课标倡导的一种学习方式。[③]

（三）自主学习和合作学习的内在关系和有效结合途径

自主学习和合作学习之间有着什么内在关系？如何能使两种学习方式进行有机结合？是我们现下研究的重点。

1. 两种学习方式的内在关系

自主、合作这两种学习方式恰恰满足了现代社会所需要的学习的不同侧面：自主学习实质上更多地强调了发展学生的反思能力，强调了发现学

[①]林众,冯瑞琴,罗良 . 自主学习合作学习探究学习的实质及其关系 [J]. 北京师范大学学报（社会科学版），2011(6)：30-36.

[②]林众,冯瑞琴,罗良 . 自主学习合作学习探究学习的实质及其关系 [J]. 北京师范大学学报（社会科学版），2011(6)：30-36.

[③]林众,冯瑞琴,罗良 . 自主学习合作学习探究学习的实质及其关系 [J]. 北京师范大学学报（社会科学版），2011(6)：30-36.

生的元学习能力,强调了学生的自主性;合作学习满足了学习过程的互动维度,强调培养学生在竞争互动中进行合作的能力和意识。因此,尽管两种学习方式的本质存在差异,但两者之间是互补的,都是学习过程中不可或缺的部分。[①]

2. 实现两种学习方式的有效结合

基于导学的自主学习型课堂教学模式有效实现了自主学习与合作学习的有机结合。教师搭建平台,让学生借助导学作业,在学习新知前的课外时间进行自主探究学习,基于自己的知识基础或生活经验寻找合适的解决问题的方法,来获取新知,强调自主性和探究性;课堂上充分利用 40 分钟的时间让学生展示自我的学习成果,通过小组合作学习、全班合作展示、师生合作拓展进行合作学习,展示个体的活动性,学生有话语权,在思维碰撞中充分感知,达成学习目标。这里,自主学习是合作学习的基础,合作学习是自主学习的评价与能力拓展,两者应有机结合。

二、自主学习的有效性

早在 2000 多年前,《孟子·离娄下》有云:"君子深造之以道,欲其自得之也。自得之,则居之安;居之安,则资之深;资之深,则取之左右逢其源,故君子欲其自得之也。"[②]意思就是说教师要让学生进行自主学习,学生自己钻研所得的东西才是牢固的,才能够积蓄很深,才能够活学活用。大量研究证明,最后沉入一个人的记忆深处的知识大都是通过自主学习得来的。

(一)自主学习能力

很多时候,教学效率不高的主要原因在于重视了教,忽略了学:重视了教师的作用,忽略了学生的深度学习。教学的关键就是学,学是主体,是对所教知识的落实,是学生在教师引导下的主动学习,自主学习就是一个很好的验证。

1. 关于自主学习

自主学习是学生学习时表现自觉性、积极性、独立性等特征的总和。基于

---

①林众,冯瑞琴,罗良. 自主学习合作学习探究学习的实质及其关系 [J]. 北京师范大学学报(社会科学版),2011(6):30-36.

②万丽华,蓝旭. 孟子 [M]. 北京:中华书局,2006:86.

导学的自主学习型课堂教学模式中的自主学习是让学生在借助导学作业自主发现问题、解决问题的过程中把自己在学习过程中的收获记录在导学作业上。当然，自主学习还包括课堂上对教师设计的多样活动和巩固练习的学习方式，关键要体现深度学习，体现学生的主体地位。

2. 关于自主学习能力

自主学习能力是个体一生发展中必须具备的最重要的一种能力之一。学生具备了自主学习的能力，就可以有自制力，就可以自己去解决相关的问题，自己进行独立思考，自己主动获取知识。基于导学的自主学习型课堂教学，学生借助教师提供的导学作业进行自主探究学习。在这个过程中，学生通过自己的努力，收获了知识、经验、方法，同时收获的还有成就感。

3. 自主学习与传统学习

自主学习与传统学习是两种不同的学习方式。传统学习是教师将教材中的知识与技能以一定的方式传递给学生，学生被动地接受，强调的是教师"教"的技艺。而自主学习则是以学生为学习的主体，以学生的问题意识为依托，让学生通过问题的探究，来发现知识产生的背景、意义和价值。在基于导学的自主学习型课堂的实际教学中，小组合作学习是自主学习的拓展和延伸。通过小组间组员的合作，将自主学习中遇到的问题以小组合作的方式进行探究、对话和交流，既有利于在教师的指导下使问题得到有效解决，又有利于促进学生的深度学习；还有利于将教师从单纯的课堂授课中解放出来，有利于教师通过巡视发现学生自主学习中存在的问题，有针对性地指导和帮助学生解决问题，从而实现差异教学，提高课堂效率。

4. 主动学习与被动学习

主动学习与被动学习的区别在于：主动学习，心情沉静而愉悦；被动学习，心情焦躁而畏惧。主动学习，能够深入思考，效率高；被动学习，不能深入思考，效率低。主动学习，有愉悦的体验，能让学生喜欢学习；被动学习，是痛苦的体验，容易让学生厌学。基于"导学"的自主学习型课堂教学模式就是把学习的主动权交给学生，学习形式也是以自学为主，学生能够深入思考、自主解决问题。"微视频"和"导学作业"是指导学生进行主动学习的工具，学生在完成导学作业时有愉悦的体验，学生不再是等待被灌输知识的人，而是有学习目的、有学习动力的攀登者（见图 2-12）。

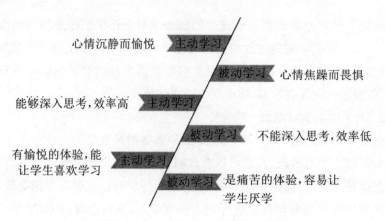

图 2-12 主动学习和被动学习的区别

5. 自主学习的实施前提

自主学习要充分考虑到学生的现实基础,给学生设计适量的、不同程度的探究性作业,让学生在能够独立完成的基础上,将遇到的困惑进行搜集,以便于小组合作学习时有针对性地解决问题。

例如,五年级"圆的认识"一课,课前布置的导学作业就是让学生初步感知圆(比如,让学生通过画圆、剪圆、折叠圆等),知道圆有一个圆心,有无数条折痕,是轴对称图形等,圆的这些特征比较外显,可以通过自主学习得到。而对于圆的其他特征,比如"所有的直径和半径都相等,直径是半径的 2 倍"等,可在课堂上通过小组合作学习和师生共同交流得到。

基于导学的自主学习型课堂教学模式不仅调动了学生自主学习的积极性,而且避免了教师低效而又繁琐的讲解,让学生真正成为学习的主人,让课堂变得富有生机和活力。

(二)自主学习的特点

自主学习具有能动性、独立性和异步性三大特点。

1. 自主学习的教学策略是把学习建立在人的能动性基础上的

它以尊重、信任、发挥人的能动性为前提,使学生的学习状态发生了根本变化:从"教师安排我学"到"我自己要学";从"教师教我怎样学"到"我自己思考怎样学";从他律到自律、从被动到主动、从消极到积极。自主学习不仅能开发学生的学习潜能,还能培养学生学习的积极性和责任心,是有效教学的基本条件。

2. 把学习建立在人的独立性基础上是自主学习的教学策略之一

独立性就是要求学生进行自主学习,不依赖教师的指导和同伴的帮助。课前学生自主地完成导学作业,在小组交流环节自主地表达自己的观点和见解,在全班展示环节能主动提出自己的思考和看法。教师通过调动学生的学习热情和学习潜能,能更加有效、高效、扎实地进行教学。

3. 尊重学生的个别差异是自主学习的教学策略

教师设计的导学作业本身就是基于学情、尊重差异而设计的,作业单上记录着学生自主学习的全过程,教师可以根据导学作业的反馈情况,分辨优等学生和落后学生的学习情况。

(三)培养学生的自主学习能力

1. 激发兴趣让学生体验成功

(1)创造让学生体验成功的条件。教师的语言鼓励、行为鼓励或者肢体鼓励都能激发学生的上进心,激发学生潜在的动力和学习的主动性。

例如,四年级下册"认识正负数"一课,小组交流导学作业单中的问题:"想办法表示出零上13摄氏度和零下3摄氏度",在教师的真诚鼓励与肯定下,学生积极参与其中,不仅经历了正、负数产生的过程,感知到统一记法的必要性,而且在师生互动交流中收获快乐。

师:刚才我们已经在小组中交流了创造一个"方法"表示零上13摄氏度和零下3摄氏度,哪一个小组愿意展示一下你们的成果? 温馨提示一下,要说出你这样表示的理由。

生1:老师,我用"太阳"符号表示零上温度,用"月亮"符号表示零下温度。我这样设计的理由是零上温度高,所以就用太阳表示;零下温度低,所以就用月亮表示。

师:你真是个有想法的孩子,其他同学有什么看法?

生2:老师,我认为这位同学的想法很好,可以一看就明白。

生3:零下温度用月亮表示,还可不可以用其他图案来表示呢?

生1回应:也可以。

师:看来,大家都非常有想法,交流得有理有据,比较不错,谁还有其他做法?

生4:老师,我用"+"表示零上温度,用"-"表示零下温度。

生5:这种方法也不错,一下子就能看明白。

生6：大家可不可能把"+"误认为是加号呢？

生4回应：后面加上数和单位就可以了。

生7：我有不同观点，我用向上的箭头表示零上温度，用向下的箭头表示零下温度。

生8：这样表示大家可不可能会认为是上升或者是下降呢？

生9：我同意刚才这个同学的说法。

生10：在13摄氏度上面画横线表示零上温度，在3摄氏度下面画横线表示零下温度。

......

不难看出，不同的学生发出不同声音，而这些声音都直指问题的本质——如何表示零上和零下的温度。学生在交流回答中想法各异，且不说正确与否，所有的表达都是学生自发地站起来"抢答"的，倘若离开教师的指导、鼓励、微笑，就不会产生这样"和谐"交流的课堂气氛。学生认真倾听着同伴的发言，不断地在思考中将自己的方法与同学的方法进行对比、分析、评价。在教师的推动下，师生、生生之间和谐互动，围绕一个有兴趣的问题展开充分的讨论、交流，"和谐共生"的场景是课堂最亮丽的风景线。

（2）相信不同水平的学生都能够自主地获取知识。学生的差异是必然存在的，教师要充分尊重学生的差异，可以为不同水平的学生设计分层作业，对不同层次的学生提出不同的学习要求。

例如，一年级下册"两位数加一位数和整十数"一课，设计的导学作业是这样的。

（1）你是怎样计算"26+3"的，说一说你的计算方法。

（2）用探究到的方法尝试计算。

①32+7　43+5　22+6

②灰兔有36个萝卜，白兔比灰兔多20个萝卜，黑兔萝卜的个数比灰兔多了2个，求白兔和黑兔各有多少个萝卜？

③32+10　43+20，你能总结出像这样的算式的计算方法吗？

【温馨提示：全体同学都要完成作业（1），愿意挑战的同学完成作业（2）】

对作业的设计，教师已经在"温馨提示"中做了说明，分层设计作业不仅保护了学生的自信心，又能发挥出学习的能动性，课堂上的交流精彩不断。

师：怎样计算"26+3"，谁愿意来交流一下你的方法？

生1：我是用数数的方法算出了26+3=29。

（一部分学生脸上有疑问）

教师加以引导：说说看，你是怎么数的？

生1继续：就这样，从26开始，27，28，29。（一边用手比画着，一边说着，稚嫩的小脸上，满满的自信）

（众生大悟）

生2：老师，我用小棒摆的，先摆了26根，然后又加了3根，合起来一共是29根小棒。

师：谁听明白这个同学说的是什么意思？

（众生举手示意）

师：谁能上台来展示一下？

一生带着小棒，走到台前，在展台上先摆了两捆和六根，又加了三根，就是29根。

（众生明白）

生3：我想到前面学习用的计数器，我在脑子里想象出一个计数器，拨着珠子想出来的。

师点头称赞：多会学习的孩子啊，我们一起利用课件用拨珠子的方法来算一算，好吗？

（众生兴趣高涨）

生4：我是算的。（这位同学更是自信满满）

（质疑的声音开始了）

生5：请问×××你是怎样算的？

生4答：我先算了6＋3=9，再算20+9=29。

（一部分学生再次面露疑问）

生6：6怎么来的呀？

生4答：6就是26的6啊。（小头一歪，可爱至极）

生6继续：为什么用6+3啊？

生4答：6就应该和3加在一起。

生6似乎明白了，皱皱眉头坐下了。

生7急切地问：为什么6+3啊？怎么不用20＋3啊？

生4答疑：6+3好算啊！

师适时出手，"再想想看，为什么先算6+3"

（一片举手状，师并没有着急，转头看着生4）

生4迅速会意：×××你来说一说（迅速退位当起了小老师！）

生8：个位加个位，所以先用6+3（多透彻的数学道理啊！我心里为孩子们鼓掌）

......

正是因为学生充分探究了导学作业，课堂上才会有火花四射的思辨过程。倘若没有深层次的探究，对为什么先算"6+3"，而不算"2+3"这一问题，学生是无法解释清楚的。课后，教师查看了案例中积极发言学生的导学作业，发现他全部完成了导学作业，而且正确率非常高，或许该生正是基于对选做作业中"43+20"这道算式的深度探究，才明白了"计算两位数加法时，要把相同数位对齐"这一数学道理。可见，分层设计导学作业，能有效促进学生建构新知，培养学生的思维能力和自主探究能力。

（3）要给学生创设分享成功的机会。教师要给不同层次的学生创设不同的展示机会，让每一个层次的学生都能体验成功的喜悦，都有分享成功的机会。

例如，五年级上册"长方体和正方体的认识"一课，可以设计这样的课前实践活动：收集生活中常见的设计精美的长方体或正方体的包装盒，在欣赏的同时，你能提出什么有价值的问题？学生提出的问题各种各样："什么样的长方体或正方体的包装盒最美观？这些包装盒所用的包装纸的面积是多少？"

课堂上让学生展示收集到的长方体和正方体的包装盒，同时展示他们计算这些包装盒的表面积的方法。虽然，学生带来的包装盒大小不同、形态各异，但计算的方法是正确的。课堂上还收获了精彩的生成，一位学生带来了一个"牙膏盒"，发现这个"牙膏盒"的左右侧面是正方形，前后两个面和上下两个面都是完全一样的长方形，这使得计算"牙膏盒"的表面积变得非常简单，只需要算出一个左侧面的面积乘2，再算出一个前面的面积乘4，最后合起来就是这个牙膏盒的表面积。试想一下，这个有"重大"发现的学生，展示后，得到教师的赞誉和同学们的称赞，内心一定充盈着强烈的幸福感，也定会激发他乐探究、爱钻研、善学习的兴趣。

（4）给学生创造主动获取知识的条件。数学学习的过程是让学生主动获取知识的过程,在课堂教学中要让学生利用多感官参与到学习中,让学生在动手操作中收获技能,在思辨、交流中养成思维习惯,在互动、合作中养成合作技能,让学生学会主动学习,主动获取知识。

例如,教学四年级上册"三角形的面积"时,由于学生在学习长方形的面积和平行四边形的面积时,已经具备了一定探究基础,所以,在探索三角形面积时,教师没有给出任何问题提示,只是给出了一些不同形状的三角形,让学生分组提出不同的问题,然后将问题进行分类,进行研究。学生对自主提出问题,非常有兴趣,"探究三角形的面积是不是也应该用转化方法? 应该把三角形转化成什么图形来研究它的面积呢? 把三角形分割后,能求出它的面积吗? ……"自己带着问题积极主动参与到学习活动中。学生根据问题进行操作,并且在操作中推导出三角形的面积公式。

三、创设教学环境，拓展学生思维

（一）编写开放性习题,拓展学生的思维

学生思维的宽度和广度需要教师"刻意地"去培养,设计开放性的习题有利于培养学生的思维能力,拓宽学生的视野,提升学生思维的高度。

例如,在教学"比多（少）求和两步计算应用题"时,教材中有这样一道例题: "果园里有梨树 1480 棵,桃树比梨树少 280 棵。梨树和桃树一共有多少棵? "在教学此例时,教师没有直接单一地引入例题,而是让学生自己来创编以"求和"为基本数量关系的应用题。像这样采用开放性的编题的方式引入,使学生在主动建构的过程中,认识这类两步计算应用题的横向联系,从整体上把握了解题规律,同时在这一过程中训练了思维能力,使学生体验到获取新知的成功感。

（二）拓展学生主动提出问题的空间

在课堂教学中,力求培养学生自主探究、积极思考、主动质疑、求真求实的思维品质,让学生能够在深入思考的过程中提出有价值的数学问题。

例如,教学五年级上册"一个数除以分数"一课,出示情境图"布艺兴趣小组的同学要用 2 米布做书信袋。一个小书信袋需要 $\frac{1}{5}$ 米布,一个大书信袋需要 $\frac{2}{5}$ 米布。你能提出什么问题? "在引导学生自己提出问题,小组交流之后,教师进行追问:"只有认真观察,才会发现问题并提出问题,根据同学解答的情况,你还有什么问题要问吗?"于是也就出现了课堂上的精彩不断。

"把1米平均分成5份,5是怎么来的?"

"怎样用图示来表示呢?"

"每一个$\frac{2}{5}$米是一组,有这样的5组。"

"每一个一米有2个$\frac{2}{5}$米,还剩下一个$\frac{1}{5}$米;2米就剩下2个$\frac{1}{5}$米,合起来又是一个$\frac{2}{5}$米,一共是五组。"

……

学生的思维,也正是在这一问一答的碰撞中产生思维的火花。在学生没有问题可问之时,思维出现了短暂的空白,教师随即进行深层次的追问:"为什么要乘倒数?""$\frac{2}{5}$是怎么来的?"也正是这两个关键性的问题,又架构起了整数除以分数的整个知识板块。

可见,给学生架设学习的平台,拓宽学生学习的空间,让学生能够去主动思考,主动质疑,主动提出问题,这都是有效地提高课堂效率的教学手段。

(三)巧妙设计问题引发学生思考

教学活动中,可以设置一个个"问题串"引发学生思考,以任务驱动的方式,引导学生去主动开展学习,这样,学习过程就会有的放矢地顺利开展。

例如,教学三年级上册"时分的认识"一课,为了让学生理解"1小时等于60分钟"这一知识,教师设计了这样一个活动,让学生观察钟面,利用动画的演示进行授课。教师抛出问题"观察钟面,带着两个问题:一是时针在钟面上是怎样运动的?二是分针和时针是如何变化的?"学生带着这两个问题去思考,静静地观察后(当然,因为时间的关系,时钟设置的是"快进"动画的方式,让学生能直观感知就好。)发现:随着分针数字5,10,15,20,…的出现,分针走60分钟,时针走一个大格,也就是1小时,从而在头脑中建立了"1小时=60分"这一表象,形象直观地明确了时与分的关系。

上述案例中,两个设计巧妙的问题无形中成为这个学习活动的主旨,学生弄明白"分针和时针是怎么变化的"这一问题,就清楚了"分和时"之间的进率关系。动态的钟表演示,吸引学生的注意力,给学生留下深刻的印象,有效建立时、分之间的关系这一表象。

（四）有意设计矛盾冲突引发学生思考

数学的学习不仅要得法，而且要明理，设计引发学生思考的矛盾冲突，能促进学生深入思考，深入挖掘知识的内涵。

例如，二年级的"认识位置"一课，教师在引导学生理解"平面图上规定的'上北下南、左西右东'"这一难点时，设计了一个活动：请同学们以你的座位为中心，把你的前后左右四个同学的名字写在本子上，要求平面图上的位置要和教室里同学的座位是一致的。课堂上出现的情况是多种多样的，因为学生无法区分生活中的方向和平面图上的方向的对应情况，出现了标注不准确，甚至不知道该如何标注的情况。教师适时利用生成的资源进行追问："这五个同学的位置在教室里是固定的，为什么大家画在图上的却不一样呢？"有效地设置矛盾冲突，引导学生理解平面图上的规定方向的重要性。学生明理、得法，体会到数学来源于生活，又应用到生活，同时也体会学习这一知识点的重要性。

贴近生活的情境，开展有意义的学习是学生喜闻乐见的。"画同伴的座位图"是非常好的情境，学生结合自身画图的过程就是思考深入的过程，解决矛盾冲突的过程就是思考升华的过程。

（五）给学生提供展示的平台让学生敢表达

学生的学习行为和表达能力是需要教师引导的，课堂上要有意地设计学习活动，让学生充分地表达，或说，或想，或提问，或交流，总之，能引发学生思考，让学生主动表达的学习方式都是培养学生学会学习的有效手段。

例如，教学二年级下册"有余数的除法"一课，改变常规教学方式，采用故事情景导入："分铅笔，小华小组有四名同学，如果给小华8只铅笔，分给小组内的4名同学，每名同学能得到几支铅笔？怎样列式？接着再分，如果给小华9支铅笔、10支铅笔、11支铅笔、12支铅笔……，依次分给本组的其他小朋友，每一次分铅笔时，一个小朋友能分几只？会余下几支？"然后，引导学生带着问题去摆一摆、画一画，并列式计算解答。学生在动手操作过程中初步感知：随着铅笔支数的增加，所列的算式的余数也在增加，但余数不会超过3。从而深刻理解了"除数要比余数大"这一难点。

再例如，在教学"时分的认识"一课时，"认读时刻"这一知识对学生来说是有难度的，特别是对"时针指在4和5之间，分针指在10"时，究竟应该说成4时50分？还是5时50分？有意见分歧，这一时刻的认读是难点，教师没有讲解,而是让学生结合自己手中钟表模型分组讨论、探索,最终得到认读时刻的方法:要看清楚时针指在什么位置,过了几,就是几时。时针在 4 和 5 之间,说明是过了 4 时,不到 5 时,应该是 4:50,学生学会这样的表达、说理,无形中培养学生数学抽象,落实了核心素养。

学生通过自己的讨论、辩论、思考,顺利地探究出认读时刻的方法,答案水到渠成。教师的适当"退位",让学生自主明理得法。

四、合作学习的有效性

《学记》中有言:"独学而无友,则孤陋而寡闻。"提倡学生在学习过程中要互相交流,彼此分享学习经验,这样既能丰富自己的思想,又能提高学习效率。我国现代著名教育家陶行知先生也曾提出"小先生制"的构想,让学生一边当学生,一边当"老师",把自己会的知识,讲给同伴听,甚至可以站到讲台上,讲给全体同学听,要求教师应该给每一位同学提供这样的空间和锻炼的平台。[1]

(一)什么是合作学习

1. 关于合作

关于"合作",网络释义是这样的:共同创作;共同从事;二人或多人一起工作以达到共同目的;联合行动或操作。

《现代汉语词典》定义为"为了共同的目的一起工作或共同完成某项任务"。国内外教育家和学者如此论述:方晓义等人认为合作是为了共同利益而愿意和别人结合在一起,以共同达到目标的行为和态度、情感;孔企平等学者认为合作就是对别人的活动给予支持,并直接参与活动,成为其中的一员;美国心理学家道奇等认为合作是个体为了实现共同的目标而表现出来的协同行为;贝和彼森认为当相互交往的个体共享一个共同的目标,并且取得了一个共同的达到目标的途径时,合作行为才会发生。[2]

以上各种论述中,虽然表达和指向各不相同,但其共性是完全一致的。说

---

①王坦. 合作学习的理念与实施 [M]. 北京:中国人事出版社,2003:32-33.
②吴智敏. 小学数学课堂合作学习有效性研究 [D]. 重庆:西南大学,2008.

白了,合作就是个人与个人、群体与群体之间为实现共同的目标,彼此相互配合、互相依赖、互相提高的一种行动。

众所周知,成功的合作需要具备的基本条件有:①一致的目标;②统一的认识和规范;③相互信赖的合作气氛;④具有合作赖以生存和发展的一定物质基础。

在课堂上,师生、生生之间围绕既定的学习目标开展学习活动,形成了相互理解、彼此信赖、共同协作的良好气氛,组织有序,达成共识,也就完成了合作。

2. 关于合作学习

我国教育家王坦将其表述为:"合作学习是一种旨在促进学生在异质小组中互助合作,达成共同的学习目标,并以小组的总体成绩为奖励依据的教学策略体系。"①合作学习的出发点是学生中心主义,合作学习是一种横向上的人际互动合作,是为了一个或者几个目标而开展的共同的学习活动。

基于导学的自主学习型课堂教学模式中的第二环节是合作学习环节,指的是学生在借助导学作业进行探究的一种反馈学习。在小组长的带领下,围绕导学作业呈现的学习目标和教师设计的各种问题,共同交流个人在自主学习中获取的知识和未解决的问题,小组长记录达成的共识和未解决的问题;在全班展示环节,进行组与组之间的交流;班内合作学习主要是解决小组内没有达成目标和未解决的问题,可以说是班内合作学习的一种"大合作"。

(二)为什么要实施合作学习

1. 实施合作学习的背景

缘由一,《基础教育课程改革纲要(试行)》提出基础教育课程改革的具体目标共6条,其中第一条指出:"改变课程过于注重知识传授的倾向,强调形成积极主动的学习态度,使获得基础知识与基本技能的过程同时成为学会学习和形成正确价值观的过程。"②第四条指出:"改变课程实施过于强调接受学习、死记硬背、机械训练的现状,倡导学生主动参与、乐于探究、勤于动手,培养学生搜集和处理信息的能力、获取新知识的能力、分析和解决问题

①刘秋云. 小学数学合作学习存在的问题及纠偏对策 [J]. 教育,2017(52):73-74.

②刘桂辉. 走向自主:教师教学行为转变研究 [D]. 武汉:华中师范大学,2018.

的能力以及交流与合作的能力。"①其中要求学生要转变学习方式,即转变为"自主、探究与合作"。

缘由二,《数学课程标准》中指出:"有效的数学学习活动不能单纯地信赖模仿与记忆,动手实践、自主探索与合作交流是学生学习数学的重要学习方式"。②明确提出学生学习数学的方式应该是自主学习与合作学习并行的。

缘由三,建构主义认为,学生学习的过程是学生以自身的经验为基础,在新的任务和情境中主动建构的过程。由于每个学生有不同的经历经验,建构的结果亦不会相同,有的深刻,有的浅薄;有的全面,有的片面;有的正确,有错误等,这就需要群体之间的合作学习。③

基于以上分析,课堂上倡导小组合作学习是符合时代要求,符合课标要求,符合学生学习需求的。

2. 合作学习的价值

美国当代著名教育评论家埃利斯和福茨说过,合作学习如果不是当代最大的教学改革的话,那么它至少也是其中最大的一个。从他的断言,充分肯定了合作学习的显著效果。④

(1)有助于培养学生的合作意识和合作精神。21世纪是科技竞争的时代,人们的合作与竞争的成败是密切相关的,一个人的能力毕竟有限,只有借助合作的力量,与他人进行沟通才能适应时代发展的要求。课堂上开展学习活动时,学生在合作学习过程中相互学习,共同完成学习任务,在教师的适当点拨下,有意识地培养合作精神。

(2)有助于促进学生主体性的发展。基于导学的自主学习型课堂教学模式改变了以往课堂上教师"唱主角"的状态,让学生参与到学习的全过程,充分体现学生的主体性。学生是学习的主体,数学是主体建构的产物,如果不发挥学生的主体作用,让其参与到课堂中,那么单靠教师来传授数学知识的学习是低效与被动的。

①刘桂辉. 走向自主:教师教学行为转变研究 [D]. 武汉:华中师范大学,2018.
②李宝成. 小组学习在数学课堂中的实践与思考 [J]. 学苑教育,2010(5):56-57.
③李宝成. 小组学习在数学课堂中的实践与思考 [J]. 学苑教育,2010(5):56-57.
④冯敏霞. 合作学习中常见问题及对策 [J]. 教育科研论坛,2006(2):58-59.

（3）在合作学习中有助于学生个性的发展。合作学习是学生在学习活动中为达成共同的任务而开展的学习活动,活动中学生有各自明确的分工,同伴之间共同协作,互助进行,学生的个性得到充分的彰显。

①在合作学习的互动中尊重个性。实现"合作学习",必须在教与学中组建有效的团队,以团队学习为基本形式,且使这一团队具备五个基本要素:一是积极的相互依靠;二是成员之间的相互促进;三是个人责任;四是社交技能;五是自组织功能。

例如,四年级下册"三角形三边的关系"一课,在学习小组的分工中,将组内角色划分为四种:一是小组长,任务是整体策划组内的分工安排,并负责对小组成员的学习情况进行检查;二是联络员,负责组长汇报时与全班同学进行互动联谊,是中间的纽带作用;三是资料员,任务是负责搜集本组同学的观点,对本组所有信息进行整理和记录,为讲解员的讲解做好充分的准备,也负责在全班分享环节进行板书的记录;四是讲解员,任务是负责在全班分享时进行本组观点的分享,做有理有据的阐述。课堂上的小组汇报场景如图 2-13 所示。

图 2-13 课堂上的小组汇报

小组四人有明确的分工,小组长发挥统领作用,把握交流的节奏;讲解员（手里拿着作业纸的男孩）在讲解,联络员就是负责协助,讲解员主要讲解全班学生在学习过程中遇到的问题。从图片上很清晰地可以看到,联络员（中间站的女孩）正在投影机下摆小棒，做讲解员的协助工作。资料员就在黑板上板书着讲解员汇报的得数，进行资料的汇总和整理。资料员不断记录着三个小棒的长度分别是 2 厘米、5 厘米、6 厘米，满足条件"2+5>6，2+6>5，5+6>2"，所以这样的三根小棒能够围成三角形。四人小组展示分工明确，各司其职。教师只是一个旁观者，静观其变，当出现全班同学遇到解决不了的问题时，教师适时出手，控制场面。

案例中，小组四人共同协作，配合默契，组长分工时根据每个学生的特点"量体裁衣"，表达能力强的学生承担了讲解的任务，书写优秀的学生承担了板书任务，整体调控的学生承担了联谊的任务，动手操作能力强的学生承担了在投影仪下摆小棒的任务。合作学习时，每一个学生发挥了自己的个性，团队成员又相互促进、相互依赖、相互支持，最终形成合力。

②在合作学习的交流中彰显个性。知识的建构是要借助合作学习这一平台的，学生在合作学习中提出自己的疑惑，表达自己的观点，展现自己的个性风格。师生之间、生生之间为达成一个共同的合作任务互相认同、了解和提高，实现合作学习。

例如，在五年级下册"圆柱和圆锥的认识"的课堂上，小组交流环节，四个成员人人分工明确，组长主持，资料员在记录着，另外两个同学拿着课前探究的导学作业随机补充着，一切如常有序进行着，针对本课的难点"圆锥展开图的半径是不是圆锥的高？"，引发了这个小组学生的无限思考，一番辩论开始了。

生1："我认为圆锥展开图的半径不是圆锥的高，大家看（手里拿着模型，边说边比画着），圆锥的高比展开图的半径要短很多。大家感觉我这个观点怎么样？"

生2："我同意，我也发现展开图中根本找不到圆锥的高。"

生3："是的，圆锥的高是顶点和底面圆心之间的距离，展开图之后找不到底面的圆心。"

小组长顺势总结道："我们来看，这个模型，当不展开它，圆锥的高应该是在圆锥内部，貌似有那么一条线，垂直于圆锥的底面，这条高不在侧面上。而我们展开之后，这条高就没有了，那展开图上画一条线，会是什么呢？"

大家也纷纷地挠头，不知道是什么。这样精彩的一幕恰巧被教师遇见，教师适时出手："是的，展开图中找不到圆锥的高，这条半径是扇形的半径，也是圆锥的母线。（见图2-14）"

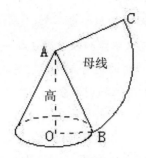

图2-14　圆锥展开图

教师的准确定位,学生的积极参与让人听着越来越有感觉,小组作为一个团队整体参与,人人有责,我讲、你思、他质疑或补充,这才是真正的合作,这才是交锋,这才是个性的展现。一个关键性的问题引发学生的思考,在思维的碰撞中进行思辨,无论结果是否正确,是否完整,经历了学习的过程本身就是一笔宝贵的财富,也实现新课标的要求:让学生经历学习的全过程,养成"从头到尾"的思考习惯。

③学生个性的完善需要在合作学习中生成。叶澜教授曾在《教师——精神上的长途跋涉者》:"课堂应是向未知方向挺进的旅程,随时都有可能发现意外的通道和美好的图景,而不是一切都必须遵循固定的线路而没有激情的行程。"由此可见,精心的预设并不是课堂的全部,课堂上的生成有可能是"柳暗花明又一村"的境界。教师要引导学生通过有意义的学习活动开展学习,有效合作,让学生主动思考,积极表达,完善个性。

例如,在一年级下册"认识图形"的课堂上,小组展示环节,一个小女孩台前展示,同组的一个小男孩协助她拿着贴有各种图形的导学作业,虽然这两个孩子只比讲桌"高"出了一点点,可是她们的精彩表现,却比同伴"高"出了好多好多。

小女孩说:"我们小组是图形是按照形状分类的,三角形是一类,长方形是一类,正方形是一类,平行四边形是一类,圆是一类。"说完之后,眼睛盯着老师,老师点点头没有作答,伸出手掌示意了一下,小女孩明白老师的意图,接着面向同学,开始发问:"大家还有什么问题吗?"

班级的质疑开始了。

生1："为什么这样分啊？"

小女孩答："形状一样的图形分成一类。"

生2："平行四边形怎么不能和长方形分成一类啊？"

小女孩答："平行四边形的边有点'歪'，不能和长方形分成一类。"

生3："为什么圆不和其他的图形分成一类啊？"

小女孩挠挠头答："这个问题我也不太会，谁能帮我解答？"

一年级的小组合作学习，颇有趣味，彰显出低年级儿童的年龄特点和个性特点。对一年级小组合作要求有两点：一是小组长带领大家交流时，其余成员主动参与，会倾听，会表达自己的观点；二是小组成员要知道自己探究的结论是否正确，并且能及时纠正自己或他人的错误想法，低年级学生对组间的质疑和互动没做具体要求。课堂上这个小女孩的精彩发言"这个问题我也不太会，谁能帮我解答？"，完善了个性，会表达、会倾听，甚至能引发其他学生的思考，多了不起的孩子啊！课堂上，小组与小组间的一问一答奏响了和谐的乐章。

（三）合作学习的理论基础

关于合作学习的理论基础，有以下几种不同的观点。

我国陈云英博士认为合作学习理论主要包括认知理论、自控理论、集体动力理论和课堂教学理论这几个方面。

吴向丽在《新课程倡导的十种教学策略丛书：合作学习》一书中认为合作学习的理论基础概括起来大致包括群体动力理论、建构主义理论、人本主义心理学理论和社会互赖理论。[①]

王坦在《合作学习的理论基础简析》中认为"合作学习主要奠基于社会学与心理学等学科之上，其理论基础涉及社会互赖理论、选择理论、教学工学理论、动机理论、凝聚力理论、发展理论、认知精制理论、接触理论。[②]

上述所列，都是合作学习的理论基础，总的来说，合作学习理论基础来自社会学、心理学及建构主义。

①吴向丽.新课程倡导的十种教学策略丛书：合作学习 [M].青岛出版社，2006.8
②王坦.合作学习的理论基础简析 [J].课程·教材·教法 2005.1

（四）合作学习的现状分析

合作学习充分发挥学生的主体作用,激发学生的学习兴趣,培养学生良好的合作意识和与人沟通的交流能力,在学习过程中起着积极的促进作用。然而,通过大量的课堂观察和调查发现,很多教师在应用小组合作学习这一组织形式时偏重于形式,没有理解其深刻的内涵,往往使合作学习"误入歧途",甚至背道而行。究其原因:目前课堂小组合作学习还处在一种自发阶段,很多教师对小组合作学习的认识不够,实践探索不够。

1. 现状扫描

【片段一】

在"异分母分数加减法"课堂上,教师在引导学生复习同分母分数加减法后,就直接布置:"同学们都已经掌握同分母分数加减法的计算,那异分母分数加减法又该怎样计算呢? 请同学们以小组为单位进行研究。"其中有一小组在交流过程中,某一组员提出了:可以把分数转化成小数再进行计算。小组内其他成员附和,整个小组没有再进行思考,就这样,方案通过,合作很快就结束了。

【片段二】

"圆的周长"课堂上,教师提供1元硬币、水杯盖、光盘等物体,让学生进行测量。课堂上采用小组合作的形式集体研究来测量上述几种圆形物体的周长和直径,并研究圆的直径和周长之间的关系,推导出圆周长的计算公式。学生合作可谓热闹,教师担心超过预定时间,反复催促学生。在全班汇报研究结果时,因为测量的数据不准确,没有探究得到圆周长和直径之间的关系,没有完成学习任务。

【片段三】

有的低年级教师在教"8的认识"时,摆8根小棒、8个图片也让学生通过小组合作来完成。实际上这些数学活动学生个人完全能够独立完成,这样的合作学习目标太低,没有合作的必要,合作效果可想而知。有的同学却只顾自己拿着小棒摆来摆去,有的东张西望,有的自娱自乐地摆出其他图形来炫耀……2分钟后,教师示意合作学习结束,请学生回答问题。

2. 现状的反思

《数学课程标准》积极倡导自主、合作、探究的学习方式。部分教师便把小组合作学习当成了法宝,好像一节课中没有合作、没有小组讨论便不是完整的课。从片段一中不难看出，虽然教师给予学生探究的空间，但缺乏了对合作学习方向的指导，导致学生"走偏"。虽然，把分数转化成小数能够求出答案，但这并不是本次小组合作学习所要达到的目标，这样的合作毫无意义可言。从片段二中可以看出教师对学生操作的预设不够充分，小组合作学习也没有明确的分工。倘若教师指导到位，三位学生每人选取一个圆形物体进行测量，另外一位同学负责记录数据，这种收集数据的方式就很科学。当学生测量结束后，大家再分别进行计算，探究圆的周长和直径的关系，就可以顺利达成目标。从片段三中可以看出，合作学习成了摆设，就是为了合作而合作。小组成员没有具体的活动任务，甚至可以说没有合作的意义，只是形式上的体现。我们不禁发出这样的疑问："这样的合作有效果吗？这样的合作'含金量'有几分？如何引导学生开展有效合作，真正发挥合作学习的作用呢？"建议在落实新课标的理念下，让我们的合作学习追求形式与效果的统一才是我们当前亟待解决的问题。

3. 合作学习的实践与探索

首先，独立思考是合作学习的前提。经常会有"抢答"的现象，也就是只要一有问题出现，无论是教师出示的，还是学生提出的，教师就迅速组织学生进行交流讨论，从来不给学生自主思考的时间。离开学生的自主思考，思维慢的学生跟不上节奏，就会"人云亦云"。思维快的学生也会出现思考不全面，理解片面的问题。因此，先给学生独立思考的学生，然后再组织学生交流，共同解决问题才能达到合作学习的理想效果。

其次，共同成长是合作学习的目的。由于学生的个体差异，一不留神，合作学习变成"优生"的展示场，后进生成为听众或旁观者。在教学过程中，我们也经常发现，教师一宣布讨论，学生就"积极"地参与合作，结果学生之间往往是缺乏平等的交流与沟通，优秀者交流自己的意见和想法，其他学生"浑水摸鱼"不参与讨论。因此，课堂上教师要给学生小组群体一个共同的学习任务，让每一个学生在这个任务中积极地承担各自的责任，相互支持、彼此协助。

最后，教师角色定位是合作学习的关键。在合作学习中教师扮演多种角色，教师是合作学习的组织者、决策者、调控者，教师也是学生的合作伙伴。不仅给学生的合作学习起一个榜样的作用，还要乐于同学生一起交流、讨论，激发学生合作交流的欲望。为学生营造一个流畅、和谐、默契、尊重、信任的学习合作环境。

　　诚然,合作学习有利于集思广益、优势互补,但如果过于频繁,就会适得其反,况且不是所有的学习内容都适于合作学习方式。合作学习要在真正需要的时候用,讨论的问题更应有思考的价值,而且不宜过多。

第三章 基于导学的自主学习型 课堂教学模式解析

基于导学的自主学习型课堂教学模式五大环节："智慧导学—自主探究—合作学习—拓展提升—实践应用"（见图3-1），课堂上每一环节的具体操作解析如下。

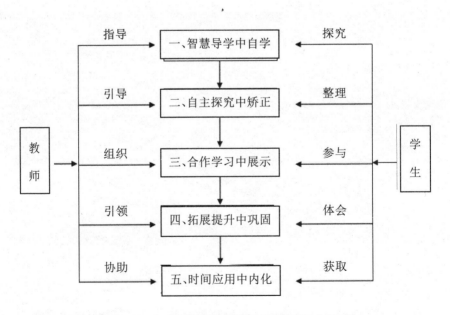

图 3-1 自主学习型课堂教学模式五大环节

第一节 自主学习

　　培养学生自主学习是学校发展、学生成长的唯一秘诀。在该课堂教学模式五个环节的建构中,每一环节都有学生自主学习的具体体现。[①]

一、各环节中自主学习的体现

　　智慧导学环节,学生自学;自主探究环节,学生矫正;合作学习环节,学生展示;拓展提升环节,学生巩固;实践应用环节,学生内化。教师和学生在课堂五大环节中承担各自的任务（见图3-2）,教师承担指导、引导、组织、引领、协助的任务;学生承担探究、整理、参与、体会、获取的任务。每一环节中,学生的自主学习是势在必行的。针对五个环节中学生的自主学习情况做具体分析,其基本流程如下。

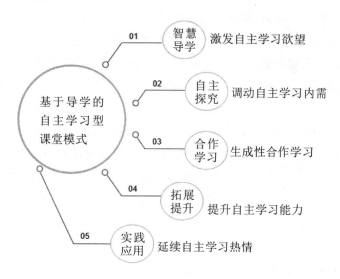

图 3-2　基于导学的自主学习型课堂模式

---

①万泽民.构建"自主学习"的数学课堂 [J].江苏教育,2014(45)：74.

基于导学的自主学习型数学课堂的教学实施与评价

（一）预学

夸美纽斯在《大教学论》中曾提出一种教育的理想："找出一种教育方法，教师因此可以少教，但学生可以多学，使学校因此少了一些喧嚣、厌恶和无益的劳苦，独具闲暇、快乐和坚实的进步。"[①]要充分发挥导学作业的作用，给学生足够的思考、消化、领悟和思想升华的时间。

例如，教学四年级上册"平均数"一课，出示了这样的课前导学作业。表3-1中是小刚和小强这两名运动员投垒球的比赛成绩。

表 3-1　得分情况统计表

	第一场	第一场	第一场	第一场
小刚	9分	7分	没上场	5分
小强	10分	3分	4分	7分

（1）观察表中信息，你有什么发现？

（2）如果你是教练员，选择一名代表去参赛，你选择哪一名同学去参赛呢？把你的理由写出来。

上述导学作业，教师设计时充分考虑学生的年龄特点，从学生熟悉的垒球比赛情景入手——担任"教练员"的角色，让学习成为学生自己的事情。学生课前自主探究时发现，如果比两名运动员的总成绩，而他们上场的次数是不同的，这样来看"比总分"是不公平的。如果比最高成绩，也存在很大的偶然性，不能代表这名选手的整体水平。这一矛盾冲突，引发了学生的深入思考"不能比总分，又不能比最高成绩，该怎么办？"让学生初步理解了平均数反映的是一组数据的整体水平这一意义，同时体会到学习平均数的必要性。自主预学中，学生有了这样的思考，就能在小组合作学习中展示自己的想法。课前设计这样导学作业，能有效地引导学生自主获取知识，培养学生自主学习能力。

[①]万泽民．构建"自主学习"小学数学课堂的实践探索 [J]．新课程研究（上旬刊），2015(3)：130-133.

（二）展示

著名数学家弗赖登塔尔说："学习数学唯一正确的方法是让学生本人自己去发现或创造出要学的东西,教师的任务是引导和帮助学生去进行这种再创造的工作,而不是把现成的知识灌输给学生。"[①]构建基于导学的自主学习型课堂教学模式,要求学生根据学习目标,自觉主动地开展学习活动,主动获取、自主建构、自觉完善学习过程,同样要求教师悉心指导,巧妙设计学习任务。

例如,教学四年级下册"三角形的内角和"时,学生独立探究三角形内角和为多少度,课堂上展示情况如下。

情况一：采用剪拼的方法,即将三角形的三个角分别剪下来,再拼一拼,发现拼成的三个角,形成一个平角,因为平角是 180 度,从而得出三角形的内角和是 180 度。

情况二：采用测量并求和的方法,即用量角器先量一量每个角的度数,然后再把这些角的度数加起来,算一算,从而得出三角形的内角和是 180 度。

情况三：采用折叠的方法,即将一个三角形的三个角折起来再拼在一起,发现也形成一个平角,从而得出三角形的内角和是 180 度。

……

在小组展示过程中,因为学生课前有了充分的自主探究学习,积累了部分学习的成果,在课堂小组合作交流环节就有话说、有成果展示、有经验分享,同伴之间能彼此交流思想,才会出现展示的多种情况。虽然这些情况不是某一个学生的成果,在看其他同学展示时,会有思维碰撞,对自己更是有所促进的,在以后学习相关的知识时,就可以有效地进行迁移,这就是自主学习和合作学习有机结合的价值所在。

《数学课程标准》指出："数学教学活动,特别是课堂教学应激发学生兴趣,调动学生积极性,引发学生的数学思考,鼓励学生的创造性思维。"[②]所以,在自主展示环节,当学生出现了多种情况的综合展示时,教师都要给予充

---

①万泽民. 构建"自主学习"小学数学课堂的实践探索 [J]. 新课程研究（上旬刊）,2015(3)：130-133.

②中华人民共和国教育部.《义务教育数学课程标准》（2011 年版）[M]. 北京：北京师范大学出版社,2011：2.

分的肯定和指导,促进学生主动建构知识。

再例如,五年级下册"圆柱体的表面积"一课,学生展示自己的学习成果:如果沿着圆柱体的高线将侧面剪开,得到的是长方形或正方形(见图3-3),展开图中长方形的长相当于圆柱底面周长,长方形的宽相当于圆柱体的高。

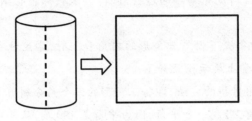

图 3-3　圆柱体的表面积(1)

如果沿着圆柱体的表面"斜"着剪下来,得到的是平行四边形(见图3-4)。展开图中平行四边形的长相当于圆柱底面周长,平行四边形的高相当于圆柱体的高。无论哪种剪法,求圆柱的侧面积都是用底面周长乘高。

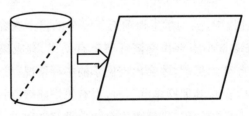

图 3-4　圆柱体的表面积(2)

上述案例中,学生展示出两种不同的剪法,这就是学生对展开图应该有的认知,教师给学生提供展示交流的机会和舞台,对学生正确的做法给予肯定,帮助学生厘清求圆柱表面积的方法。

(三)矫正

数学学习是一个复杂的过程,因学生个体的差异,在知觉、记忆、思维等方面表现出不同,在学习过程中形成的知识结构也是不尽相同的。面对这些普遍存在的差异,教师就应该及时地给予学生帮助,及时地矫正学生的错误。

例如,四年级下册"平行四边形的面积"一课,学生自主学习后,在全班展示环节,一名学生一边演示平行四边形框架,一边讲解:"拉动平行四边形的框架就成为长方形(见图3-5(a))在变化的过程中两条相邻边(长度分别为9厘米、6厘米)没有发生变化,所以长方形的面积就是平行四边形的面积,因此,用算式6×9=54(平方厘米)来计算。"

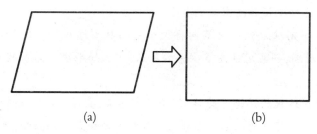

(a)　　　　　　　　　　　(b)

图 3-5　平行四边形的面积

这是学生的正常思维方式,受已有"长方形面积计算方法是长乘宽"的思维定式影响,用"邻边相乘"的知识解决新问题。此时,教师应该把这个操作活动放到小组中进行探究学习。小组展示时,当其中一个小组再次利用平行四边形框架进行演示时(见图3-5(b)),学生自然就厘清,原来,在拉动的过程中,平行四边形的高是在不断地缩小,不能用"邻边相乘"来计算平行四边形的面积。

这样动态的操作演示,使学生明确,平行四边形固定一条底不动,在"压缩"平行四边形框架时,它的高是在不断缩短的,从而进一步感悟到,平行四边的面积 = 底 × 高。在整个变化过程中,平行四边形的高在不断地缩小,平行四边形的面积也跟着不断地缩小,因为边长没有发生变化,所以平行四边形的周长是不变的。

不难看出,在上述案例中,教师虽然没有主动矫正学生的错误,但采用小组合作的有效策略,让学生在合作学习中收获新知。在探究过程中及时与平行四边形的周长进行对比教学,利用图形的直观演示,落实"逻辑推理"的数学核心素养。

(四)内化

构建自主学习型的课堂,"内化"环节很重要。学生已经能够通过自我矫正获取新知,在此基础上,经过练习题组的训练学生能有效地巩固新知,形成技能。

例如,教学五年级下册"圆柱的表面积"后,设计如下的巩固练习。

1. 圆柱形茶叶桶的底面直径是 8 厘米,高是 18 厘米,制作这样一个茶叶桶,至少需要多少平方厘米的铁皮?(已知直径和高求表面积)

2. 水桶的底面半径是 2.4 分米,高是 4 分米,制作水桶的材料要用多少平方分米?(已知半径和高求表面积)

3. 陈师傅用铁皮做了 8 节同样大小的圆柱形通风管,每节底面半径 10 厘米,长 50 厘米,一共用铁皮多少平方厘米?(已知半径和高求侧面积,无盖,无底)

4. 一台压路机的前轮是圆柱形,轮子宽 2 米,直径 1.2 米,前轮转动一周,前进了多少米?压过的路面是多少?(已知直径和高求侧面积,无盖,无底)

思考:通过做以上四道题,你有什么发现?

上述巩固练习虽然简单,看起来表面上没有什么本质的区别,却代表计算圆柱表面积的最典型的四种题型,层层递进,层层深入,是对是否把握新知的有效检测手段。

(五)应用

应用环节是知识把握的一个及时反馈,也是应用数学知识解决问题的具体体现。

例如,教学四年级上册"平均数"一课,出示这样的问题情境:小军来到一个池塘边,看到了一个警示牌(平均水深 100 厘米)。小军心想,这也太浅了,我的身高是 135 厘米,下水游泳一定没危险。你们觉得他的想法对吗?

生1:对。

师:都同意?

生2:老师,我认为不对!

师:说说你的理由?

生2:老师,虽然牌子上标识的平均水深 100 厘米,并不是说池塘里每一处水深都是 100 厘米。可能有的地方比较浅,有的地方比较深,所以,下水游泳可能会有危险。

师:同学们都同意这位同学的观点吗?

全班同意。

师：这位同学思考问题非常全面,这个池塘水底下的真实情形是怎样的呢? 请看图3-6。(出示池塘水底的剖面图)

生：的确是有危险!

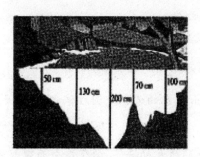

图3-6　池塘水底的剖面图

设计生活中的实际问题,不仅让学生感受到数学来源于生活,同时能有效地促进学生内化知识,掌握思考问题的方法,全面地提升数学的核心素养。

二、引导学生自主学习的方式

不难看出,学生进行自主学习的重要性。可以从以下几个方面引导学生开展自主学习。

（一）重视引导学生自主探究

自主探究是新课程提倡的主要学习方式之一,它是学生的思维过程,是学习的活动过程,对学生的发展来说发挥着至关重要的作用。

例如,在教学五年级下册"圆锥的体积"时,课堂上布置小组合作学习任务,每个小组领取实验材料：等底等高的圆锥形、圆柱形容器各一个、不等高的圆锥形容器；适量的沙子。学生自主选择圆柱形和圆锥形容器进行实验操作。

出示实验要求如下。

方法一：将圆锥形容器装满沙子,再倒入圆柱形的容器里,倒满为止。

方法二：将圆柱形容器装满沙子,再倒入圆锥形的容器里,倒完为止。

思考：你有什么发现? 由此可以得出什么结论?

学生初次实验探究：把圆锥装满沙子, 3次正好倒满和它等底等高的圆柱,学生得出了圆锥的体积是圆柱体积的$\frac{1}{3}$。正在学生为自己推导出圆锥的体积计算公式高兴的时候,教师进行追问:每个小组得到的圆柱和圆锥的体积关系都是圆锥的体积是圆柱体积的$\frac{1}{3}$吗?不同意见的小组进行汇报。为什么会有这样不同的结论?

学生再次实验探究,并将教具与学具进行对比,终于发现了问题所在:"原来学生得出圆锥的体积是圆柱体积的$\frac{1}{3}$,手中圆柱和圆锥都是等底等高的。而有的小组算不出圆锥的体积是圆柱体积的$\frac{1}{3}$,是因为他们选的圆柱和圆锥不是等底等高。"从而学生自己探究总结出这样一条规律:"等底等高的圆锥的体积是圆柱的体积的$\frac{1}{3}$。"学生在全面理解问题的基础上,能主动进行概括、抽象、提升,找准数学的本质,进行有效思考。

在数学课堂中设计合适的实验活动,学生在实验操作中自主选择"等底等高的圆柱和圆锥"进行操作,发现两者存在的体积有3倍的关系,然后又进行辨析,发现"不等底等高的圆柱和圆锥"体积之间没有3倍的关系。学生全程参与了"观察—猜想—验证—发现"等一系列数学思维活动,结合实验结果进行实验数据的分析,完成了数学模型的自主构建,达到自主探索的目的。在这个过程中,让学生通过动手动口,动脑多种感官参与活动,不但发现了问题、解决了问题,还深刻地记住了"等底等高的圆锥的体积是圆柱的体积的三分之一"这一结论,并学会了正确地利用圆柱的体积计算公式推导出圆锥的体积计算公式,真正成为学习的主人,充分体现出学生的主体地位。

(二)重视引导学生经历过程

波利亚说:"学习任何知识的最佳途径是通过自己的实践活动去发现,因为这样的发现理解最深,也最容易掌握内在规律、性质和联系。"[1]给予学生充分的时间、空间和平台,让他们去参与学习活动主动建构新知,让学生在动手操作、演示、实践的过程中体验、探索、发现、创新,实现思维的升华。

例如,在教学二年级"乘法的初步认识"时,对乘法的意义,学生不容易

①刘诒兴. 提高小学数学课堂教学有效性的研究 [J]. 小学数学教育,2012(6):11-12.

理解,为了让学生感知乘法而设计师生竞赛活动。

首先,宣布比赛要求:"求几个相同加数的和,比一比谁算得又快又对。"并相继出示题目:"2个3相加、3个4相加、5个2相加、8个7相加。"比赛结果自然是教师获胜,学生感到十分惊讶和佩服教师计算的速度,这时教师故设悬念,先请学生回答"你们是用什么方法计算的",并板书如下。

2个5相加 5+5=10

3个6相加 6+6+6=18

4个7相加 7+7+7+7=28

5个8相加 8+8+8+8+8=40

6个9相加 9+9+9+9+9+9=54

让学生仔细观察上述算式,有什么发现? 学生知道都是相同加数相加的题,引导学生感知"求几个相同加数的和,用乘法计算比较简便"。

接着,教师在原来的板书旁边写出乘法算式。

2个5相加 5+5=10,5×2=10

3个6相加 6+6+6=18,6×3=18

4个7相加 7+7+7+7=28,7×4=28

5个8相加 8+8+8+8+8=40,8×5=40

6个9相加 9+9+9+9+9+9=54,9×6=54

上述案例巧妙利用游戏激发学生学习兴趣,通过对比设计,学生体验"求几个相同加数的和,用乘法计算比较简便"。特别是在计算"6个9相加是多少"时,师生的对比明显,在认知冲突中获取新知,进一步明确学习乘法的价值所在。

(三)引导学生自主建构

学习的过程应该是学生自主建构、自主发现、自主创新的过程,教师要引导学生主动去解决问题,主动探寻知识的本源。

例如,在教学四年级"分数的基本性质"时,设计情境,让学生探究$\frac{1}{2}$,$\frac{2}{4}$、$\frac{4}{8}$这三个分数的大小。给学生提供三张一样大小的纸条,学生通过折、涂、比一系列的操作活动,初步感知到这三个分数虽然分子和分母各不相同,但分数的大小是相等的。

然后,进行深入研究,思考:"为什么这三个分数的分子、分母各不相同,但分数的大小确是相等的呢？"

　　用举例子的方法来沟通分数与除法、商不变的性质的关系，学生不难发现，除法中的被除数相当于分数的分子，除数相当于分母，商相当于分数值，从而探究出分数的基本性质。

　　分数与除法的关系、分数的基本性质与商不变的性质三者有很大的一致性。巧妙设计情景，沟通联系，进行正向迁移，起到有效的作用。

　　（四）重视引导学生掌握方法

　　古人有云："授之以鱼，不如授之以渔。"由此可见教给学生学习方法的重要性。

　　例如，在教学"三角形的面积"时，可以设计以下教学活动。

　　1. 思考一下如何探究三角形的面积？

　　2. 把两个完全一样的三角形拼在一起就成了一个平行四边形。引导学生观察，三角形的底和高与拼成的平行四边形的底和高有什么关系。

　　3. 能根据观察探究出三角形面积的计算公式吗？

　　探究过程看似简单，但操作起来实则不易，学生经历自主探究，进一步明确两个完全一样三角形和拼成的平行四边形。

第二节　合作学习

　　基于导学的自主学习型课堂教学模式中的合作学习是指学生为了完成共同的任务，有明确的责任分工的互助性学习。主要有两种形式：一是组内合作学习，也就是小组四人或者六人，围绕小组学习的共同任务，交流自己的想法和做法，活动目标是组内成员把能自主完成的学习目标达成共识，个人解决不了的问题组内解决，组内解决不了的问题进行整理，为全班展示分享做好准备；二是组间的合作学习，包括小组在全班进行展示交流、组间的思维碰撞及全班同学间的彼此交流，活动目标是解决小组交流未解决的问题，最终达成导学作业的目标共识。

第三章　基于导学的自主学习型课堂教学模式解析

一、合作学习

合作学习是我们研究的基于导学的自主学习型课堂教学模式中至关重要的一个环节,起着"画龙点睛"的作用。

（一）合作学习的特点

合作学习作为一种学习方式,具有认知活动的普遍性本质。

1. 主题性和问题性相结合

合作学生是基于共同目标开展的探究性行为,这里的共同目标不是漫无目的的,是有一定的主题性的。要确保合作学习有效进行,可以将主题转化为问题。这样,同一主题涵盖的内容就是有一定逻辑关系的,并被分解出来的一个个层层递进的问题,这一个个具体问题的质量直接决定合作学习的层次和效果,所以问题设计是合作学习乃至整个课堂教学的关键。

例如,四年级下册"三角形的内角和"一课。围绕"三角形的内角和是多少度?"这一个主题,根据三角形不同形状的情况,将"主题"转化为"问题",四个小组分别研究不同形状的三角形:一组研究锐角三角形的内角和,二组研究直角三角形的内角和,三组研究钝角三角形的内角和,四组任意选择一种三角形进行研究。这样,按照角来分类,将所有三角形的都进行了普遍性的研究,从而得到更科学的结论。这种研究的方式,有内在的逻辑关系,有普适性,也彰显个性,并且在全班交流的时候,因为每个小组研究的情况不同,大家在分享其他小组研究的成果时,注意力更加集中,利于在普遍中找到共性,深化对"三角形的内角和是180度"这主题的认识。

2. 准备性和发展性相统一

合作学习是以学生个体的自主学习为基础的,带着自主学习的成果进入合作学习过程,是有效的。

例如,在教学三年级上册"长方形的面积"时,课堂上的小组交流场景（见图3-7）。

图 3-7　课堂上的小组交流场景

学生已经根据导学作业的要求（比较一个长方形和一个正方形面积的大小）进行了自主探究。小组交流环节，小组成员每个学生准备的用来测量长方形和正方形面积的"单位"各不相同，有的学生准备了 1 平方厘米的小正方形作为测量单位，有的学生准备了小长方形作为测量单位，还有的学生准备了圆形作为测量单位。每位成员都把自己准备的"小单位"规范地贴在导学作业上，同时还记录着自己学习过程中的收获和疑惑。在组内合作展示过程中，一名学生展示自己的作品，其他三位学生倾听，并提出自己的观点和建议。这样的学习场景，是建立在学生提前有了充分准备的前提下。尽管大家观点各异，但在大家的互相质疑、补充下，共同探讨提高，共同成长。

3. 全员性和平等性相融合

面向全体学生是合作学习要坚持的基本理念。也就是说在进行合作学习时，要让每一个学生都参与其中，为每一个学生提供交流、展示、质疑的机会，让小组成员成为学习者、借鉴者，同时在合作学习时又是被学习、被借鉴的"榜样"。

例如，三年级上册"分数的初步认识"一课，对每一个分数表示什么意思，学生是不太容易接受的。因为三年级学生初步认识分数，学习目标很简单，只要让学生明白"把一个物体平均分成若干份，其中的一份或几份就可以用分数表示"即可。为有效达成目标，需要学生多说几个分数表示的意思才可以内化知识。因此，小组合作学习布置了这样的学习要求：一是每个人在卡片上写一个分数，自己要弄明白这个分数表示什么意思；二是轮流交换卡片，让其他同学轮流说出卡片上的分数表示什么意思,并加以评价。看似简单的合作学习要求,却让每一个学生都参与到学习中。当一个同学在说分数表示的意思时,其他人都在认真听,这样的任务设计奏响了合作学习的乐章。

4. 整体性和差异性相兼顾

合作学习不是"齐步走",而是整体发挥小组合作的作用,学生个体的差异是必然存在的,有效地将学生之间的差异成为小组整体合作的有效补充,才是一个有机融合的团队。

例如,五年级上册"分数除以整数"一课,学生在小组合作学习之后,进行全班展示环节,其中一个组四人上台前展示,组长边说边在黑板上记录,组员1准备补充,组员2讲述第一种方法,组员3讲述第二种方法,每位成员都有自己的任务,小组内演练的时候,分工很明确,展示得非常有序。但组员3讲述第二种方法时,出现了错误,台下同学提出疑问,组员1顺势理答:"我来给你解释……",于是班级中就形成了一个小组与另外的一组对话的情景,组员1根据情况在讲台上画图进行讲解,这种组内的"自救",整体的参与,体现了合作学习的魅力。

(二)合作学习要注意的问题

课堂上开展有效的合作学习需要注意以下问题。

1. 有小组无合作

避免让小组合作成为形式,在课堂观摩过程中,学习小组的组建只是形式,课堂上没有合作学习的具体体现,"小组"成了摆设,名存实亡。究其原因在于教师对小组合作学习的观念不认可,缺乏认识,甚至不知道在哪个环节进行操作,该如何操作等。

2. 有"合坐"无探究

部分班级采用了四人或六人小组围坐成一圈的形式安排座位,有的只是小组的"模样",课堂教学时根本没有"合作"学习的实质,这不是真正的合作学习。这也反映了教师对合作学习的理解是肤浅的。

3. 有探究无展示

小组合作学习交流后,一定要进行展示,通过学生展示才能够体现小组合作的成果。我们常听到一句话:"大家都交流完了吧?接下来,老师来梳理一下……"教师的讲述可以说是"无处不在",这是不可取的。

4. 有展示无评价

合作学习之后,课堂上教师给予学生展示的机会,但缺少展示的评价,学生的展示没有得到教师的认可,假设有评价也就是简单的判断"对"或"错"。教师应该进行指导性地评价,让学生知道合作学习的方向和展示的方式。

(三)提升小组合作学习效度的技能

1. 参与状态

小组成员以什么样的状态参与学习,直接影响着合作学习的效度。

(1)善于听取,积极表达。发言人要表达清晰,围绕主题发言。倾听人要注视发言人,要有表情及时地回应发言人。鼓励主动质疑的同学表达自己的观点。

(2)及时纠错,虚心接受。如果自己的观点表达不完整,应及时完善;如果有不同观点,应及时提出;如果自己的观点不正确,要虚心接受同伴的质疑和指导。

(3)自我控制,积极协调。按照小组合作学习的要求和小组的具体分工有序进行,切不可"个人英雄主义",要以小组的利益为中心。

(4)善于帮助,共同进步。合作学习的实施,有利于营造班级"取长补短"的氛围。班级同学的相互影响和感染,能促进班级群体朝着积极的方向发展。

2. 交流状态

教师和学生分享他们的学习过程和数学理解过程的重要途径是数学交流。

例如,三年级数学"估算"一课。(三年级对乘法的估算这一部分知识的要求是这样的:如果是"纯数学"的估算,一般采用"四舍五入"的方法将两个因数分别进行估算,再把因数相乘,得到的积就是算式估算的结果;如果是生活问题中的估算,必须符合实际的生活中的需求,来确定究竟是把因数进行"大估",还是"小估",从而确定积的结果。)

对算式"31×45"应该如何进行估算,课堂上学生的交流是这样的。

生1:我把31估算成30,把45估算成40,计算的结果是1200。

生2:我不同意你的观点,我认为应该采用"四舍五入"的方法,把31估算成30,45估算成50,计算的结果是1500。

生3：我也不同意你们两个人的观点，我认为应该把31估算成30，45不估，计算的结果是1350。45不估，因为45是在40和50这两数的中间，估算成40就太小了，估算成50就太大了，无论往大了估，还是往小了估，都会使实际结果和估算的结果差距太大，所以，最好就是不估，这样估算能更准确一些。

课堂上学生的交流停滞在此，因为每个学生交流的都有一定道理，教师适时进行干预。

师：这样，我们现在做一个调查，统计一下支持哪种观点的人数。第一种观点27人，第二种观点3人，第三种观点47人。

很多学生为有其他很多同学与自己有共同观点而兴奋。教师及时调控课堂，说："同学们计算下准确结果。与估算的结果比较一下，看看有什么发现？"

学生纷纷计算，求得准确结果是1395。

新一轮的数学交流开始了。

生1：老师，我估算45时，是有错误的，我从第二个回答问题的同学，学到了四舍五入的方法，45应该估成50。

生2：老师，我利用四舍五入的方法估算的是正确的，但与实际结果相比较，我同意第三位同学的观点，45不进行估算，这样计算结果和实际结果最接近。

生3：老师，我非常佩服前两位同学谦虚好学的品质，虽然45不估，对于计算结果是最接近的，但是，这不便于直接口算，有的时候计算这样复杂的数，是要用竖式的，所以，我同意第二个同学的观点。

对每一个同学数学交流中，流畅的表达和有理有据的说明，无疑都应该赋予满分。

最后，教师作出强调："纯粹的数学算式，第二位同学和第三位同学说的都有道理。如果遇到生活中的问题，就要考虑生活中的需要，究竟是把因数估大还是估小，就要根据题意来衡量。同学们在交流的过程中，能够说清楚自己的观点，并且能肯定同伴的观点，这都是非常好的学习品质。"

生生之间、师生之间发生的交流，学生表现出来的状态是自然流露，是对知识的探究，这样的交流非常不错。

二、课堂展示

基于导学的自主学习型课堂模式就是将课堂还给学生,让学生来讲解、提问、总结。因此,交流展示就成为整个课堂的主旋律,学生的展示活动应贯穿于课堂的全部。展示是一种高级学习方式,无论是组内合作学习,还是组间合作学习,学生展示都是很有必要的。展示者把自主学习的成果、思维过程、心得体会等面向大家讲述清楚,是小组合作学习的重要环节。

（一）展示的人员

展示应面向全体学生,要让每个学生都有发言的机会。每个环节的展示人员应当根据展示的内容而定,而不是一成不变的。

（1）从差异性教育的角度,根据展示内容的难易确定展示的人员。比较难的知识点让优等生展示,其他学生做辅助工作;对于比较容易的知识点让后进生展示,优等生做补充。在尊重差异的基础上,适时地训练学生的不同能力。

例如,1号同学表达能力强,2号同学操作能力强,3号同学书写较好,4号同学组织能力较强,根据学生的情况进行展示,经过一段时间后,交换学生的角色,这样每一个学生各方面的能力都会得到加强。

（2）从参与性教育的角度,随机确定人员。对于课堂上比较简单的题目,给每个组员均等展示的机会,这样教师可以根据实际情况随机确定展示的人员。

例如,类似四年级"平面图形面积的整理与复习"这种课,对基本的公式大部分学生都能掌握,可以随机确定不同的小组、不同的人员进行展示。特别是在巩固练习环节,可以让每个组的中等生到黑板上讲解对这道题的理解。当然,也可以先在小组内达成共识,后进生代表本组进行全班展示,以此培养其自信心和凝聚力。

（二）展示的形式

1. 从形态看

学生可以在黑板上、白板上、纸上或实物展台上展示探究后的学习结果；也可以在学生互动交流过程中进行展示,要培养展示学生的语言组织、表达和应对能力。当然,还有汇报展示、辩论赛、接力赛、讲解等形式,这反映的是学生课前准备的充分程度和思维的敏捷性。

2. 从范围来看

展示可以分为组内展示和班内展示两种。组内展示是由小组长组织,根据导学作业单上提出的问题按序展示、讨论和交流。班内展示是小组选派代表在班内展示带有共性的问题、易错的问题及总结的规律方法等,教师或者其他同学对于展示内容给予评价。

（三）展示的环节

1. 本组的展示

课堂上,如果学习内容比较简单,不需要其他小组协助或干预的,一个小组可以完成整个知识的讲解,就可以由一个小组完全展示。小组成员在独学、对学、群学("对学"指同等程度同学间的互帮互学,属于"门当户对"式的学习,彼此有平等的对话权。"群学"可以是小组所有成员一起加入的学习,也可以是对学帮扶的学习）的基础上,选出一个代表,进行全班分享,将本组组员对本环节知识的认识及对这一知识的疑问进行展示。在本组展示过程中,小组内的成员可以补充、质疑、梳理,从而达成所研究知识的目标。

2. 组间的互动

这里指的是,多个小组间的交流、协作。在本小组展示研究的内容后,其他小组对于其展示的内容可以提出补充或质疑。本小组中负责"联谊"的同学,就充当"小主持"的角色,对质疑学生的问题可以进行有效理答,对补充学生的观点进行确认和肯定。这一环节可以在多个小组间进行互动和完成。这样学生在"展示—补充—质疑—再展示—再补充—质疑"的活动中,深化对所交流知识的认识和理解。另外,除了对知识的补充和质疑外,其他小组对本小组的展示进行评价。当然,其他小组也可以有不同的展示,这样几个小组对同一个知识点有不同的展示,在这样的思维的交锋中,同学们对知识的理解也会有不同的思路,可以拓展学生的知识面。

3. 组与组间的竞争

为提高学生对某一知识认知的深刻性,组间交流可以采用竞赛的形式,具体可以这样操作：交流的学生向全班的任意一名学生提问,被点到的学生代表本组回答；发起提问者作出评价。在整个交流过程中,可以连续提问,直到解决疑惑为止。在整个提问过程中,所有学生的注意力、倾听能力、组织能力都得到了锻炼。参与的学生不仅仅代表着自己,更代表着整个小组。在这种代表着集体利益的活动中学生主动性更强了。

4. 总结提升

在各个小组展示完后小组成员或教师对于本环节的知识点或典型例题

或规律性的知识加以总结。

（1）在学习比较简单的知识时，一般让组员去总结。

例如，在学习五年级"长方体的表面积"时，本节课的知识点单一。在本节课的总结环节，1，2号同学能总结出计算长方体的表面积就是求这六个面的面积之和。求表面积的题型有三种：六个面的、五个面的（即无盖的长方体）、四个面的（即无盖、无底的长方体），并且能够总结出解决这类问题的解题思路。这样3，4号同学在解决这类问题就有章可循，思路也比较清晰，掌握比较到位。

（2）在学习比较难一点的知识点或零散知识比较多时，在各个组总结完毕后，教师可以进行系统总结。

例如，在学习五年级上册"方向和距离确定位置"时，虽然小组展示中交流了如何来根据方向和距离确定目标点的位置，但学生对在平面图上结合具体的点来画图、识图这一知识点的认知不足，对确定角的度数及按比例画出固定线段的长度这一知识点的感知不够，这就要求教师将零散的知识进行系统架构，这样师生协作可以有效建构新知。

虽然小组合作学习能有效促进学生收获新知，但教师在关键点处进行点拨、引导和总结也是非常重要的，能起到提升合作学习效度的作用。

5. 环节评价

在每个小组展示结束后其他小组都会给以评价，评价的方式有很多。比如可以是参与人数的评价，可以是问题内容讲解上的评价，还可以是合作方式的评价等。一般情况采用量化分数来进行评价，满分为5分，同时要引导学生说出扣分的原因。

在教学中我们要充分地引导和调动学生学习的能动性，深信学生之间能够深入探讨知识，并能全面地展示出来，能够表述出自己在交流过程中的所学所获和学习困惑。

（四）展示的内容

展示内容贵在"精"，必须是学生深入探究的"真问题"或者小组合作学习探究的结果。无论哪种范围的展示，都要明确展示系统梳理的知识，高度提炼的知识。绝不是各小组针对导学作业问题答案的重复性讲解。在引导学生展示时，要通过学生的"讲"来完成展示内容，而不是告知答案。对于学生讲不透、讲不清、讲不准的，教师要去点拨、追问，确保教学效果。

1. 预习成果

预习部分学生通过独学、对学、群学将预习部分的基础性知识能够掌握得比较到位,但对于重点和难点的部分,学生需要再进一步的学习,这部分内容可通过投影、白板等在教师和学生合作下进行,参与面越大越好。

2. 讲授环节

解决每节课的重难点知识时,展示的同学要充分发挥自己的潜能。学生讲授时,既要重点突出,又要照顾到全体学生,让不同层面的学生都有所收获。小组展示时,由小组发言人代表本小组向全班展示,其他小组成员的补充,教师随时起到点拨和引导的作用,最后使得重难点得到突破。

3. 课堂评价

组间互相评价时,在第一个小组展示、汇报之后,应先统计赞同这种方法的小组有多少,从而达成一种观点的认可。然后,请另外一个小组再进行展示交流,这样可以避免重复汇报,也有助多种思想的共享。当然,如果出现小组交流错误的情况,教师也应该进行及时指导,并针对这种情况引发全班同学的思考,这样会形成良好的互动资源。最后,教师一定要对展示的小组进行评价,可以让学生参与评价,对各小组的学习过程、展示情况、参与情况进行点评,根据小组评价的标准进行奖励。

总之,在展示中,生命因展示而灵动,课堂因展示而精彩。学生的学习习惯、能力提高、知识技能和团队合作精神都得到培养。

三、小组合作学习需要处理好的关系

（一）协调好三种关系

1. 协调好合作学习与小组文化建设的关系

要开展合作学习,首先要建设小组文化,小组文化建设是实施小组合作的基础,这样整个小组才能形成价值、行为和感情共同体,有利于小组成员全身心地参与其中。

2. 协调自主学习与小组合作学习的关系

小组合作学习是要依托学习者完成导学作业的学习方式。教师课前设计学生要学什么、怎么学,也要思考学生的学习思路,是课堂上顺利开展小组合作学习的保障。因此,教师要充分认识导学作业,清楚地知道导学作业的哪部分内容适合学生探究,哪部分内容适合学生小组合作学习,而且要根据小组合作学习的节奏,保证导学作业中问题的顺利解决。

3. 协调好教师个性风格与合作模式的关系

教师的个性化风格在小组合作学习中也要充分地发挥。小组合作学习中,教师的角色发生了变化,要以"评"的身份参与到小组合作学习中去。可以智慧地设计学习活动,引领小组开展学习。

(二)把握好三种节奏

1. 把握好"学与学""学与教"的节奏

学生是小组合作学习的主体。独学、对学、群学是学生的学习行为,补充、点拨、评价是教师教的行为。学习过程是有序发生的,前后学习行为之间是顺次递进的过程,不是孤立存在的。学与学之间是相互依存的,例如,独学、对学都为是群学提供基础的。学与教之间是共生的,是师生行为要素的互动体现,只有把握好这两者之间的关系,才能有效地开展小组合作学习。

2. 把握好"普遍提升"与"培优拔尖"的节奏

后进生在小组合作学习中能快速提高这是公认的道理。导学作业经过全员参与学习之后,小组交流环节就是优等生和后进生的一次"对话"的过程。导学作业的内容有一定的普适性,一般是按照绝大多数学生能达到的目标来设计,这样的设计有利有弊,优等生学有余力,后进生却达不到目标,小组合作学习时,可以增设小组交流学习的目标要求,让优等生在彼此分享交流中提升能力,后进生就可以在优等生的帮助下提升。

3. 把握好"定量评价"与"定性评价"的节奏

小组合作学习中的支撑点是课堂评价,目的是通过定性、定量的评价,激发学生的学习动机。如果不能扎实评价,让学生明确目的性,挖掘评价的内涵,实际操作时就可能出现学生对分数漠然的情况。

第三节　梳理提升环节解析

课堂教学本应该就是在行云流水般的教与学的状态中行进,本环节如何开展,受前面几个环节的影响较大。如果在自主探究环节学习目标完成较好,教师梳理提升时,就可以把强化知识重难点作为主要的教学任务来完成;如果在自主探究环节学习目的达成度较低,教师在梳理提升环节就要采取有效教学策略进行弥补。这正如一个优秀的"主持人",并不是有一篇好的发言稿就可以主持好节目,还必须把握现场的动态,互动时还要调控气氛,及时地把握节奏。教师在梳理提升环节中起着举足轻重的作用,这一环节是知识高度提炼、建构的过程。教师能否有效地指导学生梳理知识体系,能否与学生进行有效的互动,能否把重难点有效的进行强化,就要切实发挥教师指导的有效性。

一、适时指导

在这一环节之前,学生经历了智慧导学、自主学习、合作学习的学习方式,对本节课的知识点已经有了大致的了解,知识能否内化,体系能否建构,关键就是看教师的指导是否把握好时机,是否能够进行适时的指导。

什么是指导? 按词典解释,"指导"是"指示教导""指点引导"的意思,教师是行为的主体。组织学生开展学习活动是教师指导的行为定位,在学生需要释疑的关键时刻给予必要的点拨,起释疑、引路的作用。激发动机、培养兴趣;引导方法、建立规范;跟踪过程、把握价值是指导的任务。

例如,三年级下册"24时计时法"一课,本课知识的难点是12时计时法和24时计时法的区别与转化。课堂上,教师采用了"课中微课导学"的形式进行教学,学生在根据教师提供的"微视频"学习材料和"课中导学作业单"自主探究学习之后,进行小组交流展示。从反馈看,学生对12时计时法和24时计时法所用到的数字不同这一结论是没有异议的,但是,对于两种计时法用到的数字有哪些? 却持有不同的见解。部分同学认为:"12时计时法,顾名思义就是用1~12这些数字来表示的;24时计时法,就是用12~24这些数字来表示的。"在学生的认知中,时钟每天转两圈,第一圈转的时间就用12时计时法表示，第二圈转的时间就用24时计时法来表示。或许，作为教师的我们很难理解学生为什么会有这样的认知，但这就是学生实实在在的想法，为此，我们还对多个班级的学生进行调研，结果是有这种想法的学生几乎占了32%。毋庸置疑，学生的目标出现了偏差，可以说是走进了"概念"的误区。因此，教师的有效指导就起到了重要的作用。首先，要让学生明白，12时计时法和24时计时法本质是两种表示时间的方法，每一种计时法都可以来记录一天的24小时，也就是说时针一天转两圈的每一个时刻都是可以用任何一种计时方法来表示。其次，要让学生知道，24时计时法过了中午12时，就要在第一圈的基础上加上12，所以就出现了用13，14，15，…，24这些数字来计时；二是24时计时法只用数字来进行计时，不需要加"时间词"进行说明。

可见，适时的指导能尽快引领学生走出认知的误区，起到"四两拨千斤"的效果，取得最大的效益。当然，教师不能介入过早（学生还没有充分地进行自主探究），以致阻碍了学生本可以自主发现的机会；也不要介入太晚（学生都早已知晓了答案），把握合适的"度"，很重要。

二、适度指导

教师指导要把握一个"度"，指导不是完全的告诉和给予，而应该突出学生的主体地位。"不愤不启，不悱不发"的原则可以看作适度进行指导的标准。教师进行指导时要尊重学生已有的认知规律，选择有效的方法指导、把握合适的时机有度指导，确保高效地完成学习任务。

例如，三年级上册"长方形与正方形的周长和面积"的复习课，设计的课后导学作业，要求学生用思维导图的形式整理本部分知识。构建知识体系对学生而言是有一定难度的，这就要求教师在布置作业之前，进行适度的框架式引领。从作业反馈来看，学生对基础知识或者基本概念能进行大致梳理和提炼，但对于难点和易错题整理是有遗漏的，此时教师要针对学生出现的问题适度指点和补充完善。重点梳理学生的困顿点、遗漏点，比如对长方形和正方形周长和面积公式的变式题：①已知长方形的长和周长，求宽；②已知长方形的长和面积，求宽；③已知正方形的周长，求边长。梳理的时机应该放在全班展示之后，学生遗漏的知识点，有的可以在小组合作学习中，通过同伴的交流得到补充。如果小组合作中得到了有效解决，教师就可以作为重点知识进行强调即可；如果学生没有交流出来，那就应该适度地梳理，并进行强化训练，让其掌握这一知识点。

在上述教学过程中，教师既尊重了学生的认知经验和认知基础，又在恰当的时刻，进行了适度的指导。

三、有效讲授

著名数学家哈尔斯曾经说过："最好的教学方法不只是讲清事实，而应该是激励学生去思索，自己去动手。"[①]

教师经常会有这样的困惑："我都讲好几遍了，为什么学生还是不懂？"究其原因是教师不知道学生为什么不懂，不基于学情的教，是无效的，是不科学的。基于导学的自主学习型课堂教学模式中的教师讲授，是基于学情的讲授。学生借助导学作业进行自主学习后，对所学内容的知识点有了一定的程度的认知，然后再经历合作学习和小组交流的二次"再学习"之后，教师针对学生在课堂上存在的问题进行点拨式讲解，有效达成学习目标。

例如，二年级上册"7 的乘法口诀"一课，布置课前导学作业就是让学生借助情境图来分析，图中的信息都是与 7 有关的，根据前面学习的 1～6 的乘法口诀，来自主探究 7 的乘法口诀。学生结合自己的生活经验和前面的知识基础，写出 7 的每一个乘法口诀，并记忆下来不是难事，无论小组交流还是全班展示环节，都可以水到渠成。在这种情况下，教师应该讲授什么呢？先分析学生学习中实际存在的困难，经过梳理、分析，找准几个关键性问题：记忆哪几个口诀是存在困难的？在记忆中有什么好方法？每一句口诀表示的意义是什么？如何进行 7 的乘法口诀的拓展应用等。这样有的放矢的讲授，才是学生需要的。

教育家奥苏伯尔在他的《教育心理学》一书中曾明确指出："假如必须把一切教育心理学还原为一条原理，我就要说，影响学习最重要的一个因素是学习者已经知道了什么。弄清楚学生已经知道了什么，并在此基础上进行教学。"[②]课堂上教师尊重学生了学生的认知起点，并搭建平台让学生自主探

---

①林敏鸢. 小学数学"循学导教"教学模式的构建［J］. 教师博览（科研版），2016(3)：57-59.
②转引自陈文. 立足学生起点优化课堂教学［J］. 小学生：教学实践，2013(8)：71.

究 7 的乘法口诀是什么,在此基础上讲授,有效地突破了难点、强化了重点。

四、有效提问

新课程大力倡导教学互动、师生对话。在梳理知识、建构知识的关键点时,提问能让学生积极地参与到学习过程中,从而深化对知识的认知。教师设计的问题要紧扣课程标准。有引导性,引发学生主动探究;有启发性,能引发学生深度思考;有层次性,能引领学生步步深入。教师教学中要在教学内容的关键处、矛盾处、对比处提出问题;要在兴趣点、疑难点、卡顿点启发思考,帮助学生解决问题。

例如,三年级上册"分数的初步认识"一课,为了让学生深入理解 $\frac{1}{2}$ 的本质意义,教师通过设置两个数学问题进行两次比较活动。

(1)用同一个长方形纸片表示出它的 $\frac{1}{2}$。课堂上教师给学生提供一张长方形的纸片,让学生折一折、涂一涂,找到每张纸片的 $\frac{1}{2}$,学生操作结束之后,教师进行追问:"有的同学是横着折的,有的同学是竖着折的,还有的同学是斜着折的,大家的折法各不相同,为什么涂色部分都是长方形的 $\frac{1}{2}$ 呢?"学生经过了动手操作的深刻体验,积累了数学活动经验,进而体会到,虽然折法不同,但只要把长方形平均分成了 2 份,每份就是它的 $\frac{1}{2}$。

(2)用不同的图形表示出 $\frac{1}{2}$。接着,教师设计了第二次动手操作活动,给学生提供了不同形状、不同大小的纸片,让学生选择自己喜欢的图形采用折一折、涂一涂的方法,表示出这个图形的 $\frac{1}{2}$。学生操作结束之后,进行追问:"大家选择的图形形状不同,大小也不同,为什么涂色部分都可以用 $\frac{1}{2}$ 来表示呢?"学生有了上次动手操作的经验,进一步认识到无论什么图形,无论什么形状,只要把一个物体平均分成两份,其中的一份都可以用 $\frac{1}{2}$ 来表示。教师顺势可以借助多媒体课件进行梳理提升,深化对知识的理解。教师在活动中有效地设置问题,适时进行提问,让学生能透过现象探究本质,深化对分数意义的理解。

上述案例中,教师设计了"相同的图形,为什么折法不一样,涂色部分都

是长方形的 $\frac{1}{2}$ 呢？"和"图形形状不同,大小也不同,为什么涂色部分都可以用 $\frac{1}{2}$ 来表示呢？"这两个关键性的数学问题促使学生在解决问题过程中明晰分数的本质,即"平均分""分成 2 份""表示 2 份中的 1 份"三者缺一不可。

在教学关键处设计数学问题并有效地提问,不仅帮助学生真正掌握了分数概念的本质,更驱动学生的思维达到了新的深度。问题是引领学生思考的抓手,决定着学生思维的方向和深度。

布鲁纳说过："学习者不应是信息的被动接受者,而应该是知识获取过程中的主动参与者。"[1]基于导学的自主学习型课堂教学是能充分发挥学生的自主能动性,将自主学习、合作学习、探究学习融于课堂教学中,能有效提升课堂教学效果的一种教学模式。

第四节 拓展延伸

拓展应用环节是基于导学的自主学习型课堂模式的最后一个环节,本环节重点是学生运用新知识解决新问题,有效地掌握新知识,达到学以致用的目的。因此,精心设计练习题组是本环节的关键,练习题组的设计一定要与教学目标一致,还要重视实际问题的拓展延伸。当然,学生在解决问题的过程中一定会遇到这样或那样的困难,所以,本环节的实施离不开教师的有效引导,总之,本环节教师担负着让学生巩固新知、训练学生运用新方法解决新问题、培养学生知识学习的能力和方法迁移的能力的责任。

有效地设计好练习题组,能起到事半功倍的作用。如何利用设计的练习题组引领学生进行拓展提升,教师也要深度思考。

---

①林敏鸾. 小学数学"循学导教"教学模式的构建 [J]. 教师博览（科研版）,2016(3)：57-59.

基于导学的自主学习型数学课堂的教学实施与评价

一、有效设计题组

练习题组的设计不仅要紧扣本节的知识目标,而且要重视对学生思维和能力的培养,设计练习时教师必须把握好练习的四个"度"。

(一)有"坡度"

在遵循学生认知规律的基础上进行练习题的设计,要让学生主动学、自觉练。

例如,在教学"三角形的周长"这一部分的内容时,练习题组的设计包括基本的基础题、变式题、拓展题等。

1. 基础题

(1)已知三角形的三条边的长度,求周长。

如:已知三角形三条边的长度分别是 4 厘米、5 厘米、8 厘米,它的周长是多少厘米?

(2)已知特殊形状的三角形,求周长。

如:已知等边三角形的一条边的长度 11 厘米,它的周长是多少厘米?

如:已知等腰三角形的腰是 5 厘米,底边长 6 厘米,它的周长是多少厘米?

2. 变式题

(1)已知三角形的两条边的长度和周长,计算另外一条边的长度。

如:三角形两条边的长度分别是 8 厘米、11 厘米,周长是 28 厘米,它第三条边是多少厘米?

(2)已知特殊三角形的边和周长,计算另外一边的长度。

如:已知等边三角形周长是为 33 厘米,求每条边的长?

如:已知等腰三角形的腰长是 5 厘米,周长 16 厘米,它的底边长是多少厘米?

如:已知等腰三角形的底边长是 5 厘米,周长 16 厘米,它的腰长是多少厘米?

3. 拓展题

(1)解决生活问题

如:一块等边三角形果园的周长是 36 米,求这块果园的边长是多少米?如果木条围起来,每米需要木条 10 元,一共需要多少元?

（2）拓展到其他图形的问题

如：一个等腰梯形的周长是42厘米，其中上底是6厘米，下底是8厘米，腰的长度是多少厘米？

如：一块等腰梯形形状的菜地，上底是8米，下底是12米，一个腰长7米，要在它的四周围上篱笆，篱笆至少需要多少米？

如：把一根长46厘米的绳子围成一个平行四边形，一条边长是7厘米，另外三条边的长度的长度是多少？

不难看出，练习题的设计层次分明，从基本练习中三角形周长公式的简单应用，到三角形周长公式的变式练习，到最后的拓展练习，都体现出一种层次性，即练习的"坡度"。在"有坡度"的练习题中，学生不仅熟知做法，还能享受到收获新知的喜悦。

（二）定准"难度"

"已知知识水平"和"最近发展可能性水平"是学生存在着两种不同的发展水平。教师在设计练习时，一定要定准难度，兼顾不同层次水平的学生。既要照顾全体学生，又要尊重大部分学生，让学生稍微努力就能完成任务。

例如，教学四年级"三角形的内角和"一课，知识目标是让学生知道三角形的内角和是180°，并能根据这一结论解决相关的实际问题，设计的相关题型是这样的。

1.题型一【判断三角形的形状】

（1）判断：三角形只能有一个直角或一个钝角。（   ）

（2）有一个角是直角的三角形叫（   ）三角形；一个直角三角形的一个锐角是43°，它的另一个锐角是（   ）。

2.题型二【计算角的度数】

（1）在一个三角形中，已知它的两个内角的度数都是45°；另一个内角是（   ）。

（2）在一个三角形中，已知它的两个内角的度数是45°和65°，这个三角形一定是（   ）三角形。

（3）在三角形中，已知∠1=62°，∠2=108°，∠3=（   ）。

3.题型三【综合运用三角形内角和知识解决问题】

（1）已知一个等腰三角形的一个顶角是70°，它的每一个底角是（   ）。

（2）已知一个等腰三角形的一个底角是40°，它的顶角是（   ）。

（3）已知一个等腰三角形的一个角是40°，它的其他的角的度数是什么样的？你能分析一下可能会出现的情况吗？把你的思考写下来。

在学生已经掌握新知识的前提下，出示综合性提高练习，让学生根据掌握的"三角形内角和是180°"这新知识，并结合之前学过的特殊三角形的相关内容（例如等腰三角形两个底角相等、等边三角形三个角相等，直角三角形两个锐角和是90°等特例）来解决问题。典型题中教师做了有效补充，比如第3组题型中的（3），教师给出学生思考的提示"等腰三角形一个角的度数是一定的，那其他的角的度数是什么样的？你能分析一下可能会出现的情况吗？"学生采用"假设法"来分析：假设已知40°的角是底角，那么另一个底角是40°，顶角就是100°；假设已知40°的角是顶角，那么另外两个底角都是70°。这样分类讨论的思想方法，提升学生的"思考力"，是每一位数学教师都应该关注的。

（三）增加"密度"

练习题的设计要层次分明，既要把握质量关，又要把握数量关，机械重复的练习会让学生毫无学习兴趣，起不到增效的目的。只有抓住问题的本质，设置有效的练习，让学生进行专项、典型的练习，才能掌握新知，提高技能。

例如，教学三年级"长方形和正方形的周长和面积的复习"一课时，学生已经学会了如何求长方形、正方形的周长和面积的计算方法，在应用公式时，就不喜欢做套用公式的题，感觉没有新意，太常规化，此时，教师可以设计多种多样的题进行训练，同时在练习题组的要求上，以鼓励性的语言激发学生参与的兴趣。

1. 公式巧变换，我来填一填

表3-2　长方形和正方形的周长和面积

	长	宽	周　长	面　积
长方形 （单位：米）	10		30	
		9		99
正方形 （单位：米）	边　长		面　积	
	5			
			16	

2. 题目好复杂,我能来区分

图中是一块长方形菜地(单位:米)

(1)要给菜地围上篱笆(见图3-8所示,一面靠墙),需多少米的篱笆?

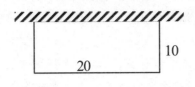

图 3-8　长方形菜地

(2)如果篱笆每米2元,装起这些篱笆需要多少元? 如果在篱笆上拉上彩色的条幅,条幅是每2米1元,计算一下这些彩色条幅需要多少元?

(3)如果每平方米收菜4千克,一共可以收菜多少千克? 如果每2平方米给菜地施肥1千克,这块菜地一共需要多少千克肥料?

以上两组练习题的设计,教师可谓下足了功夫,体现了教师的专业技能和专业素养。第一道表格题,虽是简单地列举了两个长方形和两个正方形相关的量,求"其他量",却把长方形、正方形的周长和面积基本和变式等八个公式,全部考察到了,综合性很强。如果学生对公式掌握不扎实,混淆,是不能全部填写正确的,教师设计可谓用心。第二题中简单的三个小题,考察的知识点非常多。比如第一问"需要多少米的篱笆"考察求长方形周长中特殊的情况(只求三条边的长度和);比如第二问要准确求出"篱笆需要的钱数"这一问题,就要分析清楚应该求出"篱笆的长"然后乘2;比如第三问"一共需要多少千克肥料?"应该先求出菜地的面积再除以2。对比分析,为什么第二问求钱数要乘2,而第三问求千克数要除以2,也是需要教师引领学生明晰的重点。倘若,学生没有建立长方形、正方形周长和面积的表象,不能熟练应用周长和面积公式来解决问题,没有掌握"单一量、数量、总量"三者之间的关系都是不可能正确做对的。当然,假设三年级学生经过这样的思维训练,学生升入四年级后,接触到"三角形、平行四边形、梯形和不规则"等图形的面积,以及升入五年级之后,接触到"圆、长方体、正方体、圆锥"等面积,就可以起到水到渠成的作用,所有的问题都可以迎刃而解了。可见,精心设计题组,对提高学生能力,拓展学生思维会起到非常重要的作用,不仅利于当下,而且也利于未来的学习。

（四）变换"角度"

练习设计要变换"角度"，有效避免学生对单一的练习不感兴趣，在练习中容易产生思维定式的问题。教师可以设计"开放性作业"，让学生在"多种解法"或"多种答案"中灵活运用所学知识、解决问题。这样，留给学生创新、发现、探索的余地，培养学生多元化的解题策略，增强学生的创新意识与实践操作能力。

例如，多设计实践活动型作业，让学生动手、动脑，并应用到生活中去。四年级数学"智慧广场"有这样的内容：想办法知道自己的活动空间有多大。布置课前实践性作业，让学生以小组为单位分别进行调查，调查教室的面积有多大，调查走廊的活动区域有多大，操场的活动区域有多大，调查室内体育场的活动区域有多大等，课堂上学生进行汇总、交流、展示，分享彼此的收获，学生在活动中，增强了小组之间的凝聚力和向心力，而且收获了应用数学问题解决生活问题的本领。

再如，二年级在学生学完了"乘法口诀"之后，教师可以设计这样的实践作业：学校计划去秋游，需要带点心，如果以小组为单位去购买，你们计划怎么买？提供食品的单价：可口可乐4元，饼干2元，面包2元，汉堡包8元，鸡腿5元，火腿肠3元，……用30元买本组的点心，你计划怎么买？既要吃得好，也要吃得饱。用你们学过的知识，看哪一组安排得最合理。

趣味性浓厚的练习题，是学生喜闻乐见的。学生能根据自己的生活经验、兴趣爱好，将知识巧妙地融合在具体情景之中，能灵活地运用所掌握的方法解决生活中的实际问题。不仅达到了训练的目的，还激发学生内在的智力潜能与学习兴趣，从而更好地促进学生接受知识并进行再创造的学习，让学生从"学数学"上升到"用数学"的水平。

总之，教师对练习的处理既不能放任学生自由练习，又不能用自己的讲解代替学生练习，作为教师，只有当好"导演"，让学生"主演"，只在关键处点拨启思，使教师讲有重点，学生练有目的，才能让学生在自练、自学、自悟中主动地获取知识。

二、基于核心素养的习题设计

核心素养的提出，是我国教育发展的一个新机遇，是对全面深化课程改革的一个新挑战。核心素养导向下的数学教学，亦不能脱离数学学科的本原，

第三章　基于导学的自主学习型课堂教学模式解析

在数学课堂中实现提升学生核心素养的目标,是每一位数学教师的任务。理解数学学科本质,设计数学教学活动,进行科学的习题设计,切实把数学核心素养落实到课堂教学中,落实到每一道习题中。

（一）立足发展,体现核心素养

1. 重视基础知识、基本技能的设计

数学是研究数量关系和空间形式的科学。习题设计当然要有数学味,当然要体现数学的本质。基础知识和基本技能的考察,一定要把握好"度",既能掌握基础知识,又不过多、过滥,习题的设计中还要重视数学基本概念的理解,有助于形成数学的基本技能。

例如,学习了"三角形具有稳定性"后,结合学生的生活经验设计客观题。李爷爷给菜地围篱笆,下面几种围法中最牢固的是（　　　　）

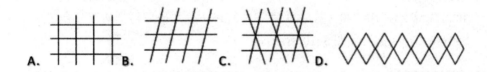

图 3-9　三角形具有稳定性

本题是基础题,考察的知识点是"三角形具有稳定性"这一特性,利用图示设计对比题,让学生感知到,三角形的特性在生活中的应用是非常广泛的。练习题的设计形式新颖,不是以一道填空题的形式出现,而是赋予生活情境,让学生在实际应用中感知数学与生活的关系。当然,课堂上教师还应该进行拓展,比如植物园里为了让小树长得直挺,采用了"斜拉"的树枝做支架;墙壁上的空调外挂机,为了保持稳定设计成三角形;在地震来临时,要躲在墙角,这里是"三角安全地带"等,也是应用了三角形的稳定性。适度拓展,既体现了数学的本质,又能有效地将知识应用到生活中去。

2. 重视把握核心的学习能力

观察和参与新的体验,把新知识融入已有的知识,从而改变已有知识结构的能力是学生的学习能力。

（1）倡导数形结合,关注模型建构。数形结合在计算教学中体现得非常巧妙,在理解算理时采用数形结合的方式,化抽象为直观深化理解;同时把算理与算法融合统一,帮助学生在理解算理的基础上掌握算法。

例如,教学三年级上册《两位数乘法(不进位)》一课时,教师根据梳理情境图:"一行有 23 盆花,一共有 12 行,求一共有多少盆花?"引导学生列出算式 23×12,提出问题:"要想求出一共有多少盆花,就是要知道 23×12 的结果是多少?想不想自己探究一下?"接着布置学习任务:"每个同学手里都有一张点子图,请同学们根据活动要求,自主探究这个算式的结果。"

(ppt 出示活动要求)

(1)独立思考,用以前学过的知识求出 23×12 的结果。

(2)利用点子图圈一圈、画一画,再列式解决。

(3)完成的同学可以和同桌交流一下你的想法。

学生经过自主探究,出现了两种情况的算法:一是把 12 拆成 6 和 6。先算每一部分:23×6=138(盆),138+138=276(盆)。二是把 12 拆成 10 和 2,先算 23×10=230(盆),再算 23×2=46(盆),最后再把两部分合起来,230+46=276(盆)。如图 3-10 所示。

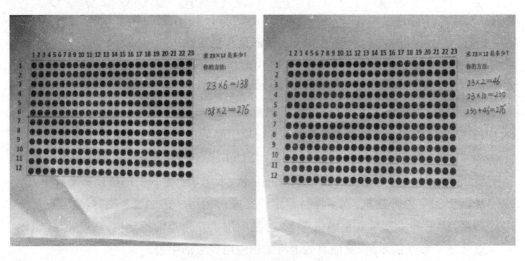

图 3-10 两位数乘法电子图

教师顺势总结提升"这些同学都借助点子图来分析问题,求出了结果。这在数学上叫数形结合。把两位数乘两位数这个新知识转化成了我们学过的两位数乘一位数和两位数乘整十数的知识来解决。在解决问题过程中用到了

"转化"这一重要的数学思想方法。这是一种非常重要的数学学习方法,我们在以后的学习中会经常用到。

不难看出,教师只有精心设计问题,提出切合学生学情的活动,给不同学生提出不同的学习要求,才能帮助学生有效建构新知。有能力的学生可以直接计算结果,对于有困难的学生可以借助"点子图"圈一圈、算一算。在这一过程中,给全体学生充分参与数学活动的机会,鼓励学生遇到问题积极动脑思考,用已学过的知识独立解决问题,借助"点子图"把自己的方法表示出来。学生在一边圈画"点子图",一边列式计算的过程,就是"数学建模"的典型体现。

(2)重视概念理解,关注概念本质。对于图形与几何空间的学习,培养学生"数学抽象"这一核心素养是很重要的。对集合概念形成感性的认知数学抽象起着重要的作用,我们进行数学概念的设计时要注重如何让学生对抽象的几何概念形成感性的认知,需要我们进行对比反馈。我们在设计活动时,就应该多关注概念的内涵和外延。

例如,四年级上册"平行四边形的面积"一课,把平行四边形转化成长方形,学生有两种思考方法:一种是沿着平行四边形的顶点向对边做高,沿着高剪开,通过平移可以转化成长方形;另外一种是从"平行四边的中间"画一条高,沿着它剪开,通过平移也可以转化成长方形(见图3-11所示)。

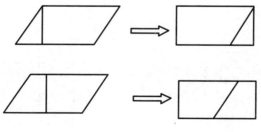

图3-11　平行四边形1

学生的思维定式在沿着"横着"的底边作高,割补成长方形。这里老师可以出示对比练习,让学生思考:"如果这样作底?也能利用割补的方法,转化成长方形求出平行四边形的面积吗?"(见图3-12所示)

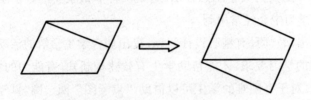

图 3-12 平行四边形 2

上述案例进行了对比辨析,让学生进一步明确要想求平行四边形的面积就要把它转化成长方形,无论是沿着平行四边形的哪条底上的高剪开,都可以拼成一个长方形,进而可以推导出平行四边形的面积。这样的对比辨析有助于丰富学生的认知,促使学生思考更加全面、缜密,养成良好的思维品质。

(3)重视与实践生活的联系。数学来源于生活,又应用于生活。生活中情境是数学学习的宝贵资源,教师一定要合理地选择数据,精心设计,提升学生学习的能力。

例如,五年级上册"长方体和正方体的认识"一课中的练习题,图 3-13 中能折成正方体的是( ),能折成长方体的是( )。本题的设计重点是考察学生的空间想象能力,知道什么样的展开图能拼成长方体和正方体。做好这类题,关键是要明白长方体和正方体的特征。比如,长方体相对的面是完全相同的,而正方体六个面是完全相同的等,只有把握它们的特性,才能灵活地做好该类题型。

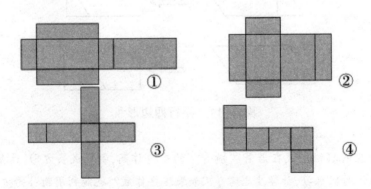

图 3-13 长方形和正方体

培养学生直观想象是数学核心素养的目标之一。"如何还原立体图形"，这就需要学生展开充分的想象，不仅要知道长方体和正方体的特点，而且要根据其特点做出合理的判断，这就需要学生在学习中可以自己多动手操作，多积累活动经验，沟通现实和思考之间的关系。

（4）正确解读信息，完善知识结构。引导学生分析数学习题中蕴含的信息很重要，这是学生解答题目的起点。对帮助学生完善数学知识结构，积累数学基本活动经验，起着重要的作用。

例如，一个平行四边形（见图3-14所示），较短边的长度是6cm，较长边和两条高的长度分别是8cm，12cm和4cm，请选择合适的信息进行填空。

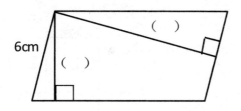

6cm

（　　）

（　　）

图3-14　平行四边形的面积

本题的设计看似简单，只需要填写两个空就可以，但题目中隐含的知识却不是特别简单，这里不仅考察了"平行四边形的面积等于底乘高"这一知识，而且对数据的选择要求也很高，给出的平行四边形的四组数据，只有根据面积公式，两两组合进行计算，才能配对出最正确的答案。

例如，三年级上册"求不规则图形的面积"一课（见图3-15所示），如何能把不规则图形转化成规则图形？这是问题的关键，从给出的图中不难看出，要计算这个不规则图形的面积，就应该先把它转化成规则图形，利用已知的方法来解决。可以通过"割补"的方法：一是从中"横着或竖着"画上"虚线"，将图形分成两个长方形，分别计算后，再把这两个长方形的面积相加；二是把"缺少"的那一部分图形补充完整，这样就可以用大长方形的面积中，减去小正方形的面积，就可以有效地解答出不规则图形的面积。

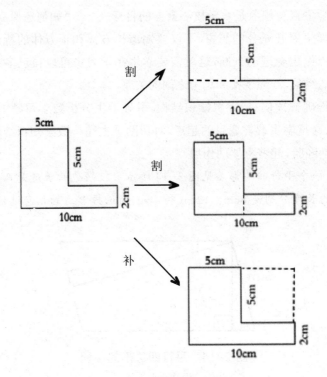

图 3-15　不规则图形的面积

　　巧妙地利用"割补"的方法,将新问题"转化"成已有知识来解决是非常有效的学习方法。教师应该顺势对这类题型进行拓展,延伸到以后学习其他平面图形的类似问题。不难看出,学生在解决上述问题中,经历了动手操作体验,把新问题转化成已经学过的图形的思考过程,并亲历知识的形成过程,学习自然兴趣盎然。教师应该进行高度提炼,从个例到一般进行推理的提升,能有效促进学生归纳推理能力的提高。

　　2. 重视观察,解决问题

　　根据物体特征抽象出几何图形,根据几何图形想象出所描述的实际物体是新课标倡导的空间观念的具体要求；另外,空间观念要求不仅要想象出物体的方位和相互之间的位置关系,还要会描述图形的运动和变化,会依据语言的描述画出图形等。

　　例如,四年级上册"观察物体"一课,本节课的知识基础是学生已经会初步观察实物,并会用上、左、前三个不同的角度来描述实物。本节课主要是让学生从前面、上面、左面观察正方体的组合图,分别画出这三个图形的从不同角度看到的图形(如图3-16所示)。关键点是要让学生感知到"相同的物体从不同角度看,看到的结果是不同的;也要知道不同的物体从不同的角度看,看到的结果有可能是相同的",教师在设计习题时,要有意识地进行对比练习的设置。

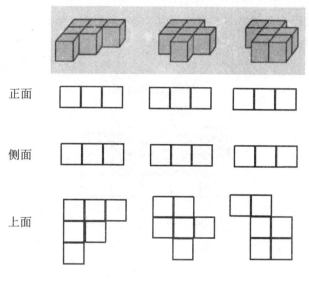

图 3-16　正方体的组合图

　　对学生"直观想象"能力的培养不是一朝一夕的事情,需要教师不断地给学生提供空间和时间去感知,并相机进行指导。解决上述问题,可以采用"横向思考"的方式,也就是说可以先画出这三幅图从前面看到的图形,再分别画出从侧面或上面看到的图形。也可以采用"纵向思考"的方式,也就是说先画出第一幅图从前面、侧面、上面看到的图形,再画第二幅图的这三种状态。这其实就是指导学生进行有序思考的过程,本节课是为初中阶段学习"三视图"的知识做铺垫的,学生只有掌握方法,才会识图、画图、分析图,在这里,教师引导学生进行有序观察也是非常重要的。

　　3. 合理想象,解决问题

　　几何直观主要是指利用图形描述和分析问题,是当下数学素养研究的一个重要方面。几何直观是数学核心素养提出的一个要求,能有效地将复杂的问题简单化、直观化、清晰化,有助于把复杂的数学问题变得简明、形象,有助于探索解决问题的思路,帮助学生预测结果。另外,几何直观可以有效地帮助学生直观地理解数学知识,将数学知识内化为自身的技能,在学习过程中发挥重要作用。

例如,五年级上册"分数乘法"一课,为了让学生知道分数乘分数的意义,明确算理,掌握算法,采用数形结合的方式进行教学,让学生会识图、会画图,能讲清楚图中各部分表示什么意思。设计图形题,要求学生对图中网格图的面积进行辨析,根据图示情况,来判断下列( )算式是正确的。

网络图的面积

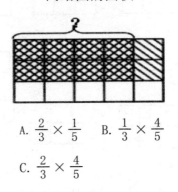

A. $\dfrac{2}{3} \times \dfrac{1}{5}$　　B. $\dfrac{1}{3} \times \dfrac{4}{5}$

C. $\dfrac{2}{3} \times \dfrac{4}{5}$

本题的设计要让学生感知,两次"分"的图形是不一样的。第一次"分","单位1"是这个长方形,平均分成三份,阴影部分是其中的两份,用分数 $\dfrac{2}{5}$ 表示。第二次"分",是把其中的两份(即 $\dfrac{2}{3}$)平均分成五份,表示其中的四份,也就是求 $\dfrac{2}{3}$ 的 $\dfrac{4}{5}$。这样看来,阴影部分的面积表示的意思就是求 $\dfrac{2}{3}$ 的 $\dfrac{4}{5}$ 是多少。通过数形结合的思想方法有效渗透,使学生明确在两次"分"的过程中,所"分"的"单位1"是不同的,从而深刻理解分数乘分数的意义。

4. 有效推理,解决问题

"线段图"的类型题是困扰"学困生"的难关,分析其原因就是学生不会分析线段图,看不懂线段图,说白了就是不知道如何针对图分析"已知量"和"未知量",也不会根据两个"量"之间的关系进行逻辑推理。

例如,五年级上册《分数除法》一课中,出示这样的对比练习题。

（1）已知故事书 48 本,比科技书多 $\frac{1}{3}$,求科技书有多少本?

（2）已知有铜线 100 米,铝线比铜线的 $\frac{3}{4}$ 多 10 米,求铝线有多少米?

对比上述两道习题不难发现：第一题中的单位"1",也就是科技书的本数是未知的,应该用除法计算,列式为 $48 \div (1+\frac{1}{3})$。第二题的单位"1",也就是铜线的米数 100 米是已知的,应该用乘法计算,列式为 $100 \times \frac{3}{4} + 10$。

如果要用方程解决这两个问题,那就要对线段图进行对比分析,让学生感知虽然题目中出示的都是两个量的问题,但,因为单位"1"不一样,题目中表示的意思却是截然相反的。第一道题中的"单位1"是未知量,$x(1+\frac{1}{3})=48$。第二道题,只需要看明白 100 米是已知量,就是比已知量的 $\frac{3}{4}$ 多了 10 米,列方程为 $x-10=100 \times \frac{3}{4}$。

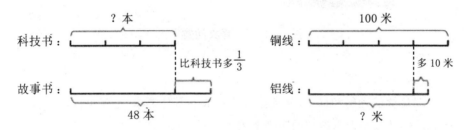

图 3-17　分数除法线段图

对比分析两道题的相同点和不同点,找到"本质不同",这样的设计有助于培养学生的数学建模的核心素养。

（三）创新情境设计,有效沟通联系

《数学课程标准》指出："根据评价的目的合理地设计试题的类型,有效地发挥各种类型题目的功能。例如,为考查学生从具体情境中获取信息的能力,可以设计阅读分析的问题；为考查学生的探究能力,可以设计探索规律的问题；为考查学生解决问题的能力,可以设计具有实际背景的问题；为了考查学生的创造能力,可以设计开放性问题。"[1]

1.文本解读型

"大阅读"是现下倡导的一种理念,每一个学科都尽可能让阅读融于学科教学中。数学课后练习题的设计较多地体现为图文结合的形式,这就要求学生独立进行阅读,并加以分析和理解,特别是要读懂隐藏在题目中的条件。

例如,三年级上册"解决问题"一课的练习题设计,已知条件中有两条信息:"一朵花需要6个贝壳,需要做8张画",图片中还隐藏了一个条件就是"一幅画有5朵花",如果学生不认真阅读,进行分析和提炼题目中隐含的数学信息,就不能很好地完成这道题的解答。如图3-18所示。

做一朵花需要6个 ![],做这样的8张画需要多少个 ![]?

图3-18 "解决问题"1

2.探究规律型

对规律的理解和探索,是关注规律形成的具体要求,也就是说,应用规律来解决问题数学课堂教学的明确要求。

例如,三年级上册"解决问题"一课的"聪明小屋"中的观察规律的类型题,设计意图就是让学生通过观察发现"每增加一张桌子就会增加2个人",学生找到这个规律就能很简单地求出20位客人坐在一起,需要拼多少张桌子的问题。如图3-19所示。

①中华人民共和国教育部.《义务教育数学课程标准》(2011年版)[M].北京:北京师范大学出版社,2011:5.

餐馆内有一种长方形桌子,每张桌子周围放 4 把椅子。如果客人多,就按下图所示的方式拼桌。

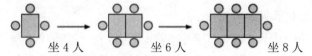

坐 4 人　　坐 6 人　　坐 8 人

现有 20 位客人要坐在一起,一共需要拼几张桌子?

图 3-19　"解决问题"2

3.实践应用型

数学与生活的密切联系是数学学科的特点,现下的数学教学内容还要体现时代感。习题设计同样需要在这方面加以体现。例如:把公众生活中的事件编辑成习题,不仅能激发学生探究的兴趣,并且还有一定的育人功能。

例如,三年级上册"长方形和正方形的面积"一课,考察的知识是长方形和正方形面积的计算,习题的设计没有直接让求出两个面积的计算方法,而是创设了一个生活情境:"在长方形广场内建一座正方形花坛",并且要求画出设计方案。设计方案时,学生就要考虑这个正方形的"儿童活动场地"应该画在什么位置上,才能使得广场成为合适的休闲场所,不仅要体现人文性,而且还要会计算广场中花坛和活动场地的面积。如图 3-19 所示。

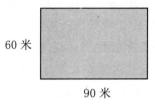

60 米

90 米

小区广场平面图

在广场内准备建一座正方形花坛,其余地方作为儿童的活动场地。请在广场平面图上画出你的设计方案,并算出花坛和活动场地的面积。

图 3-20　"解决问题"3

4.开放解答型

开放题的种类也有很多,若要考查学生对知识的灵活掌握程度,那么开放的题型无疑是首选。

例如,三年级上册"长方形和正方形的周长和面积"复习课,要综合考虑周长和面积的掌握情况,采用小图形拼摆的方式,给出 6 个已知长 3 厘米、宽 2 厘米的长方形来进行任意拼摆,不仅考察了公式的应用,又培养了学生的空间观念和数据分析观念。

　　用 6 个长 3 厘米、宽 2 厘米的长方形拼成一个大的长方形(不重叠)。

　　你有几种拼法?算一算,拼成的长方形的周长和面积各是多少?

长 /cm				
宽 /cm				
周长 /cm				
面积 /cm²				

（四）拓展提升应用能力

1.重视数学表达的培养

　　数学表达内涵丰富,包括数学语言表达、问题解答和具体行为表达等多个方面。教师在课堂上要重视对学生各种表达能力的培养。

　　例如,二年级"观察物体"一课中,其中一个练习题（如图 3-21 所示）有这样的要求:"用语言描述图形的摆法。"学生不明其意者甚多,说不清楚的也比比皆是,而能准确使用"上、下、左、右、前、后"等方位词者几乎没有。此时,就需要教师进行有效指导,指导学生表述时,要按照一定的顺序有序指导。比如,可以先从正面看,从下往上数,第一层有几个,第二层有几个,再画出图来（见图 3-21b 所示。这样的有效指导,学生正因为有着前面图形的画法作为基础和参照,就能够很清楚地表达出从侧边看,从上面看到图像的样子。

用语言描述以下图形的摆法

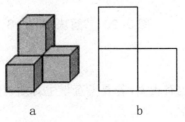

a　　　　　b

图 3-21　观察物体

2.关注数据整理与分析

数据分析观念也是数学核心素养培养的六个要求之一。数据分析观念一定要建立在现实生活中的许多问题上,小学生的年龄特点和生活阅历决定着教师在培养学生数据分析观念是要全方位进行设计的。教师一方面要提供能让学生能够主动收集数据的机会,另一方面还要让学生能够通过分析数据从中发现数据中蕴含的规律,从而落实数学的核心素养。

例如,四年级上册"复式条形统计图"一课中有这样的练习题,先调查本校低年级和高年级同学最喜欢的课外读物情况(每个年级段各调查50人),先整理成统计表,再根据统计表画出复式条形统计图。在案例中,学生画图用到的数据,是学生课前自己收集到的数据,收集数据的过程也是培养学生数据分析观念的过程。

调查本校低年级和高年级同学最喜欢的课外读物情况,并完成下面的统计图表。(每个年级段各调查50人)

表3-3 小学低年级和高年级学生最喜欢的课外读物情况统计表

人数(人) 类别	年级 低年级	高年级
童话		
科普		
漫画		
其他		

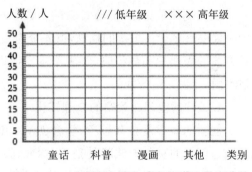

图3-22 小学低年级和高年级学生最喜欢的课外读物情况统计图

(1)比较低、高年级学生喜欢科普读物的情况,你发现了什么?

(2)分享调查结果,你还发现了什么?

3.关注学生应用意识的拓展

应用意识要求学生能够将数学课堂上学到的概念、原理、方法等来解释现实世界的现象,从而有效地解决现实世界中的各种各样的问题。将数学中的量与计量、图形与几何、综合实践领域中的有关问题抽象为数学问题,用数学思想方法来解决这些实际问题。

例如,用 12 个棱长是 1 厘米的小正方体拼成一个长方体,有几种不同的拼法? 拼成的长方体的长、宽、高各是多少? 你能分别计算出拼出的长方体的表面积和体积吗? 将结果填入表 3-4。

表 3-4　求长方体的表面积和体积

长	宽	高	表面积	体积

虽然是简单拼摆,但蕴含着的"数学味"却是厚重的,学生在拼摆过程中不仅要有序记录每次的摆法,既不能有重复,也不能有遗漏。在计算拼成的长方体的表面积和体积时,学生不难发现每次拼出来的图形,表面积虽是各自不同,体积却是一样的。

4.关注解决问题策略的合理转化

创新的核心是独立思考、学会创新;创新的基础是学生主动发现、提出问题;创新的重要方法就是猜想、探究、验证等。鉴于以上分析,对学生创新意识的培养就应该体现在数学的教与学的过程中,教师一定要关注解决问题策略的指导。

例如,五年级上册"长方体的认识"一课,让学生根据周长来确定底面的长和宽,利用固定高度 5 厘米,来设计长方体模型,综合考查学生对长方体棱长总和、棱长的条数及棱长的特征等的有效应用。

李叔叔用一根52厘米长的铁丝做一个高5厘米的长方体模型,能做成多少种不同的长方体?（长、宽为整厘米数）

表3-5　不同的长方形

长方体的长／厘米				
长方体的宽／厘米				
长方体的高／厘米	5	5	5	5

（五）尊重学生差异,追求个性发展

练习题的设计蕴含丰富,不仅考察数学本质、数学概念、数学应用等,要求教师设计相关练习题时,一定充分尊重学生的差异,让不同的学生得到不同的发展。

1. 在对比设计中,关注变化中的不变

数学知识不是孤立存在的,知识点之间都或多或少地存在着千丝万缕的联系。特别是对同一知识点或者相近的知识点,要设计对比辨析题,帮助学生聚焦习题中的关键要素,厘清知识之间的内涵。

例如,教学五年级"长方体的认识"一课,要解决"哪几个面可以围成一个长方体?"这一问题,就需要学生明确掌握长方体的基本特征,要知道"相对的面是完全相同的",只有把握这一原则才能有效地解决问题。

哪几个面可以围城一个长方体?如图3-23所示。

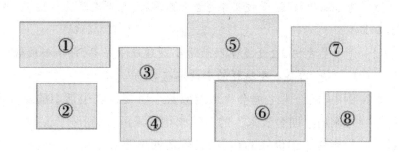

图3-23　长方形的认识

上述案例中,重点考察长方体的基本特征"相对的面完全相同",题中出示了 8 个面,学生要借助每个面的对比进行辨析。

再例如,五年级上册"长方体和正方体的表面积、体积综合复习"一课中设计的习题。水上运动中心的游泳池,它的长是 50 米,宽是 25 米,深是 2.2 米。

(1)建造这个游泳池需要挖土多少立方米?

(2)要在它的四壁和底面铺上瓷砖,铺瓷砖部分的面积是多少平方米?

(3)如果要给这个游泳池注 1.8 米深的水,已知每小时能注水 150 立方米,需用多少小时?

(4)你还能提出什么问题?

已知的基本信息就是长方体的长、宽、高的数据,根据这些最基本的数据,分别计算长方体的表面积和体积。看似就是考察长方体的表面积和体积的基本类型题,但四个问题设计得非常巧妙,问题一"挖土多少立方米?"求的是长方体的体积;问题二"铺瓷砖的面积是多少?"求的是长方体五个面的面积总和;问题三"需要多少小时能注满水?"更是要先算出高是 1.8 米的水的体积,再求其数量;问题四就要发挥学生的主观能动性,自己提出问题,自己解决问题。这样层层递进的题组,不仅锻炼了学生分析问题和解决问题的能力,而且让学生在对比中逐渐明晰知识的解决过程。

2. 设计关联题,聚焦核心思想

如果想让学生记忆深刻,就可以设计关联的题组,特别是同类型的题进行辨析,能聚焦核心思想,促进学生知识的内化。

例如,四年级"求近似数",根据生活实际想一想,怎样取近似值比较合适?

(1)为了绿化校园,学校买来 2.2 千克草种,每千克草种 9.28 元。买草种花了多少钱?

(2)保管员要把 2.2 千克草种放进小玻璃瓶中保存,每个小玻璃瓶最多只能盛 0.35 千克,准备 6 个这样的小玻璃瓶够吗?

本案例中,要让学生体会"求近似数"时要符合生活中的实际要求,不能单纯地利用"四舍五入"的方法来进行求解。问题一"买草种花了多少钱?"就要考虑到价钱的计算,只保留两位小数就可以,也就是计算到"分"就可以,这就应该将千分位向百分位进一。问题二"准备 6 个这样的小玻璃瓶够吗?",就要充分考虑到不能把多余的草种丢弃,哪怕剩余一点点草种也需要准备一个小瓶来保存。现实生活的题,必须符合生活题意,才是解决生活问题的价值所在。

再比如，在"图形与几何"领域中，特别是对基本概念的辨析，也应该设置在对比练习中，以加深学生对知识的理解。

例如，四年级上册"多边形的认识"一课，为了综合考查学生对各种多边形，比如长方形、正方形、平行四边形、梯形等图形的特征认识，设计这样的练习题："利用给出的三组纸条来拼不同形状的图形"。如图3-24所示。

利用以下各组纸条拼成四边形。

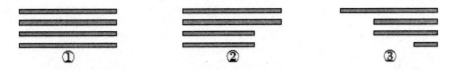

①　　　　　　　②　　　　　　　③

可以拼出哪些四边形？画"√"表示。

图3-24　多边形的认识

表3-6　不同的四边形

组别＼四边形	正方形	长方形	平行四边形	梯形
①组				
②组				
③组				

要想解决这一问题，必须要熟知长方形、正方形、平行四边形、梯形这四种基本图形的特征：长方形是对边相等，正方形是四条边相等，平行四边形也是对边相等，梯形可以只有一组对边相等。学生根据提供的四根纸条的长度，来进行分析才能正确地解答本题。特别是对于"梯形"这个图形的典型特征，应该特别强调。

第四章　基于导学的自主学习型课堂教学模式实施策略

第一节　树立正确的教学观

"教学"一词百度中是这样解释的：教学是教师的"教"和学生的"学"所组成的一种人类特有的人才培养活动。通过这种活动，教师有目的、有计划、有组织地引导学生学习和掌握文化科学知识和技能，促进学生素质提高，使他们成为社会所需要的人。[①]

也就是说"教学"是由"教"和"学"两种活动方式组成的一种教师和学生沟通参与且目标高度一致的教育活动。

传统意义的教学是以传承为主要特征，即以知识为中心，课堂上教师讲，学生练。关注点在知识，教学的目标是把知识学会，强调的是认知结果。这种教学方式使学生深陷"死记硬背"及"题海战术"的泥潭，在日复一日、年复一年的"机械重复"中，学生被动接受而导致厌学，教学效率低下、创新意识逐步被淹没。

《基础教育课程改革纲要》中指出：教师在教学过程中应与学生积极互动、共同发展，要处理好传授知识与培养能力的关系，注重培养学生的独立性和自主性，引导学生质疑、调查、探究，在实践中学习，促进学生在教师指导下主动地、富有个性地学习。教师应尊重学生的人格，关注个体差异，满足不同

---

①王万波. 应用信息化教学资源改变数学教与学的方式 [J]. 新课程（下），2018(11)：54.

第四章 基于导学的自主学习型课堂教学模式实施策略

学生的学习需要,创设能引导学生主动参与的教育环境,激发学生的学习积极性,培养学生掌握和运用知识的态度和能力,使每个学生都能得到充分的发展。[①]

《数学新课程标准》也明确指出:学生是学习的主人,教师是学生学习的组织者、引导者和合作者。

怀特海说过:"教育的目的就是指引人走向自我发展。"走向学科深处就是引导学生走向自我发展,让他们在学科深处发现知识、发现自己、走向终身发展,走向未来。

很显然,传统意义上的教学阻碍了学生的发展。现代教育需要改变传统的教学观。

华东师范大学现代教育技术研究所"思维可视化教学"实验中心刘濯源主任团队研发的创新型教学是"思维可视化"教学,教学的关注点在"思维能力发展"上,教学的目标是通过"知识"这个"媒介"让学生学会学习,强调的是认知过程(学习方法及学习体验)。思维型教学遵守"以人为本"的教育理念,以思维训练(激发思考—学会思考—运用思考—享受思考)为主线,通过对知识的学习来提高学生的思维能力。[②]

我们提出基于导学的自主学习型课堂就是力求改变传统单调的"说教式"教学方式为"以导促学,以学定教"的教学理念,形成的"以学生为主体、以教师为主导、以创新思维能力训练为主线"的教学模式。

因此,现代"大课堂"教学要做到以下改变。

一、树立"学为主体,教为主导"的意识

(一)以学生为主体

1. 何为主体?

所谓"主体",是与"客体"相对的概念。课堂上以学生为"主体"意思是说课堂中的主要活动对象是学生。"主体"的本质特征表现为"主动性",即主动学习、主动发展、主动成长。"客体"的本质特征表现为"被动性",即

---

①周望城,薛慧红.语文教学中"学生提问学习法"初探[J].湖南教育:综合版,2003(19):41-43.

②刘濯源.思维可视化与教育教学的有效整合[J].中国信息技术教育,2015(21):59-66.

被要求学习、被动接受知识,学生是接受知识的容器。

2. 为什么要以学生为主体?

"以学生为主体"就是要在"教"与"学"的过程中,引导并支持学生"主动学"而非"被动学"。"主动学"背后的心理机制是"我要学","被动学"背后的心理机制是"要我学",虽只一字之差,却是天壤之别。俗话说:"有钱难买我愿意","我愿意"三个字是成事的大前提,因为这是一种最强的心理能量。而另外也有一句话:"强按牛头不吃草",所以通过"被动学"甚至"被迫学"让学生取得好成绩是绝对不可能的,即便短期见效,但绝无可能持续。

3. 如何使学生成为真正的主体?

要使学生成为真正的"主体",传统教学模式必须做出三个重要的改变:

(1)目标变——变"让学生学会"为"让学生会学";

(2)方式变——变"知识灌输"型课堂为"以导促学"型课堂;

(3)方法变——变"先教后练"为"先自学后合作学",教师少讲多导,学生多思多练,多给学生提供切实有效的学习方法。

(二)关于以教师为主导?

1. 为什么要以教师为主导?

"主导"的要点在"导"字,其主要包括引导、指导和疏导三项重要任务。学生迷失方向时,教师要引导;学生缺少方法时,教师要指导;学生遇到阻塞(障碍、想不通)时,教师要疏导。

在学习过程中,没有了教师的导,学生就会走很多弯路,学习的效率会大打折扣,这就是导的价值体现。

2. 如何使教师成为真正的主导?

单一强调以学生为主体是行不通的,因为学生的心理和思维尚未成熟,离开教师的主导,便不再是"教学"而是"乱学",乱学则无度,当然不科学。

从"教知识"的低层面教学上升到"给方法→练能力→育人格"的高层面教学,从"教学"上升到"育人",那么自己也就从"教书匠"蜕变为名符其实的"教育专家"。

(三)关于以思维能力训练为主线

1. 何为主线?

所谓"主线"就是要贯穿整个教学过程,始终坚持把"思维能力训练"

作为核心目标。教学的过程不仅仅局限于课堂 40 分钟,而是从教师设计、布置导学作业开始,到学生学会新知,并运用新知解决生活问题为一阶段,自始至终都要紧扣思维训练这一主线。

2. 为什么要以思维能力训练为主线?

传统的教学看重知识的掌握情况,只要能记住,不管运用什么手段,只要能取得好的成绩即可,追求的是结果;现代的教学理念是让学生学会学习,看重的是过程,追求的是方法。方法与思维能力才是人发展的"根"。无"根"求"果"是没有好"果"子的,也结不出"果子";只要有了"根"才会枝叶健壮,自然结就能结出"硕果"。　所以课堂教学中要以思维能力训练为主线、以掌握方法为目标展开教学。

3. 如何使思维能力训练成为教学的主线?

要使思维能力训练成为教学的主线,教学过程中关注思维能力是非常有必要的,要让思维训练成为暗线蕴藏在知识训练之中,教师要刻意地进行学生思维的训练,要让思维成为一种习惯,并要逐步强化,形成思维技能。

教师在组织课堂教学活动时至少要考虑到以下四点:一要让学生知道学什么,二要让学生知道为什么要学,三要让学生知道怎样学,四要明确学的方向和深度。方能够实现教师教学中的价值所在——"导"和"教"。

例如,五年级上册"用方向和距离确定位置"一课。

(1)让学生知道学什么,为什么要学

创设情境"我军在 A 处观察到敌方舰艇,作为观察员,请你描述敌方舰艇所在的位置。"如图 4-1 所示。

让学生身临其境,感受到学习这一知识的重要性。

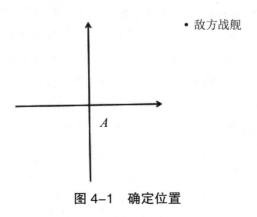

图 4-1　确定位置

（2）让学生知道怎样学

本节课要让学生知道如何在平面内用方向和距离确定位置，还要培养学生的空间观念。围绕核心问题"如何汇报敌方舰艇的位置"进行探究。让学生先独立思考，明确到要确定某一个点，是需要关注多个元素的。其次，通过小组合作学习交流，明确不仅要知道敌方舰艇所在地的角度，还要确定它与 A 点的距离，让学生知道怎样学。

（3）让学生明确学的方向和深度（学到什么程度）

设计实践应用的活动，让学生从平面图上找 B 点，提供的条件是" B 点在 A 点的东偏北 45 度方向 100 千米处"。学生因为有了探究 A 点的基础后，再回头，从图上找点 B 的位置，让学生明确到应该学到什么程度。

教学是面双刃剑，作为学生要做到以下四点，才能够达成学习的真谛——"真学"和"学会"。

一是学生要有足够的时间和精力按照导学作业的要求自主探究。

二是要用实事求是的态度来记录自主学习的成果。

三是要全身心地投入小组合作学习中去，同伴间互相取长补短。

四是要学以致用，把学到的知识运用到生活中。

二、树立"大课堂"意识

传统意义的课堂泛指实施各种教学活动的场所，这里的场所主要指教室。随着电子书包、电子课本、平板电脑、智能手机等各式各样的新应用，人们逐新认识到不断革新的技术与翻转课堂之间存在着某种内在的联系：先进技术为翻转课堂实施提供的可能性越大，翻转课堂为先进技术的应用提供的空间越广泛。翻转课堂与先进技术的这种"契合"，给当前网络环境下的课堂教学改革带来了一种"思考冲动"，甚至未来课堂的某些理念也可能在翻转课堂中找到影子。在以往的研究中，我们厘清了翻转课堂的基本要义，对翻转课堂的先进性和局限性进行系统深入的阐述[①]。但是这样的理论研究并未对翻转课堂的领悟产生一个令人满意的效果。翻转教学自身定位不好，容易产生师生关系"失位"、知识难度"越位"、适用对象"错位"等

---

①赵兴龙．翻转课堂中知识内化过程及教学模式设计 [J]．现代远程教育研究，2014(2)：55-61.

局限性。只有正确认识翻转课堂的内涵,厘清翻转课堂中学习是如何发生的,才有可能设计恰当的翻转课堂教学模式,提升课堂教学质量。[①]

实际上,现在流行的翻转课堂就是我们倡导的大课堂的一个缩影。

所谓"大课堂",就是打破传统课堂 40 分钟的限制,将"课前自主学习—课堂合作学习—课后实践拓展"三大环节融为一体的"大课堂"格局。

课前自主学习:即课堂学习前,学生在智慧导学作业的引导下自主学习,自主理解教材,自我重新构建知识体系。初步建立生活与知识的联系,并找出需要课堂讨论的问题。

例如,三年级下册"年、月、日"一课的课前导学作业。

1. 了解关于"年、月、日"的知识或小故事等,把你收集到的资料说给同学听。

2. 你认为关于年、月、日的哪些知识需要我们去记忆呢? 用图示、表格或者其他的方法进行整理,理出头绪,让同学一眼就能看清楚。

3. 圈出你整理的重点知识,请你当"小老师"讲给同学听。

4. 同伴交流结束后,要比一比谁收集的资料最丰富、谁讲的最清楚、谁整理的内容最全面。

上述案例中提出的要求就是对学法的指导,比如"说给同学听、理出头绪、圈出重点、比一比"等,给学生提供自主学习方法的指导,也是学习目标的指引。学生在完成问题驱动的导学作业的过程中积累了自主学习的方法和经验,提升了学力,这对他们的终身学习具有非凡的意义。

课堂合作学习是在学生独立探究导学作业之后,组内围绕个人在自主学习中提出的未解决的疑惑和发现的问题,去进行交流、探究、解疑。这一环节要充分发扬民主,让每个学生都参与其中,教师要做好引领者、组织者和指导者的角色,引领学生构建知识体系,拓展学生的视野。

例如,四年级下册"三角形内角和"一课的探究学习,可以采用"复习导入、多种方法验证、梳理提升、总结收获"的路径开展学习。首先,借助复习"三角尺中三个内角的度数是多少? 内角和是多少呢? "引发学生的猜想:"是不是所有直角三角形的内角和都是 180 度呢? 是不是所有三角形的内

---

①赵兴龙. 翻转课堂中知识内化过程及教学模式设计 [J]. 现代远程教育研究,2014(2):55-61.

角和都是 180 度呢？"。其次，让学生进行多种方法的验证。量角，或许是大多数同学的首选，在量角的过程中必然存在的误差，这将成为激发学生深入思考的动力；有折纸经验的同学会选择"折拼"的方法，把三角形的三个内角"折"在一起，能够拼成一个平角；有"剪拼"经验的学生会选择"剪拼"的方法，把三角形的三个内角剪下来再拼在一起，也能够拼成一个平角等。在这一探究过程中，学生是探究的主体，都是从个体的经验和认知方式出发，选择不同的操作路径，最终获得"三角形内角和是 180 度"这一结论。

这一过程中，教师的主导作用是做好两点：一是"引思"，即通过问题引导学生正确去操作，并在操作中思考；二是评价、鼓励，培养学生互相质疑、相互取长补短的学习品质。

课后拓展实践：课堂上获得的知识需在课后实践应用后，方可实现知识的内化。因此，课后作业不仅是知识巩固层面的作业，更应该有实践应用的作业，甚至是查阅资料积累方面的作业。

例如，三年级下册"年、月、日"一课的课后实践作业，让学生观察 2017 年的年历卡，看一看哪些月份第一天是相同的星期几，并思考背后的原因。这其实就是让学生综合运用日期中的周期知识，把新学的知识和已有的知识进行综合练习。如图 4-2 所示。

1. 仔细观察 2017 年的年历卡，圈一圈哪些月份第一天的星期几是相同的？

2. 尝试用所学的知识解释这一现象。

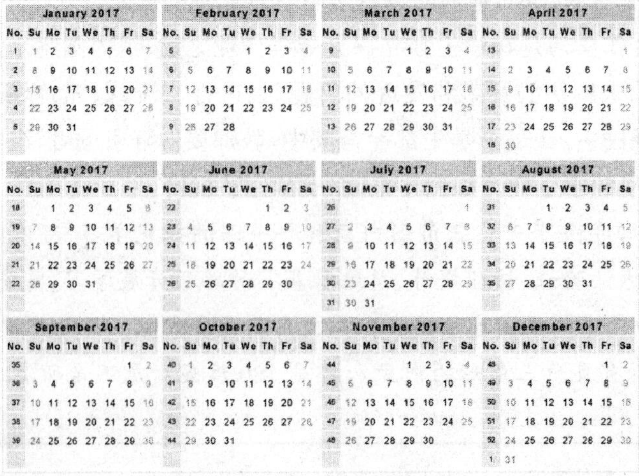

图 4-2 2017 年年历卡

第四章　基于导学的自主学习型课堂教学模式实施策略

数学学习的终极目标就是要运用所学的知识综合解决实际问题,课后拓展部分就是指向综合运用能力的培养。

传统课堂的教学,教师重结果轻过程,把学生当作接受知识的容器。教师的教和学生的学立足于利用课堂上40分钟时间完成教案。课堂成了"教案剧"出演的"舞台",教师是主角,优等生是配角,大多数学生只是"群众演员",成为"观众"或"听众"。在整个教学过程中看不到教师的随机应变,看不到对学生思维出现困顿时的点拨。由于教师课前忽视了对学生学情的分析和判断,导致与实际教学的起点不一致;课堂上好多知识都是学生早已知道的,备课找不准新旧知识的衔接点、沟通点、关键点,会使教学效果大打折扣。

我们倡导的"大课堂",打破传统的"40分钟"的课堂结构,将学生的"学"放在首位,把学生自主探究的过程作为重点,学生的学习经历、学习经验及探究所得的知识都是他们的学习成果。给学生足够的时间和空间去探究、去展示、去实践,才能真正落实以"学"为本的课堂理念,将"学"落到实处,让学生学会学习,能力才能得到提升。

三、落实"学本课堂"的理念

"学本课堂"是指能体现学生本体、学科本色、学习本位,以促进师生共同成长为核心的课堂,它是学生的课堂、本色的课堂、导学的课堂。其本质是教学生学,让学生学会学习,使课堂真正成为研究学、基于学、促进学的"学堂"。教师要真正站在学生的立场、学生的视域思考和解决问题,使学生有内在学习动机基础上的"想学",自我意识发展基础上的"能学",掌握一定学习策略基础上的"会学"。[①]

一是要"研究学"要求教师一定要充分地研究学情,包括学生已经掌握了哪些知识,形成了哪些技能,还需要拓展哪些思维等;要根据要教学的内容充分地研究课程标准、教学参考和课本,设计学生能够主动探究的活动,激发学生探究的欲望,让学生"想学";二是"基于学",课堂教学中设计的学习活动,一定要基于学生的学习活动,教师做的事情就是基于学生的学进行

---

①戴银杏. 构建基于儿童视域下的小学数学学本课堂的探索 [J]. 教学月刊: 小学版(数学), 2018(11): 6-9.

基于导学的自主学习型数学课堂的教学实施与评价

智慧的"导",教师和学生在学习活动中共同提高,教师要引导学生经历学习的全过程,不仅让学生掌握知识、掌握学习的方法,还要让学生明确知识学习中蕴含的数学思想方法,让学生能够积极主动的"能学";三是"促进学",通过反思评价、提炼学法,使学生掌握一定的学习策略,更根据本节课的学习目标衡量自己学到什么程度,能有效地进行自我评价,并能促进今后有效地进行学习活动,达到"会学"。

(一)基于导学的"学本课堂"学习模式

"学与导"两者之间的关系非常密切,课堂教学中一定是交互存在、相辅相成的。

1. 自主探究

学生根据导学作业进行自主学习,将学习的收获、疑问和未解决的问题记录下来,留作课堂上分享交流。

2. 合作学习

课堂上学生借助导学作业在小组内开展学习活动,人人参与,主动发表自己的观点,同伴之间能够互相质疑问难,解决自主学习中不能解决的问题,为全班的展示交流和梳理提升做好准备。

3. 梳理提升

本环节行为主体是教师,教师要引导学生围绕导学作业中的问题或者重点知识进行总结提升。学生根据教师的点拨引导进行自我的反馈,自我审视,肯定自己正确的做法,主动纠正自己不正确的观点,并能对自己的学习情况做出评价。同伴之间能梳理学法、梳理知识,互相取长补短。

4. 拓展延伸

综合运用新知识来解决问题,可以课堂上进行举一反三的练习,使知识融会贯通。还可以把新知识拓展到课外,进行实践应用,有效促进学生数学学习力的提升和数学思维的发展。

(二)基于导学的学本课堂行动策略

形成了"智慧导学—智慧指导—智慧评价"的教学策略,让学有效度、导有深度。

1. 自主学习策略

导学作业是学生自主学习的载体,学生根据教师设计的导学作业,明确了学习目标和学习、重难点。在自主学习的过程中掌握了基础知识,并且找出了自己未能解决的问题,学生认真完成导学作业。因为导学作业的类型不同,所以不同类型的导学作业关注的要点和行动策略也是不同的,具体如表4-1 所示。

表4-1 学习策略1

导学的方式	关注要点	行动策略
问题导学	1. 关键性问题 2. 问题解答的方式 3. 结论的形成	看:研读课标,研读教材,认真分析导学作业的内容 理:对导学作业上呈现的问题进行猜想、验证、归纳、概括等,梳理未解决的问题 练:巩固已经掌握的新知识,对新知识进行自主练习,同时进行检测 思:对学习的全过程进行系统反思,关注学习过程中的评价,对问题有积极思考和主动质疑的意识
"微课"导学	1. 微视频的策划 2. 微视频脚本的设计 3. 配套导学作业的设计	
实践探学	1. 提供科学的操作方法 2. 进行科学的猜想 3. 实际探究的验证过程 4. 实践结果的呈现方式	

通过导学作业的自主先学,旨在让学生通过导学作业的具体内容,经历"猜想、验证、结论"这样的学习过程,通过系列的学习方式,不仅利于教师了解学生的学习状况,把握学生在学习中存在的困难,而且在培养学生自主探究、主动质疑、自我反思等方面起着重要的作用。

2. 教师开发导学的行动策略

(1)架构知识体系,找准新旧知识的衔接点。分析教材内容时一定要知道知识基础、新学的知识,今后要学习的相关知识,而且要知道知识之间的衔接点是什么,有效沟通知识之间的联系,有助于进行建立知识体系(见表4-2)。

表4-2　自主学习策略2

关注点	内　容	分　析
已有的知识基础		
新知识的内容		
今后要学的相关知识		

（2）整合学习内容。依据数学知识体系分析，将数与代数、图形与几何、统计与概率、综合与实践四个领域中的相关内容，按照知识体系进行架构，有助于提升教师的专业素养。

①学情分析表如表4-3所示。

表4-3　自主学习策略3

知识点	学生掌握情况		学习目标	学习重、难点
	会	不　会		

②导学作业设计分析表如表4-4所示。

表4-4　自主学习策略4

原有知识基础	新旧知识间的衔接点	详情分析
		1. 情境导入 2. 异同点 3. 指导策略
要求： 1. 情境导入沟通新旧知识之间的联系 2. 分析学情，提炼核心问题和关键性问题 3. 对学生学习方法的指导要有效，学以致用		

③合作学习指导策略如表 4-5 所示。

表 4-5　自主学习策略 5

学习方式	关注要点	行动策略
小组交流	1. 小组成员要在组长的统一安排下合理地交流自己自主学习的收获,与其他成员进行学习互动评价 2. 根据小组成员的交流情况,组长要整理、归类,同时进行记录主要观点,确定要研究的主要问题 3. 组内开展学习活动,组长负责记录并提炼小组无法解决的数学问题	看:认真研读教材,认真分析导学作业的内容 理:导学作业上呈现的问题进行猜想、验证、归纳、概括等,梳理未解决的问题 练:巩固已经掌握的新知识,对新知识进行自主练习,同时进行检测 思:对学习的全过程进行系统反思,关注学习过程中的评价对问题有积极思考和主动质疑的意识
组与组间的展示	1. 小组与小组之间进行学习成果的展示与分享,一个小组展示,其他小组之间自觉地进行反馈,并提出自己小组与展示小组不同的见解和展示小组存在的问题 2. 教师要及时地参与到小组之间的展示中,适时地梳理不同小组之间提出的数学问题	
集体质疑	1. 全班围绕共性问题开展学习活动。在教师的指导下解决问题,找到解决问题的关键点	
师生合作	2. 师生共同就问题的解决提炼方法,提升学生的学力,为后续相类似的学生提供借鉴	

针对不同的合作形式,学生根据不同的数学问题开展交流展示活动。组内交流自主学习中形成的个性化问题;小组与小组之间交流合作学习的收获和组与组之间形成的共性问题;师生共同解决疑难问题、梳理知识结构,提升学力。

④教师智慧指导的策略如表 4-6 所示。

表 4-6　自主学习策略 6

智慧指导时机	智慧指导策略	智慧指导策略
1. 知识之间的衔接处 2. 推导过程的关键处	1. 导趣:引起兴趣,激发动机	聆听:对学生发言要用心听取,明确学生要表达的观点 观察:对每一位学生的学习状态做到心中有数,知道每一位学生掌握的情况
3. 概念方法的关联处 4. 知识形成的节点处	2. 导疑:激起疑问,深入探究	
5. 规律规则的提升处	3. 导法:指导方法,授以技能	点拨:点拨学生学习思路,让其明确学习方法 评价:评价学生学习表现,让其知道学到什么程度,学习状态如何
6. 思想方法的呈现处	4. 导思:点拨引领,激活思维	

⑤学生自主反思行动策略如表 4-7 所示。

表 4-7　自主学习策略 7

学习方式	反思内容	行动策略
自我反思	1. 学会了哪些知识?最喜欢的活动是什么? 2. 掌握了哪些方法?通过什么方式掌握的?	回:回顾学习历程,明确内容和方法 说:用举例子的方式进行列举 补:善于学习,做到取长补短
组内回顾	1. 解决了哪些数学问题?用到的方法有哪些? 2. 在解决问题的过程中,联想到之前哪些知识的学习?	

学习方式	反思内容	行动策略
集体总结	1. 有哪些收获？有哪些疑惑？ 2. 我要把知识拓展到哪些生活中去？我是这样拓展的？	拓：用数学知识去解决生活中的实际问题

⑥教师智慧评价策略如表 4-8 所示。

表 4-8　自主学习策略 8

学习方式	具体要求	行动策略
及时反馈	1. 教师都要积极参与,适时、适度、适量地评价反馈 2. 关注学生参与面的广度,交流的宽度和深度 3. 关注学生的生成性资源,突出学法指导	察：提取课堂上生成的宝贵资源 导：评价积极方面,同时也要疏导消极方面 评：评价学生的表现和用到的学习方法 展：给予学生充分的空间
分层检测	1. 根据学生的不同水平设置不同层次的作业,建议分为选做题和必做题。这样优等生能够"吃的饱",后进生能够"吃的好",让每一层次的学生都能在原有的基础上提升,亲身体验获得成功的乐趣 2. 关注学生的学习体验,特别是对不同层次的学生进行思维的训练,让学生养成思维的习惯	
学法指导	1. 针对不同的学习内容一定要提炼不同的学习方法 2. 把数学的思想方法作为一条"暗线"在课堂上进行体现,要求学生能够用举例子的方法阐述隐性的思想方法能力 3. 对优等学生进行数学思想方法的拓展应用	

（三）基于导学的"学本课堂"的案例研究操作体系

案例研究的操作包括"确定主题—制定计划—实践观察—深度反思"四大环节。

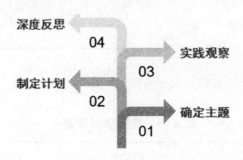

图 4-3　基于导学的学本课堂的案例研究操作体系

1. 根据要解决的问题,明确研究的主题

首先,针对教师的教和学生的学等多个视角存在的问题,收集典型,选择其中一个或者几个确定为观察点,作为研究的重点。

2. 主题明确,计划制定科学有效,易操作

研究主题的确定一定要基于学习中存在的真问题,结合问题来确定研究的相关课例,可以选择一个课时或者一个类型的课,开发观察量表。针对教学内容,明确学习目标;针对学习中的困难点,预设可行的解决方案;针对教学过程中的关键环节,设计实现教学目标、克服学生的困难的活动;针对学生在教学实施后获得的学习效果来分析提炼的结果是否真实有效。

3. 深入课堂进行实践观察,收集相关数据

授课教师上课,同组的其他教师进行观课,记录学生学习的全过程,收集观察数据。

（1）深入课堂,进行课堂观察活动。观察者根据观察量表详细记录相关的数据。记录时要客观、详实、有针对性、有计划地记录课堂上发生的小现象、小问题和学生的具体学习行为,记录资料尽可能详细、准确、有故事性,为后期课堂评价奠定基础。

（2）整理数据,具体分析观察的结果。观察者根据各自的观察表,详细记录观察到的课堂上的学习状况,这些相关的情境和数据是对本课例进行分析

与研讨的重要依据。数据来源于学生，同时又反作用于学生，科学有效地数据分析，能够及时地对教学过程中存在的问题做出分析和诊断，为整体把握课堂的结构层次、师生的主要教学任务和学生的认知水平做好铺垫。

4. 深度反思，开展评价活动

观察者根据观察量表把记录的情况进行分享、交流、碰撞，并与被观察者进行有效的互动、沟通，通过全方位、多角度的研讨交流，探寻有效的教学策略。

（1）评价教师对教学内容的把握可以反观学习任务的设计。只有学生能够顺利完成学习任务，才能说明教学内容设计是有效的，是科学的。评价，有效沟通了教师对教学内容的设计和学生对学习任务的把握。当然，导学作业设计的科学有效也可以促进学生自主学习活动的开展，对促进学生自主学习能力、合作交流能力和核心素养的发展有重要的意义。

（2）教师的智慧指导对学生思维的发展起着重要的作用。进行课堂观察时，观察者要具体分析课堂开展的学习任务，结合观察量表收集到的相关数据进行评价。同时，要分析学生表现出来的思维特点和思维水平，从而判断该学习任务达成度。

（3）教师的教学行为对学习效果起着重要的作用。教师在课堂开展教学活动后，学习效果如何？观察者可以通过分析导学作业的完成情况、当堂练习的解答情况、任务操作单的实践情况等。枚举课堂上的典型个例，分析学生的思维特点；枚举课堂上的易错点，分析学生的学习状况；枚举统计的数据，分析学生的学习效果，从而判断教师的教学行为是否有效。

（4）评价教学效果还可以借助课前、课后测的数据来整体分析。课前测的数据代表着学生学习新知识的前基础，课后测的数据代表着学生经过一节课的学习有哪些具体的收获，这一便于教师整体了解学生的学习效果，有助于从数据分析中提出改进教学的建议。

第二节　科学设计导学作业

　　导学作业是学生自主学习的方案,导学作业中体现了本节课的学习目标、重难点、学习方法和具体的学习基本要求,是课堂学习的实践路线;体现了学生探究、实践、体验的全过程,是开展基于导学的自主学习型课堂教学的关键起点。

一、导学作业的制定和运用

　　导学作业是学生自主学习的方案,也是教师指导学生学习的方案。导学作业的制定一定要基于学生,要从学生的角度出发,从学生的实际出发,对学生自学起到帮助和促进的作用,"学什么""怎样学""学到什么程度"是着力要重点解决的问题。

　　(一)设计导学作业

　　1. 导学作业的设计和编写原则

　　(1)导学作业要根据新课程标准的具体要求来设计,并依据本单元、本课时的具体学习目标来设计,既要涵盖课程标准的"三维目标"(知识技能、过程与方法、情感态度与价值观)的基本要求,也要着力培养学生的"四能"(提出问题、发现问题、分析问题、解决问题)。设计时做到以学生为本,有效设计学习目标,让学习目标的达成为制定导学作业的出发点,同时也是落脚点。导学作业的设计要成为学生自主发展的指南和实践路线图。特别强调的是,要把具体的学习要求和具体的方法指导作为导学作业设计的重点。

　　(2)"导"是导学作业设计的重点,它包括学习目标确定、学习内容枚举、学习过程展示和学习方法指导等多个方面,以"三线一面"[①]的形式把三维目标贯穿起来。

---

　　①导学案的制定和运用——《互联网文档资源（http：//www.worlduc.c)》

一是知识线。将知识点进行拆分、组合和重构,设计不同层次的问题,贯穿全课,也就是给学生一个自主学习的思路导引,这些都要基于学生的学习经验和认知基础。二是方法线。指导学生怎样分析,怎样思考,怎样操作是导学作业中对学生学习方法指导的具体体现,也是培养学生学习能力的具体设计。三是德育线。立德树人是根本宗旨,现下课堂教学活动中教师必须把这一理念作为知识传授、能力培养的首要条件。教师要善于挖掘学习内容中的世界观、方法论和情感价值,对学生进行正确价值导向的培养。只有"三线合一",让"三条线"成为相互衔接的体系,成为知识沟通的内涵,才能起到培养学生学习能力的有效手段,综合看起来,就可以形成一个均衡立体的知识、德育、能力的"面"。如图 4-4 所示。

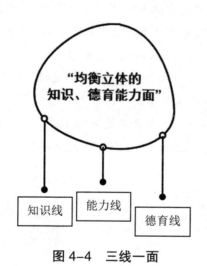

图 4-4　三线一面

2. 导学作业编写的原则要体现以下五点。

(1)主体性原则:在"做中学""做中思",确立学生的主体地位。

(2)导学性原则:教师在学习中起到"导"的作用,在学习过程中师生可共同参与,起到指导作用。

(3)探究性原则:设计有利于学生探究的学习内容,设计丰富完善的"留白处",有利于培养学生的创新意识。

(4)层次性原则:尊重差异,尊重学生,关照不同层次学生,满足不同层次学生学习的需求。

（二）导学作业的运用

（1）遵循学生的认知规律和学习规律，设计全过程的学习，将学习的重心前移，充分沟通知识在课前、课中、课后的发展和联系，实现教与学的最佳结合的基础就是"先学后教"。根据学习时间不同和教学任务的不同，可将其分为课前导学、课中导学、课后导学三类。

（2）导学作业的实施，使得学习的过程前移，课堂上就能留出大量的时间来多做练习，课堂上有层次的练习，有利于学生更好地掌握相关的知识，这样，课下教师就不需要留大量的巩固性作业，切实减轻了学生的课业负担。

（三）科学设计导学作业的价值

1. 利于学生初步了解新知

学生们在导学作业的帮助下，初步感知本节课要学习的内容。

例如，三年级下册《万以上数的认识》一课，对于大数"万、亿"在学生脑海中没有"概念"，学生只知道它是个很大的数，到底是几个有多大，没有具体的表象。为培养学生的数感，课前"微视频"的设计出示图钉的图片（如图4-5所示），让学生了解到一排小书钉是50个，一盒有20排订书钉，这样一小盒就是1000个。一大盒里面装着10盒，就是1万个。100盒就是100万个，对"万"这个数的概念就会直接感受到了。

小盒 1 000 个

大盒 10 000 个

图4-5　盒装的图钉

2. 利于缓解课上学习的压力

导学作业一方面缓解课上学生学习的压力，另一方面缓解课堂容量的压力。导学作业是前置性学习，也就是说课前学生可以根据教师的设计能完成一个或多个学习目标，为本节课的学习减轻了负担，课堂上就会节省出大量时间来增加学生的练习量，从而使学生的知识掌握的更扎实。

例如，一年级下册《人民币的认识》一课，课前布置导学作业学生回家搜集人民币的种类和面值,并根据所提供的"学具"(课本提供的人民币样图的图片)按照不同的标准给人民币分类。这样,在课前,学生借助"学具"对硬币、纸币有了感知,对各种面值也有了认识。教师课前对学生做的导学作业进行批改,会了解不同学生学习任务的完成情况,及时掌握学情。课堂上,就可以有针对性地调节教学策略,把探究重点放到人民币面值之间关系的互相转化上,缓解学习压力。

3. 利于沟通数学与生活的联系

学生在导学作业的引导下,感受数学与生活的联系,培养数学的眼光。

例如,三年级下册《平行与相交》一课,平行线和相交线可以从生活中常见的现象当中"抽象"出来。让学生结合生活经验,再从生活的其他地方探寻平行线和相交线的影子,不仅让学生了解数学与生活的联系,而且有效地培养了学生用数学眼光看世界的能力。

图 4-6　两条直线的位置关系

二、引导学生自主学习的策略

"学为中心,先学后教,以学定教"的教学理念目前已被广大教师应用于课堂教学中,"先学后教"要求教师思考学生"先学"的困难,在充分了解学生的学情基础上,设计出适合学生自主学习的导学作业,为学生的自主学习提供有效的"拐杖"。导学的目的在于让学生通过自主学习收获知识,并通过学法指导收获方法,在学生疑难处实现"导"的功能。[①]

---

①孙衣云. 例谈小学数学学案导学的策略 [J]. 小学数学教育,2017(1):55-56.

基于导学的自主学习型数学课堂的教学实施与评价

下面结合实例谈谈利用导学作业引导学生自主学习的策略。

（一）目标驱动化，有目的地学

"先学"的基础是要明确学习目标、重难点、学习方法的自主学习。

例如，二年级《四则运算（一）》导学作业设计如下。

1. 我会解决问题。

（1）公共汽车上有12人，中午途下去4人离去，又上来15人到来。现在公共汽车上共有多少人？

（2）滑冰场3天接待了930人。照这样计算，6天预计接待多少人？

温馨提示：请列综合算式来解决问题。

2. 我会列综合算式。

请把下面的分步算式变成综合算式、并说一说综合算式的运算顺序。

56−28=28 28+17=45

56÷7=8 8×4=32

3. 我会按运算顺序计算。

54÷9÷2 33+27+16

4. 我会发现题中的规律。

观察上述的算式，你找到它们运算顺序之间藏着的秘密了吗？把你的发现写下来。

上述案例中可以很清楚地看到，目标驱动下的学习活动，学生能够通过学习目标的引领，根据目标条理清楚地开展自主学习，明确学习目的。设计导学作业时，要求教师在每个学习环节中设计学习目标，学生根据学习目标和具体的学习要求，步步深入地引领学生开展自主学习，切实提高自主学习的效率。

（二）知识问题化，有体系地学

在"先学"环节，教师要借助导学作业将学习目标用"问题"的形式呈现出来，使其成为学生可阅读、可操作的学习载体。

例如，三年级上册《周长的认识》设计导学作业如下。

1. 认识周长

出示几个不规则的封闭图形（如图4-6所示），你能用彩笔描出它们的一周吗？

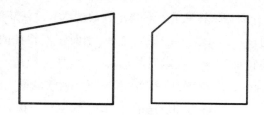

图 4-6 两条直线的位置关系

（温馨提示：封闭图形一周的长度就是它们的周长）

2. 认识学过的平面图形的周长

同学们都学过哪些平面图形？你知道它们有哪些特征？你能画出两个你学过的平面图形吗？

3. 请求出你所画的平面图形的周长，你能用多种方法来求图形的周长吗？

上述案例把知识点用"问题串"的形式串在一起，例如：你能描出图形的一周吗？你能画出你学过的平面图形吗？你能求出所画平面图形一周的长度吗？引导学生自主学习，很好地发挥了"导学"的功能。

（三）任务驱动化，激发学生有兴趣地学

把学习内容设计成学习任务是导学作业设计的窍门，这样的设计能有效驱动学生进行自主学习，有效激发学生的思维投入，学生的认知经验、知识现状和思维过程能够很好地体现出来。导学作业中学习任务的设计应适合学生的学情，并且一定要有利于学生的主动参与。所设计的任务不是简单的活动安排，应该具有一定的思考性、开放性和探索性，能有效地激发学生的探究兴趣。

例如，二年级下册《长方形和正方形的认识》导学作业设计如下。

任务一：准备一张长方形和一张正方形纸片。

任务二：观察这两个图形，你发现它们的边和角分别有什么特征？你可以在纸上重新画一个长方形和正方形，再次观察，看一下，两次发现的结果一样吗？记录你的发现，在小组中准备交流。

任务三：可以采用多样的方法来进行验证，把你验证的方法记录下来，在与同伴对比张找到更有效的验证方法。

任务四：思考整个探究过程，得到了什么的结论？是利用什么方法得到结论的？是利用什么方法探究的？利用这样的过程和方法还能得到什么？

学习任务的设计是本案例的精彩之处，平面图形特征的探究就应该从"寻找边和角的特征"这一最本质的内容入手，学生经历一系列的探究活动，通过折一折、画一画、观察、思考、验证等一系列活动得出结论，有效地培养了学生总结能力、质疑能力和反思的能力。在学生整个探究学习的过程中，教师适当的引导、关键时刻的帮助、及时的评价，能真正发挥任务的驱动性，有效地激发学生进行自主学习的兴趣。

三、科学编制导学作业

因课时知识的不同内容、课堂不同学习阶段、学生不同学习状况科学地编制导学作业，不仅能提高教学教研水平，提升教学效率和教学实绩，更能培养学生学会学习的能力，促进学生自主化发展。

（一）教研先行，为导学设计蓄养能量

学校通过定时间、定地点、定人员的方式，进行集体备课，努力实现资源共享化。"制定计划、专业引领、自我反思、同伴互助、协同提高"是我们要努力构建的校本教研模式。根据教研计划安排，教师提前进行课程标准的研究、认真研读教材、精心设计导学作业，并搜集其他参考材料做好准备，依据实际情况修订导学作业中的学习目标、重点、难点和方法提示。集体备课时，确定中心发言人，中心发言人起到核心作用，向同伴介绍自己是如何进行集体备课的，然后组内成员进行集体讨论，提出修改意见或者建议，中心发言人按集体的意见或建议对自己设计的导学作业进行修改。最后，集体智慧确定导学作业设计的终稿。

1. 课前导学，从关注知识到关注评价

例如，四年级下册《方程的意义》（设计一稿）

一、知识链接

填空（用含有字母的式子表示）

1. 小刚有课外书 a 本，小红的课外书是小刚的 3 倍，小红的课外书的本数。

2. 一辆卡车每次能运煤 m 吨，这辆卡车上午运了 5 次，下午运了 3 次，一天一共运煤的吨数。

3. 你知道长方形、正方形的面积公式和周长的计算公式吧！请用字母怎样表示？

二、自主作业

请同学们仔细阅读并思考课本第 2 至 4 页中的内容，回答以下问题。

1. 通常我们用什么字母来表示未知量？

2. 仔细分析信息，有哪些数量，他们之间的关系是什么？ 写写看：

①　_____

②　_____

③　_____

用含有字母的式子表示数量关系时，你能发现我们写关系式的方法或规律吗？

3. 根据等量关系式可以写出方程，请你比较一下，方程必须具备什么条件？

4. 方程和等式有什么关系？ 方程和等量关系式有什么异同？

不难看出，设计一稿中，设计者关注了新旧知识的衔接点，由复习旧知识入手，首先引导学生复习"用字母表示数"的内容，从而进行新知识的迁移，再进行分析题中的意思，根据题目中的意思列举"等量关系式"，然后将未知的量用方程表示出来。作业的设计一气呵成，有层次、有内涵、有个性。在整个探究学习的过程中，学生掌握的怎么样？ 教师如何能根据导学作业完成情况，了解学生自主学习的情况呢？ 这就需要在导学作业设计时做好评价标准，以此来判定学生的掌握情况。因此，在集体教研中就出现了第二稿的设计。

例如，四年级下册《方程的意义》（设计二稿）

四年级下册第一单元信息窗—导学作业设计—课前用（见表 4-9）

表 4-9　方程的意义

学习目标	1. 能用含字母的式子表示数量关系，知道天平平衡的原理。 2. 会用文字列出等量关系式，并用未知数表示出来。 3. 知道含有字母的等式叫作方程，方程是等式，但等式不一定是方程。

续表

知识链接	1. 完成视频中用含有字母的式子表示数量关系。 2. 天平两边平衡的关系可以用等式表示,会根据数量关系用字母表示出等式。
我的尝试与思考	1. 用含有字母的式子表示数量关系,如下所示： 小刚有课外书 a 本,小红的课外书比小刚多 4 本,小红有（　　）本。 2. 理解天平平衡原理 当天平两边放置同样重的砝码时,天平保持平衡。也就是说,天平平衡时它的两边同样重。 如果一边的砝码千克数是未知的,用怎样的式子可以表示出天平平衡的状态呢? 例如：$20+x=50$ 3. 借助天平平衡原理理解等量关系 出示信息窗图,引导学生阅读白鳍豚的文字信息,寻找等量关系。 2004 年的只数 +300=1980 年的只数 如果用含有字母的式子表示出它们的关系,怎样表示呢? $x+300=400$ 点拨：一般情况下,用字母 x 表示未知数。 二、自主探究 1. 按照刚才的思路列举几组等量关系,并用文字式写出来,再用字母式表示一下。（至少三组） 2. 你能发现我们写关系式的方法或规律吗?
我的收获与疑惑	

在经过集体备课调整后的导学作业,不仅设计的方式上发生了变化,从"环节目标、活动设计、评价标准"三个层面进行设计,关注了教师的"导",也关注了学生的"学"。设计上更有层次性,经历"复习用字母表示数—理解天平平衡原理—借助天平平衡原理理解等量关系—自主列举等量关系—根据发现写关系式的方法或规律"有效地将方程的意义分解在逐层的设计中。学生在利用导学作业进行学习的时候,就能够根据具体要求完成自主学习的任务。教师就可以根据学生作业的反馈情况,确定是否达到评价标准。

2. 课中导学,从关注过程到关注知识的重难点

传统的课堂教师关注的是学生的学习过程,而现在,教师应该关注学生的学,学生是如何借助导学作业开展学习活动的。课中导学作业是针对某一个知识点,一个重点或者难点而设置的,帮助教师更好地完成重难点的教学任务。课堂上教师不急于讲解,而是提供"微视频",同时提供"微课助学作业单"或者"自主探究任务单",引导学生先自主学习,然后教师在自主学习的基础上进行点拨、引领,让学生获取新知,这样既尊重了学生主动性,也给予了学生学习的空间,为学生自主发展搭建了平台。

例如,三年级下册《24 时计时法》。

三年级下册第二单元信息窗二导学作业设计——课中用（见表 4-10）。

表 4-10　24 时计时法

学习目标	1. 知道什么是 24 时计时法,会用 24 时计时法正确表示时刻。 2. 在比较 12 时计时法和 24 时计时法的区别与联系过程中,归纳出二者的转换方法。 3. 体会 24 时计时法在生活中的应用和价值。
知识链接	1. 普通计时法就是用凌晨、早晨、上午等时间词加上时刻来表示时间。 2.12 时计时法和 24 时计时法有区别也有联系,两者可以互相转化。 3.24 时计时法在生活中的应用特别广泛。

续表

<table>
<tr><td rowspan="2"></td><td>4. 请带着下面两个问题,仔细观看微视频。
（出示一天 24 小时的时钟的变化情况,利用"画曲为直"的方法把"圆形"的钟面转化为一把"时间尺"。）</td></tr>
</table>

	4. 请带着下面两个问题,仔细观看微视频。 （出示一天 24 小时的时钟的变化情况,利用"画曲为直"的方法把"圆形"的钟面转化为一把"时间尺"。）
我的尝试与思考	 2. 完成下列两个问题： （1）什么是 24 时计时法？ （2）24 时计时法和 12 时计时法两者的区别和联系是什么？ 表格： |	用哪些数字表示	是否要用加文字说明	是否分段计时	举一个例子说明两者的不同
12 时计时法				
24 时计时法					
我的收获与疑惑	

本课采用"大问题"教学的方式引领学生学习,课中导学作业的设计围绕两个大问题："什么是 24 时计时法？""24 时计时法和 12 时计时法两者的区别和联系是什么？"开展学习的,视频中借助直线型的"24 小时的

时间轴"和圆圈形的"12 小时的钟面"进行对比,将两种计时法的内在关联直观的呈现到学生面前,同学们通过观察、感受、思考,知道了两种计时方法的不同,了解了学习 24 时计时法的必要性。通过对比观察、分析、深化,提炼出 24 时计时法的特征,并最终抽象出这种计时法的表示方法。学生在这样的学习过程中,可以进一步体会概念的形成过程,逐步培养学生抽象概括的能力。"微课导学"的学习方式,从直观到抽象的教学策略,落实了"数学抽象"这一数学学科的核心素养。

3. 课后导学,从关注学习的结果到关注知识的脉络层次

关注学生在课堂学习中获得知识的脉络层次、个体学习差异性是对课后导学作业的要求。这里提到的课后导学作业不是预习性的作业,而是针对本节课的重点知识进行梳理、提升的系统性知识,教师提前设计好这样的"微视频"和"微课导学作业单",学生回家就可以根据教师设计的内容进行学习。"微视频"的内容一般采用思维导图的形式,整理成知识结构图,必要的时候还要搭配相应的典型题进行示范讲解。"微课导学作业单"就是给学生提供回家可以用的作业单,供学生边看视频边进行学习,当遇到不会做的题时,可以多次回放"微视频",弥补了学生个体差异导致的学习差距。

例如,三年级下册"24 时计时法"。

二年级下册第四单元信息窗三导学作业设计——课后用(见表 4-11)。

表 4-11　连续退位的三位数减法

学习目标	1. 能有条理的叙述计算连续退位的三位数减法时需要注意的问题。 2. 会正确计算:连续退位的三位数减法。 3. 锻炼自己思维严谨和叙述流畅的品质。
知识链接	1. 计算连续退位的三位数减法,要首先把相同数位对齐; 2. 计算时从个位算起,那一位不够减就从前一位借 1,在本位上加上 10,再减 。 3. 十位上有 0,就从百位上借 1,当成 10 个十,再从十位数借 1,当成 10。

续表

我的尝试与思考	1. 思考：计算连续退位的三位数减法时要注意什么？ 2. 帮助小明找错误 435-276=259 $\begin{array}{r} 435 \\ -276 \\ \hline 259 \end{array}$
我的尝试与思考	1. 竖式计算 432-153=　　　　　　542-169= 2. 火眼金睛辨对错 $\begin{array}{r} 615 \\ -457 \\ \hline 168 \end{array}$ 3. 解决问题 上午来了762位游客。　　　中午有275人离开。 这时候院内有多少游客？
我的收获与疑惑	

"连续退位的三位数减法"对二年级孩子来说是有难度的，一节课的内容不是所有学生都能掌握的，优等生能够跟上教师的步伐，中等生和后进生在回家自主学习时，就会遇到一定的困难。教师有意设计"微视频"就是助力部分当堂掌握不了全部知识的孩子，将"老师"带回家，可以把"微视

频"中罗列的知识点、分析的题型、设置的题组,进行多次回放,多次观摩,直到弄明白为止,同时完成教师设置的"课后导学作业单",这样"动、静"结合,促进学习目标的有效达成。

（二）问题引领,让学生学习深度发生

导学作业的设计,是在不断修改的基础上逐步完善的。经过多年的课堂教学实践,导学作业的设计也在不断地提炼和完善,我校结合正在研究的国家级课题《基于"大问题"导学的数学课堂实践研究》,以"问题导学"为核心的导学作业设计开展得非常有特色,也取得不错的效果。导学作业的功能也发生改变,更加关注生学生学情研判、核心素养的提升、问题意识的培养。教学中用"牵一发而动全身"的关键问题来带动整节课的提问设计,称之为"主问题"设计,"主问题"是相对课堂教学过程中那些零碎的、肤浅的、学生活动时间短暂的应答式提问而言的,它是指教学过程中起主导和支撑作用,能从整体参与性上引发学生思考、讨论、评析、创造的重要提问和问题。因此"主问题"设计逐渐成为教师课堂教学设计中的主要手段。

1."关键问题"架构课前导学作业

提升学生自主学习的能力,首先需要让学生知道"学什么、怎么学、学到什么程度",也就是明确自主学习的目标、方法和结果,如果不能厘清这三方面的要求,自主学习的开展就是盲目的、无措的、低效的,甚至有时候是无效的。采用关键性问题架构的课前导学作业,正好可以满足学生自主学习状态。

例如,五年级下册《圆的周长》。

五年级下册第一单元信息窗二导学作业设计（见表4-12）。

表4-12　圆的周长

学习目标	1. 知道什么是圆的周长。 2. 知道求圆周长的方法,认识圆周率。 3. 知道圆周长的计算公式,已知半径（或直径）会计算圆的周长。
知识链接	1. 复习已经学过长方形、正方形等各种图形,回顾它们的周长,思考一下怎样计算他们的周长。 　2. 围成圆的曲线的长叫圆的周长。猜想一下,你认为圆的周长可能跟什么有关系?你能探究圆的周长的计算方法吗?

基于导学的自主学习型数学课堂的教学实施与评价

续表

我的尝试与思考	1. 回家找几个圆形,分别测量它的直径与周长(保留一位小数),并记录在表格中。			
	圆的周长			
	直 径			
	2. 尝试计算,探究下圆周长和直径有怎样的关系?			
我的收获与疑惑				

导学作业的设计中几个关键性的问题能够引导学生探究的全过程,"猜想一下,圆的周长可能与什么有关系?根据测量的直径与周长的数据,你能探究一下圆周长和直径有怎样的关系吗?"问题驱动的导学作业,能够帮助学生积累自主学习的方法和经验,提升学生自主学习的学力,对学生学习目标的达成和学习效果的评价起着重要的作用。

2."关键问题"诊断导学目标达成度

学生通过课前导学作业的学习,效果如何呢?教师可以设置"关键问题"以此来诊断学生课前导学作业的达成度。

例如,四年级下册《平行四边形的面积》一课,如图4-8所示,如何选择合理的数据来计算平行四边形的面积?说出你的理由。

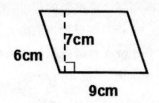

图 4-8　平行四边形的面积 1

学生进行了自主学习,但经过分析之后发现,学生会出现两种不同的解题方法:"$9×6=54(cm^2)$"和"$9×7=63(cm^2)$"。

第一种方法用"底×邻边"显然是错误的,但这就是学生自主学习的认知,这种错误的观点对学生正确建构平行四边形的面积求法是有意义的,教师可以利用这一错误资源,渗透"化错教育",会使学生记忆深刻。可以采取如下的两条方法让学生明晰思路:一是把平行四边形转化成长方形后,平行四边形的底就是长方形的长,平行四边形的高就是长方形的宽;二是转化的数学思想方法起着重要的作用,把"未知"的平行四边形的面积转化为"已知"的长方形的面积探究过程中,其中不变的量是真是存在的。在对比"底×邻边"和"底×高"的证实过程中,两种情况在学生头脑中不断地进行思辨、分析、矫正、提升。这样的问题情境对培养学生的思辨分析能力是很有必要的,当然,学生要想主动表达自己的观点,也必须具备很强的语言表达能力,长此以往的思辨分析,定会使得学生的能力越来越突出。

不难看出,学生确定研究的"主问题"是教师依据教学目标而精心设计的。教学过程中通过关键的问题引领,让学生先自主学习,再进行小组合作学习,小组之间讨论、思辨与探究,最后全班进行展示、汇报,同伴之间进行质疑、补充和提炼,对教学目标达成共识。当然,这种学习序列可能多循环的、是螺旋上升的,是不断递进的,师生之间对学习过程、问题解决过程、结论探究过程及时地做出效果评价有助于强化学生的系统认知,有助于总结学习中的规律,有助于完善解决问题的方法,引导学生提出需要进一步地研究更加深入的问题,让学生的学习真实发生是非常有意义的。

3. "关键问题"提升学生问题解决力

学生经历了课前导学作业的完成、课一开始的诊断性作业的反馈;小组合作学习交流和教师的点拨提升一系列的学习活动之后,对知识从"了解"

提升到"理解"的程度,提高到"掌握"的程度,需要通过设置课中"关键性问题"来,强化学生的认知,提升问题解决的能力。

例如,四年级下册《平行四边形的面积》一课的教学中,教师有针对性地出示两道题对巩固作业的追问。如图4-9所示。

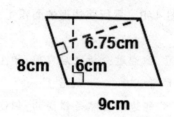

图4-9　平行四边形的面积2

第(1)题如图4-9所示,学生有两种不同的计算方法:"6×9=54(平方厘米)"和"8×6.75=54(平方厘米)",课堂上教师同时出示这两种方法,设计了对比,提出一连串的数学问题。

问题1:"这两种方法计算的是同一个平行四边形的面积吗?"

问题2:"计算这个平行四边形的面积能用底9cm乘高6.75cm吗?"

在两个问题的追问中,学生进一步地巩固了平行四边形面积的计算方法,平行四边形面积问题的能力得到了提升。

第(2)题:出示基本信息 $a=4cm$, $h=2cm$。

要求学生根据进行操作:首先,画出这个底为4cm、高为2cm的平行四边形;猜想一下你画的平行四边形和其他同学画的是一样的吗?

学生根据上述两个问题进行思考和辨析。

教师追加提问,引发学生的深度思考:"面积相等的平行四边形一定等底等高吗?等底等高的平行四边形面积一定相等吗?"

导学作业的一系列问题,从操作、想象、思辨这三个维度进一步培养了学生发现问题和解决问题的能力。

(三)课后拓展,提升学生综合运用能力

就运用所学的知识,综合解决实际问题是数学学习的终极目标,指向学生的综合应用能力的培养是小学数学课后拓展的主要任务。费赖登塔尔认为数学从现实中来,并存在和应用在现实生活之中,它应该是把现实问题转为数学问题的过程,这是学生应该学会的。[1]教师应该及时地掌握学生积累的数学活动经验的情况,课堂教学时适当地帮助学生进行有效迁移,对提高学生的学习效果会起到积极的作用。

例如,在教学《长度的测量》一课时,多设计让学生能够动手操作的机会,让学生在实践操作中收获知识。设计课后拓展的导学作业可以采取多种多样的形式:设计学校操作、走廊、教学楼有多长和多高的问题,让学生去实地勘察、测量。在布置实践作业"我们的教学楼有多高呢?应该怎么样测量?"后,课堂上学生汇报时,分别交流出了不同的方法:有的学生利用绳子测量的方法,测量二楼到一楼的高度,再计算教学楼的高度;有的学生是利用实践活动中"影子的长度"中获取的经验,首先是测量了 1 米长的竹竿与这个竹竿的影子长度,再测量了教学楼在地上的影子的长度,最后利用投影的关系计算了楼房的高度;还有的学生非常信息,通过观察教学楼墙壁上介绍的房屋信息找到了教学楼的高度,并记录下来等。

亲自经历、亲手操作、亲自体验的活动,有助于学生获得直接经验。学生经历自己的思考,并适当地进行拓展延伸能得出间接经验,这样才会有效地保证学习质量。让学生自主地进行实践活动,帮助学生积累数学基本活动经验,可以有效提升学生的数学素养。

第三节　组建有效合作学习小组

合作学习是以生生互动为主要特征的学习,基本形式是学习小组,利用教学中的动态因素的互动,才能有效促进学生的学习,要整体评价学生的团队成绩,为达成共同的任务而实现的教学目标的教学活动。

小组合作学习的研究应基于课堂、立足课堂,厘清小组合作学习目标,从小组合作学习的不同角度追求其有效性,教师要关注学生合作方法和合作能力的培养,关注教学过程中有效手段的运用,关注小组合作学习活动的设计等。

---

[1]匡银军.基于三大落点,积累活动经验[J].小学数学教育,2017(23):13-14.

基于导学的自主学习型数学课堂的教学实施与评价

一、小组合作学习操作要点

基于导学的自主学习型课堂教学模式,在具体实施过程中,对小组合作学习要提高要求,合作前,要充分调查教师和学生在小组合作学习中存在的现实问题,结合校情、班情、学情,研究不同学段的学生年龄特点。

（一）小组合作学习

两个或两个以上的学生或群体,为了达到共同的目的,互相之间在行动上相互配合称之为合作。

承认课堂教学为基本教学组织形式是开展小组合作学习的前提。以学生的学习小组为载体,教师要指导小组各成员展开合作,充分发挥群体合作的积极功能,提高个体的学习动力,激发学生的主动性、创造性,使其在课堂教学中得以充分的发挥。

基于导学的自主学习型课堂教学模式中的合作学习,将导学作业作为课堂主线,小组成员共同解决导学作业中存在的问题,小组成员人人参与其中,围绕共同的学习任务达成共识。

（二）为什么要进行小组合作学习

1. 从宏观意义来阐述

素质教育提倡学生主动地获取知识、合作交流,勤于动手,这就要求我们推行小组合作学习教学模式。

（1）推行小组合作学习给学生创设了相互了解、相互交流、互相协作的机会,培养学生良好的学习品质和社会适应能力。

（2）推行小组合作学习能培养学生的自主性和独立性。

（3）推行小组合作学习为学生提供了更多的锻炼机会,更能促进学生的全面发展。

2. 从现实意义来阐述

小组合作学习有利于解放教师,提升学生的合作自学能力。

（1）从解放教师层面来说,培养优秀的小组长,就相当于多了"臂膀"。小组长可以利用交流时间,检查组内同学的作业完成情况和对新知识的掌握情况,并且在小组交流中发挥核心作用,提升全组同学的倾听能力,激发学生积极思考。小组长能在全班展示环节充当"小老师"的角色,引导学生进行质疑问难,引发思考,并能进行合理的评价。

（2）从提升学生的合作能力的层面来说，小组合作学习培养了学生的角色意识，有利于学生各方面能力的提升；培养了学生的合作意识，交流时组内产生质疑互动，从而形成生生互动的课堂，达到"用最短的时间解决最艰巨的任务"的效果。

（三）小组合作学习目标

不同的年级对小组合作学习达到的目标要求各不相同。如表 4-13 所示。

表 4-13　小组合作学习目标

级别	职　责	思维深度	评　价
低年级	1. 小组长具备一定的组织能力，能组织小组内其他成员进行交流。	1. 组员能在组长的指挥下有序地进行交流。 2. 要求组员交流出自己是怎么做的、怎么算的。对为什么这么做、为什么这么算的交流，不做要求。	1. 组内交流时，其他同学要学会倾听。 2. 组间交流时，组长代表本组交流展示结束后，要进行组间的互动："你们有没有不同意见？""你们有没有补充的？"等，通过类似的语言，培养学生质疑和评价的意识。

续表

级别	职 责	思维深度	评 价
中年级	1.要求分工明确,任务具体:组长,负责组织小组成员间进行讨论与合作;操作员,负责在小组交流时配合讲解员进行学具的操作展示;记录员,承担着记录、整理本组交流、讨论或合作学习的成果;汇报员,具体任务是负责将小组合作的成果在全班同学面前做出准确的汇报。小组各成员能按照分工进行合作学习。	1.组员能自觉能表达自己导学作业情况,并对其他组员提出的观点,主动质疑、主动肯定。 2.交流导学作业时,不能仅仅交流答案,要对自己的解题思路有明确的讲述,不仅交流怎么做、怎么算,而且要交流出为什么这么做,为什么这么算。	1.小组成员在组长的组织下学会倾听,学会补充,学会评价。 2.组间交流时,小组内的成员要根据其他小组互动的需求随时配合组长共同表达自己组内的观点。联络员要随时关注其他小组成员的参与情况,及时提问或追问,做好联谊的服务。
高年级	1.小组成员非常清楚自己的职责和分工。 2.小组交流时。小组成员就能有序地进行交流。	1.小组成员对组内其他成员交流的情况,都能进行有效反馈。 2.小组成员都能迅速掌握自己组内达成的共识,都能作为发言人,代表小组进行全班展示和组间互动。	1.在他人交流的同时学会思考,主动地进行质疑,进行补充,进行评价。 2.评价时既能关注到本组观点的正确与否,也能根据其他小组交流的情况,调整自己小组的观点。

（四）怎样进行小组合作

1. 组员的分工

小组合作学习中分工是否明确,在整个小组学习活动中起着举足轻重的作用,低年级小组合作分工需要教师的安排,中高年级小组成员们根据合作任务自己商讨,设计交流方案,当然,一开始实施小组合作时教师可以辅助学生。

例如,三年级上册《条形统计图》一课的教学中,小组合作学习的任务是调查本班级学生喜欢的图书类型,要求将统计的数据先做成统计表,然后画出条形统计图来进行分析。

（1）小组长分配任务:2名学生负责数人数,1名学生完成统计表的填写,另外1名学生根据统计表完成条形统计图的绘制。

（2）小组共同完成任务之后,在组内交流自己组的做法,进行全班展示前的"预演"活动。首先,组长统筹安排,要求每一个组员轮流发表自己的观点,其他同学先倾听,然后发表自己不同的观点。其次,组长安排一名同学进行记录大家交流的不同观点。小组交流时,如果出现不同意见时,组长应该引导组员深入思考,追问个为什么？还可以请组员说出理由；如果小组交流出现"冷场"的现象时,组长应该及时"救场",主动带头先发言,起榜样和表率的作用。

（3）全班交流环节,全组成员集体展示,组长发言,其他组员各司其职,进行补充、联谊、配合。组间互动时,其他小组有不同意见时,可以全班进行交流、互动。

2. 小组的组建

小组是讨论和探究的基本单位,每个小组可以由4～6名学生组成,但这4～6名学生的组织需要考虑学生自身的性格品质、学习成绩、教室内座位分布等方面的情况,尽量能做到性格互补、学习成绩有高有低、座位相邻。小组一旦形成,在一段时间内应保持成员的相对稳定。

例如,一般前后两张桌子的同学组合成一个小组比较科学（见图4-10所示）,能有效促进学生的倾听。

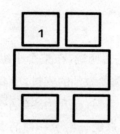

图4-10　教室内的座位图

在一节公开课上,捕捉到这样一个现象:小组交流时,其中一个小组中的两名成员,不听同学是如何交流的,一直在玩小动作,毫无参与意识。究其原因就是,受教室座位的影响,最后三张桌子的六名同学被安排成一个小组,小组交流讨论时,因全班都在互动,声音较为复杂,发言的同学的座位位于最前面,第三张桌子的同学听不清发言者说的话,于是就出现了不参与的情况。这样就会出现"少数学生唱主角,多数学生做陪客"的现象。

另外,还应该避免"个人英雄主义"的情况,学生之间往往自然也有一个"被崇拜、被认可者",因此在交流时,这位"优秀学生"无论说什么,其他同学都喜欢"跟庄",一点也不反驳,甚至出现错误答案,学生也深信不疑。更有的学生连听都不认真听,只是跟着点头说"对"。针对这种情况,首先在分组时既要考虑能力水平的差异,还要考虑他们的性格、情感特征等非智力因素,保证每组人员都有好、中、差,从而实施"组内异质,组间同质"的原则。其次要把握的原则是男女搭配,也就是要求各个小组内的男女比例要基本相同,有效地做到优势互补,起到促进组内的合作与组间的竞争的作用。

根据上述案例中的现实情况,建议各年级小组合作中分工要明确,每个角色的具体任务要清晰,表4-14就是小组分工指导的具体任务。

表 4-14 小组分工指导的具体任务

级别	分工情况	具体任务
低年级	小组长尽量固定不变,组织其他小组内的成员进行交流	1. 组长指定一人交流,其余补充订正 2. 组长能代表小组进行集体交流
中年级	小组成员明确自己的分工,能根据自己的分工,进行有序交流	1. 能在小组中达成共识 2. 选出一名代表,交流本组的成果。当出现意见分歧时,组长要主动质疑,请组员说出理由 3. 后进生弄懂疑难后,要马上修改完善自己的导学作业
高年级	1. 每位成员都清楚小组内自己的分工 2. 各小组成员的分工应该是轮换进行的,让每个学生都应该体验四个角色所承担的工作,而且要都会做	1. 组长组织,后进生优先回答,其他同学补充。每位成员要具有质疑和释疑的意识和能力 2. 收集组员在交流中对同一问题目所作出的不同答案,可以做一些简单的记录 3. 后进生弄懂疑难后,要马上修改完善自己的导学稿。组内解决不了的问题,要作为展示内容在展示环节提出来并得到解决 4. 每位成员都能代表本组进行集体交流。出现遗漏,其他成员能主动补充

（五）教师在小组合作中有针对性地进行指导

小组合作要有效开展,离不开教师的有效指导。

首先,建立合理分工的意识,让学生感受到小组进行合理分工的重要性。

例如,一年级下册《厘米的认识》一课,教师布置小组合作学习任务:用尺子测量数学课本的长、文具盒的长、课桌面的长等,并及时地做好记录。教师课件出示合作要求后,指导本小组学生进行合理分工,教师应该有意识地指导其中一个小组,让这个小组的学生较快地完成学习任务。在全班展示交流环节,让该小组与大家分享成功的经验,让全班学生都感受到小组合作学习时进行合理分工的重要性。在小组培养初期教师就应该进行"有意"指导,给其他小组起到榜样示范引领的作用。

其次,要培养得力的小组长。优秀的小组长有很强的组织和调控能力,这样才能有效促进小组合作学习的开展。小组长的培养和指导是非常重要的,要让小组长明确注意事项,对小组长进行指导、培训是至关重要的。第一,小组长要起带头作用,先做好自己分内的事情,主动发言、主动思考、主动参与到合作学习中,树立小组长的"范"。第二,要履行小组长的职责,指导小组开展合作交流时,对小组成员的安排要有序,分工要科学合理,不仅保证小组成员都有表现的机会,而且还能利用他们的个性特长,展示出本组合作学习的魅力。如表 4-15 所示。

表 4-15　不同年级的指导标准

级别	指导标准
低年级	1. 利用小组分工的固有模式,进行合理分工的指导 2. 利用榜样的力量,优秀小组进行展示,其他小组互相借鉴、互相学习
中年级	1. 分工要合理,安排要有序,让小组成员都有表现的机会,并能在小组中达成共识 2. 教师积极地参与小组的合作学习中,及时了解学生开展合作学习的进程,对有需要的学生及时给予帮助,在学习过程中给学生起示范作用,教给学生必须的合作技巧,形成合作技能

级别	指导标准
高年级	1. 对小组成员提出明确的要求,一人汇报时,其他小组成员必须认真倾听,随时质疑,能纠正别人的错误,通过汲取、归纳别人的优点来完善自己的想法 2. 小组内要结合学习任务达成共识,并在组内策划出全班交流展示的方案

（六）提高小组合作效率的实施标准

小组合作学习要顺利开展,必须制定切实可行的实施标准,并且要求教师和学生牢记这一标准,能有效地提高小组合作学习的效率,如表4-16所示。

表 4-16　小组合作学习的实施目标

关注点		实施标准
教师的措施	小组的组建	按照"组间同质,组内异质"的原则组建小组,要求组内有明确的分工
	合作技能的培养	教会学生倾听、表达、纠错、归纳、记录的能力
	合作方式的选择	让学生知道多种合作方式,包括小组合作探索、组内互查纠错等
	导学作业的设计及使用	导学作业设计合理,并能在各环节中被充分利用
	教师的角色设定	能充当学生合作学习的指导者和组织者,恰当地进行引导、点拨与示范
	评价机制的运用	1. 对小组合作的思维成果进行评价,指导学生统一认识 2. 对小组合作的活动情况进行评价,培养学生的团队精神和合作意识

续表

关注点		实施标准
学生的课堂表现	合作技能的培养	在教师日常教学的培养下,有合作意识,知道合作的目的在于达成共识
	合作方式的选择	能按照合作研讨规范进行合作、在合作中交流情感,达成目标
	导学作业的设计及使用	发言符合课堂规范,在表达中能体现出成果是小组共同探讨所得
	教师的角色设定	能较好落实讲题规范,围绕问题中心阐述自己或小组集体的观点或方法
	评价机制的运用	能指出其他小组或同学的优缺点,会汲取别人的长处,纠正自身的不足
	合作技能的培养	有较强的问题意识,主动提出问题,敢批判,质疑和发表不同见解
教学效果		通过全员的积极参与,能较好达成预设的教学目标,又能很好地完成生成性目标。促进了学生知识结构形成和基本能力的发展,不同层次的学生有不同程度的收获

二、小组合作学习中有效倾听的策略

小组合作学习的开展不是一件简单的事情,不能只注重表面热闹而缺乏合作学习的实效性。表面上的热闹,主要原因是学生缺乏良好的倾听习惯,倾听是一切教学活动有序开展的首要条件。

(一)随时"复述"

针对不会倾听的现象,可以采用复述与转述的方法。即在小组交流中,通过让小组长指定一位成员要重复或转述别人的话语所表达的意思,目的是让全体成员能够集中注意力、心无旁骛地专心倾听。学生要想重复别人的话语,或者不变意思地转述别人的观点，前提就是要认真倾听，并不断地思考，开启思维，进行有意的记忆，才能正确地表达。

例如，四年级《平行四边形的面积》一课，小组活动场景如下。

伟（组长）：今天由璇来交流答案，请大家认真倾听。

璇（组员1）：我发现两个完全一样的等腰梯形拼成一个平行四边形。（一边说一边演示）

伟：杰，你听明白了吗？你来复述一遍孙艺璇刚才的话。

杰（组员2）：两个等腰梯形能拼成一个平行四边形。

雨（组员3）：不对，应该是两个完全一样的等腰梯形能拼成一个平行四边形。不完全一样的等腰梯形不能拼成平行四边形，你看。（他拿着两个不一样大小的等腰梯形演示着）

伟（组长）：杰，请你再说一遍。

杰（组员2）：两个完全一样的等腰梯形拼成一个平行四边形。

课堂上，对重点的知识组长要对组员提出明确的要求，要求每一位成员都能复述，要求大家互相监督，共同提高。也许，这样的训练耗费了大量的时间，但是经过一段时间的训练后，每一位成员都形成这样的意识，从而形成这种专心倾听、完整复述的技能。

（二）要有"耐心"

小组合作交流时，学生一听小组开始交流，就纷纷嚷起来，往往会走偏，一个学生的观点被否认，就会吵个没完，很多学生就是在"对、不对、对、不对"的轮回中吆喝着。学生没有耐心听别人讲完，也不明白别人为什么这样想，因此要求在小组交流的过程中，要耐心地听完别人表达的意思，不能随便插嘴。必须要听别人全部表达结束后，才允许发表自己的观点。如果其他发言的同学有错时，一定要等该同学把观点表达结束后，才能允许交流，这样可以清楚地了解他为什么这样想的，再用合适的方式表达自己的观点。如果发言人表达的意思是自己赞同的观点，可以及时地作出评价，"我同意你的观点，我也是这样想的……"。

例如，遇到喜欢表现的学生，小组长要善于喊"停"。旻、林、亮等特别喜欢发表自己的言论，并且不等别人说完就想补充或提相反的意见。"再听一听，看他说的跟你的一样吗？"小组长及时提醒他们要耐心听别人讲完再发表意见。时间长了，渐渐地在小组交流时，这些同学都能耐心地静悄悄地听别人的见解。

（三）及时"评价"

1. 组长对组员进行评价

充分发挥小组长的能动性，给予他们一定的"权利"，让小组长根据小组成员参与的情况做好记录，并根据评价标准进行合理的评价。当然，要指导小组长放低对于后进生的要求，只要认真听并能基本复述下来就给予较高的"评价"，这样促使后进生在小组交流时认真倾听、动脑记忆，并且也锻炼其表达能力及理解能力。

例如，案例一中的伟小组，杰（后进生）开始他的计分每次都是2分，在小组长的悉心引导下他的开始每次以4分来计分，说明杰同学认真倾听，并且积极性也特高。在回答完问题后就用期待的眼神问小组长，"我听得对吗？我说的还完整吧？"当得到小组长的肯定时，杰高兴地眉飞色舞。有一次他高兴地对我说："老师，我能认真听同学的话了，我也能复述完整了。"

2. 教师对学生进行评价

每一位发言的同学都渴望得到别人的认可，无论是学生的评价，还是教师的互评，这样，发言人会获得成功感，也是发言价值的体现，因此，评价应以激励为主。要把"不求一下成功，但求点滴进步"时刻放在心中，并作为评价的宗旨。

例如，四年级下册《梯形的面积》一课，在学生交流完"用两个完全一样的等腰梯形拼成一个平行四边形"时问他们小组中的一名学生："你听出他强调了什么吗？"学生完整地复述后对学生评价："你听课真认真！""你有一双善于倾听的耳朵！"等，寥寥数语，却让学生感受到成功的喜悦，发言的学生能感受到自己的进步，体验到成功的快乐，这样，也有助于学生学会倾听，更加重视倾听，学生就会更加注意倾听；这样也能检查出这个同学在小组交流时是否认真倾听。当然学生能回答上问题来，相应的小组长就会给这个学生在班级的小组评比台上对应的贴上一颗星。这是一种荣耀，能激起小组间的竞争，也更能激发学生认真倾听争取给自己贴星，让小组争当第一。

总之，培养学生有效倾听的能力，使学生养成良好的倾听习惯，对人全面素养的提高起推动的作用。学会倾听，也就学会了尊重别人，学会了真诚处事，学会了关心，学会了与他人合作。

著名心理学家威廉·詹姆士说过："播下一种行为,收获一种习惯;播下一种习惯,收获一种性格;播下一种性格,收获一种命运。"可见,习惯的力量是巨大的,只有养成良好的学习习惯,才能转化为学生自身的素质,对学生的一生产生深远的影响。当学生慢慢感受到有效倾听的魅力,感受到有效倾听带给自己的快乐时,我们的课堂上的小组合作学习环节就不仅有活跃、热烈的讨论、争论的场面,也会有静静的倾听和思考的情形。

三、小组合作学习中讨论的有效策略

讨论是数学学习中很重要的学习方式,也是小组合作学习中非常重要的一个环节,有效的讨论能够激发起学生的学习兴趣和探究欲望,并让学生在讨论中获得活动经验和探索方法,从而拓展思维,提升数学学习品质,为今后的学习打下良好的基础。

(一)讨论时机的准确

小组合作学习以探究学习为主,课堂上的讨论是必不可少的环节,把握讨论的时机不仅能提升课堂教学效率,也能有效启发学生思考。

例如,在教学三年级《周长的认识》这节课时,设计矛盾冲突,让学生测量图中长方形和圆形的周长(见图4-11),目的有两个:一是让学生知道测量周长的方法;二是感知平面图形的周长是可以度量的,而且是可以进行大小比较的。

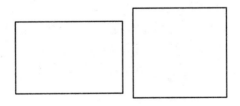

图4-11　周长的测量

组织第一次讨论活动,问题是"如何测量这两个图形的周长?"在小组的引导下,学生互相讨论,组长对不明白和有争议的问题进行记录。经过整理后,学生汇报了这样一些问题:(1)圆形的周长用尺子不能测量;(2)是否可以把圆形剪下来,再用尺子进行测量。学生有了初步的思考,提出了一个问题和见解,得到教师的肯定和鼓励后,教师准确把握时机组织第二次讨论:

"求出这两个图形周长的大小,比较谁的周长长一些"。小组再次进行合作,长方形的边是直线可以用尺子来直接测量;圆形的边是曲线,可以找一个线绳来进行测量,其实就是利用了"化曲为直"的方法。在学生思维出现疑惑时,准确把握讨论的时机引导学生讨论,不仅明晰了周长的概念,而且了解到测量周长的方法。

(二)讨论形式的多样

数学课堂上的讨论都是有明确目标的,是为解决某一个重难点问题开展的活动。课堂的讨论一般都采用小组合作学习的形式,小组长主持,安排主发言人,其他同学轮流发言或者相机补充。

例如,在教学三年级《时、分、秒的认识》这节课时,是这样设计和实施的。第一次讨论是明确钟表上大格、小格与时、分之间的关系。教师提出有价值的问题:"钟面上有多少个大格?每个大格里面有几个小格?一共有多少个小格?这些大格、小格和时分有什么关系呢?"组长根据问题难度安排组内学生发言,其他学生认真思考并补充。自己的疑惑和问题提出后,在小组内解决,不能解决的由组长记录,全班交流。第二次讨论,区分时间段和时刻。让学生举例子说明"2小时15分和2时15分"的区别,这个问题难度较大,不是所有学生都能够明白的,小组长在引导学生思考时可以采取抢答的形式来促进学生积极思考,积极表达,并及时地总结结论,同伴之间在互相讨论和补充中深刻体会时间的意义。

(三)讨论内容的引导

合作学习的特点是充分发挥合作共同体的智慧,为了培养学生的主动探究能力和思维发展,在讨论的内容上一定要加以引导,一方面给学生时间和空间,让学生打开思路、拓展思维,另一方面又要尽量将问题控制在所学范围内,让学生的探讨围绕核心知识展开。

例如,在教学三年级《分数的初步认识》这节课,设计了如下的问题情境:"中秋佳节团圆时,全家要分月饼。如果把一个月饼平均分成两份,每一份是多少?每一份和整个月饼的关系是什么?"经过探究后,及时提出第三个问题:"半个月饼用什么符号来表示?"这个问题的价值是引起学生思考,激发学生的创作热情,小组内进行探讨后选出一个最简单、直观且容易书写的符号,然后进行全班交流。经过全班讨论后,再提出第四个问题:"哪中表示方法更像数学符号呢?"到这里,讨论的内容都是教师预设之中的,如果省略了第二个问题,那么对"半个月饼和整个月饼的关系"学生就无法理解。深入认识和理解分数的意义时,学生就无法体会"1"和"2"的关系是部分和整体的关系。如果对第三个问题完全放给学生,不进行优化,那么学生也就体会不到数学的简洁性和直观性,也许会把数学课变成美术课,创造出各种复杂的符号而背离本节课的主题。第四个的价值更是显而易见,不再赘述。由此可见,在进行讨论时,讨论的内容,教师必须加以引导,引领讨论的方向,使讨论更加合理、科学、有效。

（四）讨论过程的推进

讨论的节奏需要教师把握,当然教师对讨论的时间和推进过程也必须做到心中有数,既要保证讨论能够充分的开展,又不能浪费任何时间。

例如,五年级上册《长方体和正方体的认识》一课,利用课前导学作业引导学生认识了长方体的面、棱、顶点,这是最基本的概念,重难点是长方体基本特征的探究,教师设计了有针对性的研究表格,锁定研究范围,如表4-17所示。

表4-17　长方体和正方体

	面	棱	顶点	其他
长方体				
正方体				

设计有针对性,直奔主题,为研究、交流和讨论节省出大量时间。讨论交流阶段,在小组内共同合作完成表格的探究,共同商讨长方体和正方体特征的表述方式。全班展示环节,选取一个小组进行汇报和展示,其他小组有针对性地进行补充。在教师的合理引导下,讨论的过程顺利开展,能有效激发学生不断地思考,个别小组能交流发现长方体和正方体的新特征,这也为小组之间的质疑和讨论提供了机会,不断地拓宽学生的思路,让学生在不断的思维碰撞中逐渐走向问题本质的深入探究中去。

总之,讨论是小组合作学习的教学模式中最重要的环节,把握讨论的时机、开展多种形式、引导不同内容、推进讨论的过程等方面,进行全方位研究和优化是教师的责任,从而,能让合作学习变得高效。

第四节　开展系列研讨活动

要确保课堂教学顺利开展,打造高效课堂,仅有一个好的教学模式是不够的,还要有扎实的教研活动作保障。教研活动一般采用线下和线上教研相结合的方式,主要以线下"面对面"的教研为主。教研范围可大可小,可以是区域内的教研、学校共同体间的教研、名师工作室的教研、校级学科组的教研、教研组内桌边研讨等。我们通常采用主题教研的方式进行,这样的教研,针对性强,教研效率高,能有效解决教学过程中存在的现实问题,并有效地促进教师专业成长。

一、主题教研的背景与内涵

教研全称是教学研究。《现代汉语词典》对"研究"一词有两个解释：一是探求事物的真相、本质、规律,二是思考和商讨。[①]不难看出,研究有两个层次,一种是相对专业的,可能相对较难,另一种就非常普遍,简单,就是一起去探讨,共同思考着,寻求解决问题的答案和方法。我们平时做的教学研究,就是针对教学中存在的需要解决的突出问题,运用一定的方法,有目的、有计划地去探索其规律的研究活动。

所谓主题教研,就是教师在有目的地解决自己教学问题的过程中促进自我提高、发展的一种教研活动。

主题教研主要有以下几个特点：一是目的性和针对性较强,教师把平常教学中难以解决的疑难问题,经过整理、归纳、提炼,筛选出具有典型意义和普遍意义的问题组织大家共同研究,二是强调参与过程,通过对问题不断地探索研究、反思总结、改进提升,教师技能才会不断地得到发展,三是要突出团队带动的作用,主题教研在研究过程中虽然是个体行为,但又是大家合力

---

①崔莉萍．浅论研究型教师发展的深化［J］. 新余学院学报,2013,18(4)：122-123.

破解问题的过程。有的问题教师靠个人的力量可能力不从心，因此需要同伴互助，合作探究，在研究过程中大家相互影响、相互作用、相互促进，实现群体共同向前发展的目的。[①]

关于主题教研，我们曾陷入这样一个误区：一年一个教研主题，年年有所变化，以显示我们工作的创新和进步。几年下来，有的老师认为"教研活动就是浪费时间，还不如批两本作业来的实际""多研少研一个样，研和不研一个样"等认识，针对现实教学过程中存在的"真"问题，进行了主题教研情况的调查问卷，如表4-18所示。

表4-18 主题教研情况问卷调查

项　　目	选　　项
1. 学校的教研活动有没有固定时间	A. 有固定时间 B. 有时固定，有时不固定 C. 没有固定时间
2. 每次主题教研活动有没有主题	A. 都有 B. 有时候有，有时候没有 C. 没有
3. 你觉得学校主题教研存在的问题有	A. 布置任务多，深入研究少 B. 活动的计划性针对性差 C. 理论学习远离现实课堂
4. 组内开展教研活动时有无骨干教师对年轻教师进行教科研指导	A. 有 B. 有时候有，有时候没有 C. 没有
5. 你觉得学校在主题教研活动中要采取的有效措施有	A. 完善教研制度 B. 建立专业指导教师队伍 C. 开发校内外资源

①李元昌. 主题教研促进教师发展的实践探索 [J]. 中小学教师培训，2009(11)：5-9.

对调查问卷中每一选项进行具体数据的统计,如表 4-19 所示。

表 4-19 主题教研情况问卷调查表数据统计

选项题目	A	百分比	B	百分比	C	百分比
1	85 人	74%	20 人	26%		
2	82 人	71%	24 人	20%	9 人	9%
3	90 人	82%	25 人	18%		
4	62 人	56%	53 人	44%		
5	64 人	56%	40 人	35%	11 人	9%

针对表格的情况进行问卷分析,发现主要存在如下问题。

(1)主题教研流于形式。虽然有计划和方案,也开展了活动,但因为缺少研究主题的体系架构,导致教研随意、盲目、无实效,不能解决课堂教学中的实际问题。

(2)教研方式单一化,教研活动存在形式主义。

概括起来就是:主题教研多形式、少主动;活动内容多常规、少研究;教师个体表现上多实践、少反思。

二、主题教研的框架与结构

(一)主题教研的框架

主题教研是为解决教师在教育教学中的实际问题而开展的研究。为切实提高教研的实效,使主题研究回归实践,解决学校、课堂、班级中的实际问题,构建了"三小式"(小问题、小案例、小策略)主题教研框架。

以课堂教学中出现的小现象、存在的小问题来确立教研的小主题,以教研活动中首先是找到存在的小问题,汇集成小案例,最后从小案例中提炼出小策略。主要目的是积累课堂教学中的小经验。这样教研的方式,起点较低、节奏较快,能起到高效率、高收获的作用,这样开展教研活动是扎实有效的。

(二)主题教研的结构

数学学科教研的主题是"基于导学的自主学习型课堂模式"的实践与

研究。实施的基本途径是"备课、观课、议课"团队教研活动。总主题类似于一个大树的根部和主干；主题教研的内容是枝干；从主题教研中积累的鲜活的案例和典型的经验就是大树结的果实。

三、主题教研活动的开展与推进

主题教研的路径是根据现实中存在现象，采取"提出问题，确立主题；针对任务，搜集资料；制定计划，准备实施；课堂实践，验证预设；主题教研，团队互培；总结生成，推广成果"这样的六步推进，如图 4-12 所示。

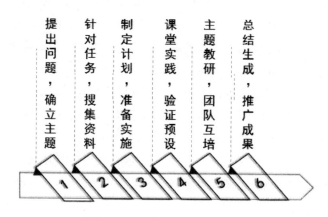

图 4-12　主题教研的路径

（一）提出问题，确立主题

主题教研关键是要解决教学实际过程中存在的问题，也是促进教师发展的着力点。因此，必须从实际出发才能真实地确立教研的主题。确立主题时，每个教师都要认真思考自己在课堂教学中存在的困惑点，找准主要问题，聚焦主要矛盾，提出教学中特别需要解决的问题，问题可大可小（只要是现实存在的，依靠自己的力量又不太能解决的问题就可以当作"关键性"的问题）。研究过程，就是对以前存在疑惑的反思，对以前存在困难的总结，也是对以前教学中存在问题的发现的过程。问题的提出和主题的确立不是一个人能够完成的，也需要借助团队的合力，例如，部分教师总感觉课堂不满意，又很难发现自己的问题，这就需要大家一起来共同分析，一起来查找问题所在，帮助个人完成问题的提炼和整理。

（二）针对任务，搜集资料

当任务确定好后，一定要在研究前，根据计划做好研究的准备工作。搜集资料的阶段是整个研究的奠基阶段，广泛搜集相关资料，学习与研究主题相关的、相近的理论观点和经验做法是非常有必要的。研究的准备过程，因为有任务的驱动，就能够很好地促使教师主动地、积极地学习相关的教育理论和研究问题时要用到的有关方法，这样每个教师都有自己的新想法、新观念，也就拥有了自己的源头活水，对问题的研究有百利而无一害，保障研究顺利进行。

（三）制订计划，准备实施

在教师已经充分地进行了理论学习的基础上，要有针对性地制定研究计划，对研究的主题进行全方位的考虑和斟酌，例如首先确定主题研究的意义和价值，然后分析研究的重难点，再确定研究的步骤和研究时需要的条件，最后把开展研究所要实施方法和对研究成果预测都要罗列清楚。当然，以上研究的所有内容都要经过大家的集体交流，填写在主题教研记录的表格上，有效地避免了研究的盲目性和随意性，能切实提高主题教研的自觉性、实效性。

（四）进行实践，验证预设

主题教研不是孤立存在的，一定要在常规的教学过程中按照计划有序进行。任何研究的主战场、试验场都是课堂。课堂教学实践中，教师要精心地思考如何改进教学，才能起到提高教学效率、提升教学质量的问题。教师也要精心地思考如何把自己的想法和预设落实到课堂教学中去，把设想变为现实，当然，更要及时地处理课堂上的生成，让预设真正发挥作用，切实解决研究的主要问题。

（五）主题研讨，团队互助

同伴之间的团队互助是主题教研的生命线，开展主题教研的过程，是团队教师思维碰撞的过程，是大家集思广益不断地反思、不断地改进、逐步提高的过程。当然，主题教研中可能每个教师都独自承担着一个研究主题，这些研究的主题有时依靠个人力量能够解决，有时需要借助团队协作的力量，这就需要同伴的鼓励、支持和集思广益，甚至需要上级教育主管部门的帮助。

（六）总结生成，继续研究

研究经历了以上五个步骤之后要及时地进行阶段性总结，这也是重要的一个环节。随着研究的进程，随时总结教学实践中探索出来的好方法、好典型、好理念，进行提升、归纳，形成书面总结。不仅能对以前研究过程中取得的经验做法在理论层面上升华,也能为今后的实践操作中及时发现新的问题,重新预设解决新问题的措施。研究的过程一定要扎实,按照"问题—生成—总结—新问题—再生成—再总结"这样的过程推进。

【案例一】制订教研计划

1. 提出问题,确立主题

结合学校的校情,教师的实际情况、学生的学情等制订每学期的教研计划。特别是对本学期重点需要解决的关键问题,例如课堂教学的疑惑点、困难点、提升点等,制定切实可行的教研计划,首先都应该在广泛征集任课教师的建议的情况下,共同商讨,共同制定的。

2. 针对任务,搜集资料

(1)征集阶段:利用寒假、暑假集中学习期间,将《课堂教学活动困难点征集表》(见表 4-20)发到每一位教师的手中,组织每一位任课教师认真填写,为主题教研活动做好准备资料。

表 4-20 课堂教学活动困难点征集

	知识把握	思维品质	习惯培养	能力培养	作业设置	知识把握
教师方面						
学生方面						

(2)汇总阶段:将每一位教师填写的表格进行汇总整理,切实找到教师在实际教学中存在的"真"问题。

我们征集到的问题有如下几个:

新教师和新调整学科的教师对教材知识体系把握不到位;

教师对数学课程标准理解不深刻;

学生在计算方面存在很多问题,如算理不明,算法不清,计算时疏忽大意;

个性化备课设计中对如何设计评价任务和评价标准不清;

学生的思维训练方法欠缺；

学生问题意识较差，不会分析问题；

班额大，无法抓实，造成后进生人数比较多；

每次测试后班级学生掌握情况不一，平行班级有差距，不知道该如何分析试卷，进行补救；

作业的设计重巩固，轻能力；

……

3. 制订计划，准备实施

针对教师存在的"真"问题，量体裁衣，制订本学期的教研计划（包括学校教研计划和教研组主题教研计划），切实解决这些问题，如表 4-21 所示。

表 4-21　教研计划

月份	周次	主　题	目　　标	前期准备	责任人
9月	第一周	学习新学期常规基本要求	1. 明确常规要求 2. 按照常规要求开展教学	1. 结合案例，评价任务和标准重新制定。 2. "微课导学"研究	各实验教师
	第二周	梳理"数的认识"知识体系	培训数学教师，建构知识体系	各教研组根据计划安排，自主梳理	各教研组长
	第三周	将实践操作型作业归类	1. 整理本册实践操作内容的知识 2. 设计实践性作业指导与培训	各教研组根据计划安排整理清楚	各教研组长
月份	周次	主　题	目　　标	前期准备	责任人

续表

10月	第四周	"大问题"导学研究	1. 结合案例指导教师提炼大问题 2. 结合案例指导教师设计大问题	各教研组根据计划安排,研讨、备课设计	各教研组长
	第二周	"微课导学"研究	1. 根据前期"微课"制作情况进行反馈、整改。 2. 指导教师如何提高制作质量	各教研组根据计划安排,研讨、设计	各教研组长
	第三周	解决"学生计算错误率低"的问题	1. 分析计算出错率 2. 提高计算的正确率与计算速度	各教研组根据计划安排,研讨分析	各教研组长

【案例二】解决"教师对教材知识体系把握不到位"的问题

1. 提出问题,确立主题

我校属于城区学校,学生人数逐年增加,目前已近3 000人,每一年都需要增加新的数学教师。新增加的数学教师有的从乡镇小学调入,有的是其他学科改教数学学科,有的是新分配的教师等,整体看来,教师年龄差异较大,教师学科素养参差不齐,存在的共性问题就是对小学十册教材整体的知识体系把握不到位。

2. 针对任务,锁定人员

首先整体分析各年级教师的年龄分配情况。条形统计图罗列的是不同年龄阶段在各教研组的分布情况。从中可以看出"30～40"岁年龄段的教师最多,40岁以下年轻教师占大多数。这样就应该加大"校本教研"的力度,加大对青年教师知识体系、学科知识等方面的培训,如图4-13所示。

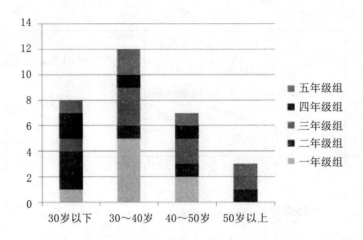

图 4-13　各年级教师的年龄情况

3. 制订计划，准备实施

制订主题式教研计划具体要求：（1）各教研组负责将本教研组分布的内容按册别、单元、课时、知识点有序整理；（2）每位成员将每课时需要讲解的知识点和题型整理好；（3）集体教研时，安排好发言人员。

4. 进行实践，验证预设

引领教师找出知识的整体，帮助教师完善知识体系。做到明确知道每个知识具体分布在哪个年级？该年级要解决什么问题？如表 4-22 所示。

表 4-22　数的认识

专　题	构建"数与代数"领域知识体系——数的认识				
教研组	任务安排				责任人
一年级	1. 10 以内数的认识 2. 11～20 数的认识 3. 100 以内数的认识				孙老师
二年级	万以内数的认识				于老师

续表

专　题	构建"数与代数"领域知识体系——数的认识			
教研组	任务安排			责任人
三年级	万以上数的认识	分数的初步认识	小数的初步认识	姜老师
四年级		分数的再认识	小数的再认识	张老师
五年级			百分数的认识	高老师

5. 主题研讨,团队互培

活动过程:根据上述表格的分工完成"数与代数"领域中知识体系梳理。

具体操作过程如下:首先,各教研组推荐一名成员汇报前期准备材料;其次,各教研组成员自主绘制思维导图,对本领域知识进行自主梳理;第三,各教研组成员精选典型进行展示;最后,进行活动总结。

6. 总结生成,继续研究

将各教研组编制的思维导图进行分享,进行综合研究,集优点于一体,编辑成册,如图 4-14 所示。

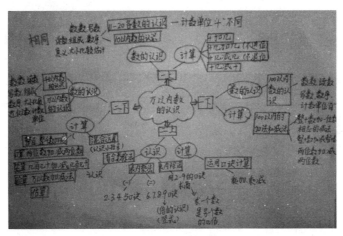

图 4-14　思维导图

【案例三】提高学生计算正确率的主题研讨

1. 提出问题,确立主题

计算类型的题对学生来说枯燥,没有兴趣,出错较多。组织本次主题教研活动,关键是找到造成学生此种状态的原因,有针对性地解决问题,提高学生计算正确率。

2. 针对任务,搜集资料

(1)各教研组自行命题,考察的内容是本册教材所涉及的所有计算的题型。

(2)将测试结果详细进行纪实,量化,并做好质量分析。填写表4-23。

表4-23　计算错误原因分析

年　　级		分析人	
错误原因			
计算类型	典型题举例	错因分析	正确率

3. 制订计划,准备实施

(1)各教研组汇报普遍存在的2～3个问题;

(2)分成低年级组和高年级两个教研组进行集体研讨,找到解决问题的策略;

(3)进行汇总、分析;

(4)集体汇总形成决议,分析错因,设置典型题补救。从备课设计、课堂设计、作业设计等方面寻求补救方法,填写表4-24。

表 4-24　典型题补救

年　级		设计人	
类　型	举　例	补救方法	
		备课设计	
		课堂设计	
		作业设计	
		备课设计	
		课堂设计	
		作业设计	

4.课堂实践,验证预设

各教研组设计训练方案,采用"训练点＋题组训练"的方式,设计课堂训练题组、课后作业训练题组。

5.主题研讨,团队互培

根据调研的情况和集体决议的结论,再次进行命题。

6.总结生成,继续研究

进行二次检测,将研究深入下去。

【案例四】探求"小组合作学习中不同课型交流关注点"的策略

1.提出问题,确立主题

小组合作学习中交流环节,小组各成员对小组交流的要求,特别是不同课型的关注点是什么,不是特别明确。本次教研重点就这一问题展开,目的是让学生明确不同课型在进行小组合作学习时的关注点,学生能根据不同课型的实施标准有针对性地进行合作学习,提高学习的效度。

2.针对任务,搜集资料

同教研组教师个人对本问题的理解,填写表4-25。

表 4-25 不同课型对小组合作交流的要求

年　级	被征集人：
常规基本要求	
计算课型突出点	
图形与几何课型关注点	
统计与概率课型关注点	

3. 选择关键性问题,全校解决。

4. 形成决议

（1）不同课型对小组合作交流的要求

如表 4-26 所示。

表 4-26 不同课型对小组合作交流的要求

项目	类型	标　准
基本要求	小组交流的常规要求	1. 选择合适的合作内容,把握恰当的合作时机； 2. 小组内人人有事,分工明确,各司其职； 3. 发言人能力强,记录员板书好,联络员灵活,协助员查漏补缺； 4. 评价分工明确,每人都要交流,要积极主动,小组长再进行总结； 5. 教师积极参与,切实进行课堂合作学习的调控； 6. 合理评价,激励学生
不同课型的不同要求	计算课型关注点	1. 交流时要讲清楚算理； 2. 交流时要提炼算法； 3. 交流时适当引导小组成员进行笔算、口头训练； 4. 交流时如果需要画线段图来表示计算的方法,一定要说清楚每一步求的是什么,一共有几种算法； 5. 小组交流时要分析解题思路。

续表

项目	类型	标　准
	图形与几何课型关注点	1. 开展交流时确定讨论的题目是至关重要的； 2. 组长引导组员有序地开展讨论、交流,动手操作,探究的活动； 3. 交流时注重操作、观察、比较,多感官地参与到小组合作学习中； 4. 交流时尽可能让学生自我展示,自我激励,体验成功,在不断展示中,激发同伴的求知欲,陶冶情操； 5. 交流时提升组员分析、综合、抽象、概括和解决实际问题的能力
	统计与概率课型关注点	1. 统计与概率课的课程标准要求就是要借助具体的操作和日常生活的例子,来获得数据的收集、整理和分析等过程体验为主的； 2. 小组要进行明确分工,安排好成员负责收集、整理、描述和分析数据,能够及时地处理数据,形成处理数据的能力；同时要求学生要结合实例体验事件发生的可能性,以及能否分析游戏规则中的公平性,并要求学生能学会计算一些简单事件发生的可能性； 3. 交流通过报刊、杂志、电视等实际生活中获取数据信息； 4. 小组合作学习合理分工,有统计数据,有收集数据,有分析数据等； 5. 分析画图方法和作图时,注重交流从数据中发现了什么

（2）小组合作学习组员评价标准

如表 4-27 所示。

表 4-27　小组合作学习组员评价标准

六个会	我是小组成员，我是这样做的……	会倾听
	我能专注地看着同伴，边听边动脑	会质疑
	我有疑惑，我想提出我的问题…… 我有不同的想法	会争辩
	我能虚心请教同伴，提出求助	会求助
	我认真地评价同伴的发言："你说的真清晰""你的解答给我很大启发"……	会评价
	我有新想法，我能补充	会补充
四部曲	我是小组长，在合作学习中，我是这样做的……	明确分工
	讨论活动中，给组员明确分工，1 号先说，2 号你来说一说……	组织讨论
	讨论时，我鼓励组员主动思考，大胆质疑，积极发言。讨论中，我可有火眼金睛哦，大家一起参与了吗？你在倾听吗？评价伙伴客观公正……	协调监督
	讨论结束，我还会思考一下组员的意见，作出评价，选出代表参加班级汇报	汇总评价

5. 将结果进行推广

　　教研活动的开展，都是基于教学中的实际问题，目的是解决问题。在教研过程中，每个周确定一个固定时间进行教研，借助集体智慧解决教师迫切需要解决的"大"问题。每日以教研组为单位，针对课堂上或者某一知识点等"小"问题，采用"桌边"教研的方式，即时地开展研讨。不拘泥于场所，不拘泥于参与者，旨在解决实际教学过程中存在的问题。

四、系列主题教研活动的组织与实施

（一）基于"大问题"教学的主题教研活动

案例研究活动是师生共同围绕"大问题"开展自主合作探究学习，"大问题"是教与学活动的主线，教师和学生在学习过程中共同发现问题、生成问题、解决问题。通过共同合作、对话交流，达到知识建构、能力培养、促进发展的目的；倡导和实施小组合作学习，能够激发学生潜能，促进学生和谐发展；采用"问题导学"的方式，根据目标、课型和学生学习需要开发导学作业。如表 4-28 所示。

1. 提出问题，确立主题

针对教师不会提炼教学中的"大问题"，不会根据提出的"大问题"设计导学作业并开展教学活动这一现状，开展一次主题教研活动。

2. 针对任务，搜集资料

针对确立的主题准备教研学习材料，按照"要解决的问题是什么？为什么要解决？如何组织和推进问题的解决？"这一路径，开展教研。

表 4-28　育才小学数学主题教研学习材料

教研主题	基于"大问题"教学，如何确定学习目标引领开展学生学习活动？
学习材料	
什么是"大问题"？	学科和学科教学的核心问题与基本问题就是"大问题"。学生所学到的具体方法不是"大问题"，只有让学生在课堂教学中获得解决这个问题的意识、能力和素养才是"大问题"
大问题教学的课堂	努力构建学生形成这样基于自己的理解力，能够形成一种走向开放、多元的、协作的，去探索未知的学习意识的课堂教学才是大问题教学的课堂。在课堂教学中要努力使学习意识能够变成人的一种素养，最佳的效果是成为一个人心灵真正成长的内涵和标志

续表

教师的核心立场	大问题教学的课堂实践当中,教师要具有两个核心立场。一是教师要认同学生的个体独立性,相信他们有自己的价值观,如果没有这样的认同,课堂的开放性是不可想象的。二是教育的本质其实就是信念与期待,也就是说,教师要相信并期待学生有某种理解力并得到自主发展的可能性。学生正是在教师的这些潜在的立场的指引下,才可能开展真正的自主学习[①]
	教学策略是指在教学过程中,为完成特定的目标,依据教学的主客观条件,特别是学生的实际,对所选用的教学顺序、教学活动程序、教学组织形式、教学方法和教学媒体等的总体考虑。也就是说教学策略是在教学的过程中,各个环节中使用的指导思想和方法[②]
教学策略	1. 引起注意 2. 告知学习者课的目标 3. 激起对先前课的回忆 4. 呈现有区别性特征的刺激 5. 指导学习 6. 引出行为表现 7. 提供信息性反馈 8. 测量行为表现 9. 促进保持和学习迁移[③]

　　①张文质：让学习发生——谈什么是"大问题"教学—《互联网文档资源（http：//www.worlduc.c)》

　　②段雷宇.大学英语分级教学面面观 [J].新疆大学学报（哲学·人文社会科学版），2012，40(3)：149-151.

　　③高玲.网络环境下小学信息教学策略的探究 [J].电脑知识与技术，2012，08(9)：2149-2151.

3. 制订计划,准备实施

设计针对性的案例赏析。案例中凸显要解决的问题,从问题入手,根据案例设计的相关要求,一一进行解析。案例设计者,要在集体研讨活动中,把案例设计的思路和需要注意的问题向教师进行详细的解读,重点是针对关键环节,让教师明确每一环节设计是为了解决哪一个"大问题"。

（1）"概念课"的主题研讨设计

如表 4-29 所示。

表 4-29　数学主题教研案例一《年、月、日》

教师方面	基于"大问题"教学,如何确定学习目标引领开展学生学习活动?		研讨时间	
关键词	大问题、学习目标、教学策略		参加人员	
案例研讨				
课题	第三单元：走进天文馆信息窗二《年、月、日》			
课标语	认识年月日,了解它们之间的关系			
教学目标	1. 结合生活经验,认识时间单位"年、月、日",了解它们之间的关系 2. 知道大月和小月,了解平年和闰年的知识,探究判断闰年的方法 3. 为学生提供探究的支点,培养学生观察、分析、判断和推理能力			
大问题	1. 年月日是怎样形成的? 2. 每个月的天数都一样吗? （年月日之间的关系） 3. 认识平年和闰年,怎样进行判断?			
教学环节	环节目标	评价	活动设计	
			教／导	学习

续表

创设情境导入新课	1. 在具体情境中，初步感知年月日 2. 了解年月日的形成	100%的学生能调动自己记忆中关于年月日的知识 80%的同学能通过简单的视频介绍，了解到年月日的形成	1. 你都知道关于年月日的那些知识？ 2. 年、月、日是怎样形成的？	学生根据已有的知识经验自由回答。 观看视频
借助年历卡探究年、月、日的关系	1. 知道大月有31天，小月有30天，二月有28天或者29天 2. 知道一年有12个月 3. 知道平年全年365天，闰年366天，了解平年和闰年的来历 4. 熟练记忆大小月天数	1. 要求100%的学生能认识大月，小月，知道每月的天数 2. 要求70%的学生能在观察年历表的基础上寻找出年月日之间的关系，熟练掌握每月天数的规律 3. 要求80%的学生能认识平年和闰年的来历，熟练记忆平年365天，闰年366天 4. 要求90%的同学能利用不同的方法，记忆大小月天数	1. 借助年历卡，探究年月日 2. 教师根据汇报及时板书：一年有12个月；31天、30天、28或29天的月份有哪些？点拨：大月、小月、平月 3. 对于刚才发现的知识，你还有什么疑问？ 4. 你有什么好方法记住他们呢？（介绍左拳记忆法和歌诀记忆法） 5. 玩游戏检查记忆大小月天数	个人观察，小组汇总并对比，寻找发现每个月的天数的规律，小组长做好记录 小组汇报发现的规律 预设： 1. 为什么每个月的天数不一样？ 2. 为什么2月份有时候是28天，有时候是29天？ 学生用喜欢的方法记忆大小月的天数。

续表

能判断平年与闰年的	1. 合作探究了解4年一闰,百年不闰,400年又闰的规律。 2. 会判断平年和闰年	1. 要求70%的同学能在小组的探索中初步发现每4年中就有一个闰年3个平年的规律 2. 要求50%的同学能根据年份除以4或400判断出闰年和平年	1. 玩游戏,激发学生探索的兴趣 2. 小组利用1980—2003年2月份天数对比表,寻找发现规律 3. 练习巩固,质疑1900年是平年还是闰年?	小组合作,探索发现4年一闰的规律 学生根据方法判断平年闰年
巩固练习	知道年月日之间的关系,会熟练应用	要求98%的学生能熟练掌握年月日之间的关系。	出示基本练习和解决问题	学生抢答和指名答

（2）"图形与几何"的主题研讨设计

如表4-30所示。

表4-30　数学主题教研案例——《角的度量》

教师方面	基于"大问题"教学,如何确定学习目标引领开展学生学习活动?	研讨时间	
关键词	大问题、学习目标、教学策略	参加人员	
案例研讨			
课题	第五单元:《繁忙的工地——线和角》第二信息窗"角的度量"		

续表

课标语	图形的认识：知道平角和周角,了解周角、平角、钝角、直角、锐角间的大小关系 测量：能用量角器量指定角的度数,能画指定度数的角,会用三角尺画 30 度,45 度,60 度,90 度的角			
教学 目标	1. 认识平角、周角,并能用度数表示角的大小,按大小顺序对角进行排序 2. 培养学生动手操作能力,会用量角器测量指定角的度数,并会画指定度数的角;发展学生的空间观念 3. 能用量角器测量出三角板上各角的大小,并能借助三角板上的角画出 30 度,45 度,60 度,90 度的角			
大问题	1. 除了认识的锐角、直角、钝角,还有其他的角吗?（角的分类） 2. 角的大小可以测量吗?（角的度量）			
教学 环节	环节目标	评价	活动设计	
			教／导	学习
导学 作业	1. 借助活动角,引导学生认识锐角、直角、钝角、平角和周角 并会表示这些角	100% 的学生在老师的点讲后会判断平角与周角也是角 70% 的同学能用自己的方法比较角的大小	1. 借助活动角,回顾复习锐角、直角、钝角的知识,并引导学生通过角的特点判断平角和周角是不是角 导学作业： 1.玩一玩活动角,并画出各种不同类型的角 2. 想办法比较两个角的大小,并试着说一说它们相差多少	学生根据已有经验判断是不是角 通过导学作业,进一步掌握对角分类的理解 尝试用不同的方法证明角的大小 （活动角、三角板、量角器）

续表

同桌交流订正角的分类	同桌订正角的分类画法。加深对角的认识	80%的同学能完成导学作业中的画出不同类型的角。错误的同学能在同学的帮助下进行修改	同桌两人交流导学作业中的角的画法，并对错误的画法进行改正	检查同桌角的画法，并进行改正
小组交流展示	1. 小组交流时，学生能借助工具描述角的大小比较方法 2. 小组内进行展示分工	70%的同学能借助工具比较两个角的大小 30%的同学会用量角器比较出两个角相差多少	出示小组合作要求，学生按要求进行小组合作 1. 小组内交流时，要说一说比较角的大小的方法 2.每个人都要说一说自己的比较方法，最后进行汇总，选出小组内最满意的方法进行全班交流 3.做好交流前的分工	学生利用工具展示比较角的大小的方法，其他同学质疑补充。选出最满意的方法 小组内做好交流前的分工
全班汇报展示	全班展示分工明确，能用语言准确表达小组的研究成果	80%的小组能根据小组交流成果进行展示 其他小组成员能对展示提出质疑与补充	全班交流，请展示小组进行展示，其他小组质疑补充	展示小组分工展示小组的交流成果 其他小组进行质疑与补充

角的度量	1. 认识角的度量单位度，初步感知一度角的大小 2. 了解量角器是怎么形成的 3. 会用量角器度量角的大小	85%的同学能根据老师的引导和小组合作掌握角的度量方法	课件演示角的度量单位：度 引导学生认识量角器 归纳总结量角的方法	初步感知角的度量单位一度角的大小 认识量角器各部分的名称 尝试用量角器量角，并试着总结量角的方法
课堂练习	1. 会读量角器上角的刻度 2. 会用量角器量角的大小	90%的同学会用量角器测量指定角的大小	1. 解决导学作业中两个角相差多少的问题 2. 角的度数练习题 3. 画一个任意大小的角，并用量角器量出它的大小 4. 用度数表示不同类型角的度数范围	1. 测量角的度数，并比较两个角相差多少 2. 读出量角器上角的度数 3. 用量角器量出所画角的度数 4. 通过测量，能表示出直角，平角，周角的度数，找出这些角的大小关系。并能表示出锐角和钝角的度数范围

4. 课堂实践,验证预设

按照表格的要求自己设计案例,进行集体教研。因为有第二环节设计者对案例的解读,再加上教师个人对主题的理解,自己再创新设计一个案例,起到"学以致用"的目的。如表 4-31 所示。

表 4-31　育才小学数学主题教研案例分析

教研主题			研讨时间	
关键词			参加人员	
研讨案例				
课题				
课标语				
教学目标				
大问题				
目标	环节目标	评价	活动设计	
			大问题	学习

5. 主题研讨,团队互培

各教研组充分交流自己设计的案例,分别从"数与代数""图形和几何"两个领域,分别进行教研,最终梳理出设计具体案例和导学作业的方法。

6. 总结生成,继续研究

最后,进行活动的总结。教师可以教研组为单位进行交流、研讨,随时调整自己的教学案例,集思广益,深化对"大问题"教学这一主题的理解。

总之,主题研究的路径就是理论研究—案例解析—实践应用—梳理提升—形成成果。

（二）复习课中"教学评"一致性的主题教研

1. 提出问题,确立主题

如何在复习课中实现课堂教学目标的设计与评价一致性。

2. 针对任务,搜集资料

以"简便运算的整理与回顾"为研究主题,开展一系列的研究。采用观课、评课的研讨方式,进行教研。

3. 制定计划,准备实施

（1）执教教师备课。

（2）分成两个观察组,分别设计观察量表,对课堂进行诊断和评价。如表4-32,表4-33所示。

表4-32　观察量表（一）

观察点：教师的教学活动对环节目标达成的影响

拟解决的小问题：什么样的教学活动可以有效地促进环节目标的达成?

教学环节	教师活动	学生表现		
		倾听状态	问题回答	动手操作
整理运算律和运算性质				
运用运算律和运算性质进行简便计算				
实际应用				
课堂检测				

表4-33 观察量表（二）

观察点：学习任务的设计对学习目标达成的影响

拟解决的小问题：什么样的学习任务能促进学习目标的达成？

教学环节	学习目标	学习任务		
		文本学习	问题回答	动手操作
整理运算律和运算性质				
运用运算律和运算性质进行简便计算				
实际应用				
课堂检测				

4. 进行实践,验证预设

执教教师根据教学设计进行上课,观察者根据制定的观察量表跟踪课堂进行观课。如表4-34所示。

表4-34 "简便运算的整理与回顾"教学设计

课　题	简便运算的整理与回顾	课时数	第一课时	课　型	复习课
教学目标	1. 整理并记忆运算律和运算性质，形成运算律的部分知识体系 2. 能合理、灵活、正确地选择运算律进行简便计算 3. 掌握各种类型的简便计算				
教学重点	运算律和运算性质的复习和运用				

教学难点	乘法分配律的复习运用		
教学准备	课件,导学作业		
教学过程			
教学环节	环节目标	教学活动	评　价
导学作业	自主建构运算律和运算性质的知识体系	1. 为了使计算简便,一般利用运算律和运算性质 2. 自主整理学过的运算律和运算性质,建议设计成思维导图或表格形式的形式,并完成导学作业的计算题组	1. 能按要求整理运算律和运算性质 2. 能正确计算导学作业上的类型题
整理运算律和运算性质	通过交流完成整理运算律和运算性质,并能进行分类记忆	1. 小组内交流导学作业 2. 全班展示 问题:这么运算律,怎样才能看得更清楚呢? 3. 总结: (1) 每一种分类法都有依据,可以选择自己喜欢的方法记忆 (2) 微视频梳理	1. 能根据算式正确的辨别出所运用的运算律 2. 内化运算律
运用运算律和运算性质进行简便计算	明确适用运算律的简便计算类型题	1. 出示典型题,师生辨析 2. 思考问题:是不是只要符合运算律就一定能进行简便运算? 总结:凑整是简便运算的重要特征,但是凑整要有依据	能判断出算式易错题错的哪里

运用运算律和运算性质进行简便计算	能正确地运用运算律进行简算,完善知识树	1. 观察一下同学们错题主要集中在哪种运算律的运用上? 2. 分类型讨论易错点及解决方法 预设:乘法分配律 　　除法的性质和减法的性质	能正确地运用易错题的运算律进行简便计算
实际应用	能将简便运算用于解决实际问题	解决实际问题 　1. 松柏林能分泌杀菌素,可以净化空气。如果1公顷松柏林,每天分泌杀菌素54千克,25公顷松柏林31天分泌杀菌素多少千克? 　2. 修一条水渠,原计划每天修0.84千米,实际每天比原计划多修0.16千米。12天后还差0.4千米没有修。这条水渠有多长?	能正确地运用简便运算解决实际问题
课堂检测	检测学生掌握情况	1. 检测练习 5×16=16×____ 25×7×4=____×____7 128×(8×___)=(128×___)×14 25×7×4=____×____7 (60×25)×=60(___×8) 2. 怎样简便怎样算 98+265+202 273-73-27 136×101-136 4600÷25÷4	1. 能正确地计算出检测题 2. 根据教师评价和学生评价,对本节课进行自我评价

5. 主题研讨,团队互培

(1)授课教师进行教学反思。本节课是在学生已经基本掌握了简便计算方法的基础上进行复习的。在复习运算定律与简便算法时,主要分三大环节进行复习:一是整理运算律和运算性质,二是运用运算律和运算性质进行简算,三是运用运算律和运算性质解决实际问题。其中第二环节主要是通过梳理导学作业的练习题,找到本节课简便运算题型的复习内容。如图4-15所示。复习课上力求体现以下几点。

图4-15　简便运算题型的复习课

①分类思想:分类整理与复习是数学学习的重要方法,因此通过梳理运算律,使学生意识到分类整理运算律和运算性质可以更好地理清运算律和运算性质之间的联系和区别,以便运用到计算中。

②"以学定教"的理念:运算律看似简单,但是涉及的内容较为复杂,如果在教学中我们只进行简单的简便计算练习,那无疑是浪费时间,于是在导学作业中布置了各种类型的简便计算,在课堂上通过梳理错题,找到学生容易错的题型,有重点的进行复习,尽可能以学生的学习情况确定复习教学的重点。

③形变质通:数学中的变式练习较多,但是学生对这一类题不能意识到他们是"形变质不变"的,通过简便运算的变式练习,使学生意识到数学中的形变质通,做到触类旁通、举一反三。

④教学评一致:每一个环节精心设计教学目标,确定教学活动,然后根据

目标设计相应的评价任务和评价标准,通过评价把握学生课堂上的学习情况。

⑤把握复习课的特点:复习课应该是梳理知识系统,掌握解题方法,将方法应用于解题过程中,使学生能够进行知识归纳,懂得知识迁移的必不可少的教学环节。

不足之处。首先,课堂气氛不活跃。整堂课学生的学习积极性不高,在导入环节应设计悬念或知识性的游戏调动学生积极性;教师讲授环节,特别是梳理乘法分配律的易错点及解决方法的时候,学生的互动较差,教师也没有及时地调控课堂。其次,没有做到有效评价与激励。环节与环节之间的过渡语言不自然,课堂上努力思考着怎么能把每一个环节融会贯通,顺其自然地把知识串联起来,让学生有探究的欲望,课堂实际上是"眼高手低",没有达到理想的效果。另外,对学生的鼓励语言较少,这样,学生不能及时地得到肯定,积极性自然就不高。教师的语言评价不到位,没有根据学生即时的反应,及时做出反馈和评价。

(2)两个观察组进行议课。

①观察一组。

观察点:教师的教学活动对环节目标达成的影响。

拟解决的小问题:什么样的教学活动可以有效地促进环节目标的达成?

观察结果分析如下。

首先针对本次活动的主题进行了如下思考:数学课堂中教师的教学活动至关重要,那什么样的活动学生感兴趣?什么样的活动能帮助学生理解知识?什么样的活动可以促进学生能力的提升?这些活动能否有效促进环节目标的达成?观察者从三方面进行了观察、记录和分析。一是教师的教学活动,本节课共分六个教学环节,每个环节确定了不同的环节目标,教师为了达成目标,设计了具体活动,我们都进行了记录;二是教师设计的这些活动是否有效,关键是看学生的学习表现,我们从学生的精彩表现和参与程度两方面进行了记录,其中包括学生的倾听、回答问题、动手操作等;三是借助这些记录,我们要进行评价,从知识、能力、情感三方面进行分析,确定本节课环节目标的达成度。

课堂上教师主要设计了三个活动:导学性活动、直观性活动、练习性活动。第一,导学性活动。复习课也是基于导学的自主学习型课堂模式,"知识链接"板块教师设计成表格的形式,让学生自主回顾整理这学期学习的所有运算定律和运算性质。这样，不仅使学生对以前所学的知识进行了一个简单的回顾整理，更使学生在练习的时候把所学知识学以致用，同时找出易错点，为后续的复习做好了铺垫。第二，直观性活动。最典型的应用就是微课程的直观演示，"微视频"以"知识树"的形式呈现了运算律和运算性质的关系，不仅有效地实现知识的再现，加强了知识之间的联系，建构了知识网络，起到了分析、比较、归纳的目的；而且直观、生动、趣味的形式，让学生在记忆中留下深刻的印象。第三，练习性活动。不仅是导学作业中的回顾练习、课堂复习中运用运算律和运算性质进行简算、拓展练习和最后的当堂检测，练习性活动贯穿始终其中，教师通过对练习题进行分类，找易错点，并进行透彻地分析，让学生感知数学的本质，通过大量的练习，加深学生对运算定律的理解和应用，提高学生计算的速度和准确率，培养了学生的数学运算的技能。除此之外，教师还运用了讲授性活动、讨论性活动等很多活动，效果明显。总之，我们组认为，教师在本节课中所采用的活动是灵活的、多样的、有效的，促成了环节目标的达成。

（2）观察二组。

观察点：学习任务的设置对学习目标达成的影响。

拟解决的小问题：什么样的学习任务能促进学习目标的达成？

结果分析如下。

本节课，教师共设置了两个学习目标，第一个学习目标是交流、整理运算律与运算性质。为达成这一目标，设置了两个学习任务，一是交流运算律与运算性质，二是整理运算律与运算性。为达成这些任务，教师设置了"问题串"，主要运用了交流性评价，有效答案达到100%。由此可以看出，在这一学习活动中，教师设计的学习任务是合理的。第二个学习目标是运用所整理的运算律与运算性质解决易错题。在这一过程中，教师主要设置了两个学习任务，一是以小组为单位整理易错题，学生参与度能达到90%，二是根据学生交流，总结出哪种"运算律"计算时出现错误，从而进行重点练习巩固。教师重点引导学生复习了乘法分配律，在进行巩固练习时，教师主要设置了两个学习任务，一是直接出示了乘法分配律的匹配练习题，教师主要运用了选择性评价方式，有效答案能达到83%；二是出示了间接运用分配律的匹配题，教师也是主要运用了选择性评价方式，有效答案仅达到43%。由此可以看出，本学习目标的达成率不高。

综上所述,观察者认为第二个学习任务达成率不高,针对观察点来分析,主要原因是教师设置的第二个学习任务过难,"问题串"不够完整。老师教了,不等于学生学了;学生学了,不等于学生学会了。

观察小组提炼出两条策略。一是对难以把控的环节,可以采用"样本"调研的方式,进行学前测。比如说,学生在运用乘法分配律解决具体问题时,教师应该先复习乘法分配律注意的事项再来解决数学问题呢?还是先解决一个具体问题再来提示学生应该注意问题呢?这样的教学策略需要进行学前测。二是学习任务的设置必须为学习目标服务。教师在设置学习任务时,要考虑学生的具体情况,目标过高,任务过重,都会造成教和学的不一致,目标达成度不高。

(三)课中"导学"策略有效性的研究主题教研

1. 提出问题,确立主题

探寻"概念"类型课,实施课中"导学"的有效策略。

2. 针对任务,搜集资料

以三年级下册《24时计时法》为例,开展了一系列的研讨。

2. 制定计划,准备实施

①执教教师备课。

②分为两个观察组,分头设计观察量表,对课堂进行诊断。

如表4-35、表4-36、表4-37所示。

表4-35 观课表(一)

观察点:"导学"策略在概念类型课中的实施

课题: 执教人: 观察人:

教学环节	课堂活动设计纪实	导学策略的运用		
		问题导学	"微课"导学	其他导学
环节一:创设情境、问题导入				
环节二:自主学习、探究新知				
环节三:合作学习、比较异同				

环节四：联系情境、拓展应用				

表 4-36　观课表（二）

观察点：1. 课堂教学中"思维严谨"德育目标的渗透

　　　　2. 课堂教学中"数学抽象"核心素养的培养

课题：　　　　　　执教人：　　　　　　观察人：

教学环节	课堂活动设计纪实	德育渗透点（思维严谨）				核心素养体现（数学抽象）		
		思维缜密	有理有据	一丝不苟	规则意识	具体到抽象	直观到抽象	经验到抽象
环节一：创设情境、问题导入								
环节二：自主学习、探究新知								
环节三：合作学习、比较异同								
环节四：联系情境、拓展应用								

　　［注 1］"德育渗透点"：德育目标包括思维严谨、理性精神、数学审美、爱国主义，本表只选择思维严谨作为德育目标的观察点。教师的环节设计里面包含哪一方面，就在其所属格子填写。（不涉及本环节可以不用填写）

　　［注 2］"核心素养体现"：包括数学抽象、逻辑推理、数学建模、直观想象、数学运算、数据分析，本表只选择数学抽象方面作为核心素养的观察点。教师的环节设计里面包含哪一方面，就在其所属格子填写。（不涉及本环节可以不用填写）

表 4-37　观课表（三）（辅助记录课堂上的数据）

讲　台

4	1	2	1	2	1
4	3	4	3	4	3
6	5	6	5	6	5
8	7	8	7	8	7
10	9	10	9	10	9
12	11	12	11	12	11

个案现象描述：

问题：＿＿＿＿＿＿＿＿

现象：＿＿＿＿＿＿＿＿

＿＿＿＿＿＿＿＿＿＿＿＿

＿＿＿＿＿＿＿＿＿＿＿＿

现象：＿＿＿＿＿＿＿＿

＿＿＿＿＿＿＿＿＿＿＿＿

＿＿＿＿＿＿＿＿＿＿＿＿

4. 进行实践，验证预设

执教教师上课，观察者根据观察量表进行观课。如表 4-38 所示。

表 4-38　《24 时计时法》教学设计

环节内容	学习活动	教学活动	课堂评价	设计意图
环节一：创设情景问题导入	1. 回答提出的问题 2. 根据已有的生活经验分析矛盾的原因，从而认识到"一天有两个 10：00" 3. 结合生活经验，初步感知"24 时计时法的概念"	1.【课件出示如图的钟面】 师："这是几时？"，"这个时刻你在做什么？" 2. 设置矛盾冲突 师："明明是同一个时刻，有的同学在上课，有的在睡觉，这是怎么回事？" 3. 小结：像这种表示时间的方法就是我们这节课要研究的 24 时计时法	能准确说明时间，清楚、完善地描述该时间可能做的事情	设置矛盾冲突，激发学生的学习兴趣

续表

环节内容	学习活动	教学活动	课堂评价	设计意图
环节二：自主学习探究新知	1. 回答问题 预设：（1）什么是24时计时法？（2）24时计时法与12时计时法的区别是什么？（3）为什么要学习24时计时法？ 2. 课件播放视频：直观显示一天24小时的历程，进一步认识钟面 3. 自主学习：完成自主探究卡	1. 师：看到24时计时法，你想知道什么？ 2. 师：带着这几个问题，一起去看一段视频 3. 师：把你的想法写在自主探究卡上	能根据心中的疑惑提出问题，有自己的独到见解，有理有据解决前面的问题	体会学习24时计时法的意义
环节三：合作学习、比较异同	1. 组内交流，填写记录单 2. 全班分享 探究一：24时计时法与12时计时法的区别 （1）质疑：为什么12时计时法需要加文字说明？24时计时法不需要呢？ （2）明晰：0和24的在一天的价值	1. 师：先在小组内交流一下自己的想法 2. 师：哪一个小组展示一下你们小组的成果 3. 小结：在交通、广播、银行等公众场所，一般都采用24时计时法，因为它简洁、方便、不易混淆，是国际通用的一种计时方法！	能简要说明理由即可。能描述清楚即可	感知数学与生活是紧密相连的

环节内容	学习活动	教学活动	课堂评价	设计意图
	探究二：24时计时法应用 （1）回答问题"为什么要学习24时计时法？" （2）列举生活中见到的24时计时法的例子。 （3）回答课件出示资料：动车车票、银行、书店的营业时间			
环节四：联系情境拓展应用	1.完成表格 用24时计时法表示一天的作息时间 2.拓展练习 师生口头编题练习转化 3.解决生活问题 	1. 基本练习 把12时计时法转化成24时计时法 | 12时计时法	活动安排	24时计时法
---	---	---
早晨6：00	起床	
上午8：00	上课	
上午9：30	课间操活动	
上午11：30	放学	
下午2：00	上课	
下午4：00	放学			关注结果正确性注重方法的提炼	培养学生学会与他人合作、交流,共享解决问题的思维成果

续表

环节内容	学习活动	教学活动	课堂评价	设计意图
	4.观看视频,感受计时工具演变的过程	下午 6：00 / 写作业 晚上 7：00 / 看新闻联播 晚上 8：30 / 熄灯睡觉 …… / …… 2. 拓展练习 师生口头编题练习转化 3. 生活应用 　下午 4 时,爸爸在公交车道上行驶,他违反交通规则了吗? 4. 拓展：播放视频《计时工具的演变》【日晷、滴水沙漏、浑天仪等】	关注结果正确性 注重方法的提炼	培养学生学会与他人合作、交流,共享解决问题的思维成果

5. 主题研讨,团队互培

(1)授课教师进行教学反思。

①研究前的思考"24 时计时法"这一课在设计之初做了两个思考。

思考一：小学数学教学的根本任务是什么? 山东省教科院教研员徐云鸿老师探索构建的小学数学学科核心素养体系,这成为我们研究的重要参考,如图 4-16 所示。

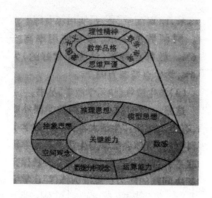

图 4-16　小学数学学科核心素养体系

思考二：在《国家中长期教育改革和发展规划纲要（2010—2020 年）》中明确提出"坚持德育为先，坚持能力为重，坚持全面发展。"[1]我们在数学课堂教学中如何进行德育熏陶、如何在教学知识的同时提升能力、如何兼顾培养学生全面发展成为我们教研的课题。

②确定目标。本单元的知识是在学生认识了钟表，知道了时、分、秒之间的关系的基础上进行教学的，它属于"数与代数"领域的知识，是今后学习年月日的基础。课程标准的要求是"了解 24 时计时法"。认知心理学的研究表明，数学形成的思维能力和语言表达的能力，要在数学知识学习中有意识地培养，为此教师需要做好两方面的工作：一是根据教材内容和教学参考目标提出本节课的知识目标；二是结合教参目标，根据学科能力水平及教学经验细化为学习目标。因此，我们将教参的两个目标分解为三个知识目标，接着明确提出五个学习目标，如表 4-38 所示。

[85] 辛涛, 姜宇. 以社会主义核心价值观为中心构建我国学生核心素养体系 [J]. 人民教育，2015(7)：26-30.

· 221 ·

表4-39　了解24时计时法

教学参考目标	知识目标	学习目标
1. 结合现实情境,知道一天有24时,认识24时计时法,能够对24时计时法与12时计时法所表示的时刻进行相互转换 2. 在借助直观钟面解决问题的过程中,进一步体会同一问题有不同的解决方法。24时计时法在学习生活中的广泛应用	1. 认识24时计时法,知道一天有24小时 2. 能够准确地对12时计时法与24时计时法所表示的时刻进行相互转换 3. 能正确推算经过时间	1. 知道一天有24个小时,知道24时计时法表示时刻的方法 2. 12时计时法与24时计时法所表示的时刻相互转换的过程,能正确进行转换 3. 体会同一问题有不同的解决方法 4. 能比较12时计时法和24时计时法异同点,能举例说明它们之间的关系 5. 感受24时计时法在学习生活中的广泛应用

本课属于"概念类型的课",我们对该课型一般从"定义、特征、样子、应用"四个维度来进行分析。本节课的知识在生活应用非常广泛,在实际生活中邮局、交通、广播等场所经常用到24时计时法。24时计时法与普通计时法的区别是简洁明了,不用"时间词"加以说明,不用分段计时。24时计时法是采用从0时到24时来表示一天中的不同时刻。在具体的应用中要考虑两种计时方法的转换,并学会对简单的时间段进行计算。

③学情分析。学生已有的知识基础和生活经验就是认识了钟表,熟悉普通计时法;学生可能会在用24时计时法表示时间和两种计时方法的转换时产生困惑。为了深入了解学情,课前我们设计了调查问卷,通过问卷调查我们发现:95%的学生表示在很多不同的场所,看到过像19:00这样计时的方法,知道一天当中钟表的时针要转"两圈";80%的学生知道19:00是7:00,但说不清楚是晚上7:00,对于19:30是7:30;16%的学生能准确写出19:00就是晚上7:00;针对一个钟面上的9:00这个时刻;76%的学生能写出这一时刻他们具体所做的事情;13%的学生能准确清晰地表达出上午10:00

和晚上 10：00 这两个不同的时刻。

　　为了突出重点，理解 24 时计时法采用了"微课导学、自主学习"的教学方法。为了突破难点，转换两种计时方法，采用了"问题引领、合作学习"的学习方式。

　　本节课的教学过程有这样设计：一是布置导学、自主探究；二是合作学习、展示交流；三是教师点拨、拓展提升；四是课堂练习、巩固应用。

　　在各个环节当中依据提出的大问题开展教学，重点解决"是什么？什么样子，特征是什么？有什么作用？"这样的四个问题。如图 4-17 所示是本节课的思维导图。

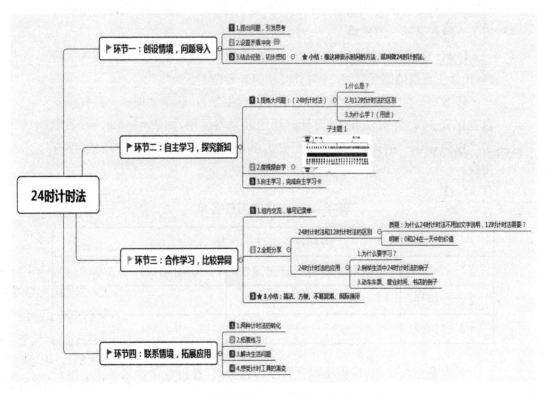

图 4-17　思维导图

④教学过程。

活动一：初步感知 24 时计时法。

在课件上呈现"10：00"这个钟面,教师进行追问："钟面上的时刻是几时?这个时刻你在做什么?"

【设计意图】出示"10 时"的钟面,设置矛盾冲突,以"同一个钟面不一定表示同一个时刻"引发学生的思考,感受学习 24 时计时法的必要性。

活动二：区别 24 时计时法与普通计时法。

这里一共分了三个环节。

环节一：梳理问题,明确目标。在这里提出了三个问题：什么是 24 时计时法?两种计时法有什么区别?为什么要学习 24 时计时法?在这里主要采用了"问题导学"的策略。

【设计意图】因学生的需求而设计教学活动,从两者的不同开始入手研究,让学生直观地感受学习 24 时计时法的必要性。

环节二：自主探究,合作学习。首先是自主学习。让学生根据"微视频"自主探究 24 时计时法和 12 时计时法的联系与区别,如表 4-40 所示,采用了"视频导学"的策略,同时搭配自主学习任务单,让学生学有所依,学有所获。

表 4-40   自主学习任务单

两种计时方法的区别		
	时刻前是否有"时间词"	用哪些数字表示
12 时计时法		
24 时计时法		

其次是小组交流。根据小组合作学习任务单,提出合作学习要求：组长负责记录小组合作研究的收获；组内派出代表准备全班分享。通过交流,大家畅所欲言,进行思维碰撞。

环节三：系统梳理深化认识。这是本节课的重点,主要采取了小组合作学习,让小组长"当小老师"引导学生学习的方式。课堂上这一环节非常精彩,学生提出了三个关键性的问题,也就是这三个关键性问题,解决了难点。

问题一："钟面上只有 1 到 12 这些数字，13 是怎么来的？"问题二："钟面上也没有 24 和 0，这两个时刻分别表示什么意思？"问题三"为什么 12 时计时法有时间词，而 24 时计时法，不加时间词？"在解决这些问题当中，教师引导学生在集体探讨过程中，明晰了两种计时方法，有效进行了数学建模。

【设计意图】渗透"画曲为直"的思想，直观地利用时间轴，出示同一时刻用两种不同的计时方法。不同的小组、不同的学生对 24 时计时法会有不同的见解，学生在经历组内交流和全班展示过程中互相补充、质疑、完善，在辩论中、在教师点拨中深化对两种不同计时方法的理解。

课堂练习环节，出示的两个练习题。一是分辨 24 时计时法和 12 时计时法，利用"希沃白板 5"这一多媒体程序设计了"小猴子找家"（见图 4-18 所示）的习题，让学生分别拖动给出的六个时刻，找到对应的计时法的"小蘑菇"，让学生感知两种计数法的本质区别。

图 4-18　小猴子找家

【设计意图】利用趣味练习，以此来考察学生对两种计时方法的掌握情况。根据低年级儿童的年龄特点，设置游戏的方式，激发学生的学习兴趣，能让更多的学生参与到课堂中。

第三个练习就是对比练习，出示小明一天的作息时间让学生进行数学建模。让学生指导两种计时方法是如何进行转换的，如表 4-41 所示。

表 4-41　对比联系

12 时计时法	活动安排	24 时计时法
早晨 6：00	起床	
上午 8：00	上课	
上午 9：30	课间操活动	
上午 11：30	放学	
下午 2：00	上课	
下午 4：00	放学	
下午 6：00	写作业	
晚上 7：00	看新闻联播	
晚上 8：30	熄灯睡觉	
……	……	

【设计意图】利用对比练习,让学生在练习中自主巩固新知,提炼方法。培养学生善于观察、善于思考、善于总结的能力。

最后一个环节是拓展应用,设计了让学生观看"计时方法、计时工具演变过程"的这一个"微视频",视频当中展示了从古至今日晷、滴水沙漏、浑天仪、钟表等计时工具,让学生感受古人的伟大智慧,激发学生的民族自豪感,渗透爱国主义的德育教育。

同时,教师设计了"设计钟表"这一环节。教师提出问题:"大家思考一下,如果让你利用今天学习的新知识再来设计新的钟表,你有什么想法?"学生畅所欲言,有的想要设计一圈是 24 个数的钟表,有的要设计两圈是 24 个数的钟表,还有的学生要设计带有年、月、日的钟表等。此时,教师把搜集到实际生活中的钟表图片进行展示,让学生感受到创新带来的乐趣。

【设计意图】出示各种有创意的钟表,培养学生的创新思维。

纵观本课,四个活动都给予学生充分的学习空间,让学生有自主学习和合作学习的机会。采用"互联网+"的信息技术手段和"问题导学"的方式开展了系列教学活动,培养了学生的学科能力,提升学生的数学素养。

（2）两个观察组分别从不同角度发布观课报告

①观课报告一。观察点：导学策略在本节课的体现——从"问题导学"和"微课导学"两个方面进行分析。

首先,分析"问题导学"在课堂中的应用及效果。

课堂伊始,课件出示 10 时的钟表图片,教师提出问题："钟面上的时刻是几时？这时,你在干什么呢？"。通过这两个生活小问题,引导学生们发现一天中有两个 10 时,为让学生清晰地认识 24 时计时法做好了铺垫。

引出课题《24 时计时法》后,教师继续以"看到 24 时计时法,你想知道什么？"这一问题引发学生思考。学生们开动脑筋,提出了"什么是 24 时计时法？""24 时计时法和 12 时计时法的区别是什么？""已经有 12 时计时法了,为什么还要学习 24 时计时法？"等系列目标性问题。整堂课围绕解决这 3 个问题展开学习活动,充分调动了学生的学习兴趣和探究欲望。学生提出问题、解决问题当成一种常态,使问题导学有了归宿,也有了意义。

"是什么？"这一问题的探究,借助微视频,引导学生自主学习,形成对 24 时计时法的初步建模,培养学生的数学抽象能力。

"区别是什么？"这一问题的导入及探究,体现了数学思维探究的严密性,通过引导学生主动地发现问题,并提出问题,并引导学生主动地去解决问题,养成严密的逻辑推理能力,尤其是在解决问题的过程中,学生们自主发言交流,畅所欲言,多角度挖掘两种计时方法的区别,充满了创新性,体现了学生们勇于探究、善于思考,严谨求实的理性精神。

"为什么学？"这一问题的课堂学习活动中,问题设置充满生活智慧,体现了数学德育应用性的特点。首先,"为什么学"的设置,就是为了引导学生了解学习 24 时计时法在生活中的必要性。引导学生们自觉在生活中发现数学问题,在数学知识建构过程中养成良好的数学品质。其次,出示生活中经常用的"火车票"并观察上面的时间。教师提出了：如果是你要去乘坐火车,你会几时到达火车站？这样的问题体现了数学知识在生活中的应用。除此之外,对于"24 时计时法的发展史"这一数学史料的展示,以生动、富有时代感、有说服力的素材,大大激发了学生们的民族自尊心和民族自豪感。

其次,分析"微课导学"策略在课堂上的应用及效果。本节课共播放了两个"微视频"。

基于导学的自主学习型数学课堂的教学实施与评价

第一个视频，采用了课中"微课助学"的教学策略，以形象、生动、直观的方式，帮助学生们了解了什么是 24 时计时法，并且在视频中与 12 时计时法进行了横向的对比，为后面进一步认识、探究、概括 24 时计时法做了铺垫。其主要作用体现在以下几个方面。一是有效激趣，激发学生研究兴趣。通常来讲，计时法和生活有关，是一个概念，不易表达。这个视频以生动形象、易于对比的形式，分别将两种计时法表示出来，使学生体会数学和生活的联系，体会数学来源于生活。在后期的应用中，又将计时法应用于生活，体现了数学来源于生活，又应用于生活的理念，有效激发了学生学习和继续研究的兴趣。二是联系生活，感性认识转化理性认知。将一天的时间以"行走的时钟"的形式展示出来，配合白天黑夜的动画交替，并巧妙地"化曲为直"，把 12 计时法和 24 计时法以表格的形式进行了表达，使学生从时间的感性认识中抽象出理性认识。三是对比鲜明，为研究提供依据。将 12 时计时法与 24 时计时法以表格的形式进行鲜明的对比。在小组合作学习中根据对比中的数据进行推测、判断，培养了学生的独立思考能力和辨析能力，发展了学生有理有据的数学思维。24 时计时法规则的总结，为学习 24 时计时法和 12 时计时法的相互转化做了铺垫，同时发展了学生的数学建模能力。

第二个微视频起到拓展应用的作用。其主要作用如下：一是拓展学生眼界，了解文明变迁，视频中向学生展示了关于时间工具的变迁，从中国古代的日晷、漏刻、浑天仪，一路演变到钟表，使学生更加体会古代人民的智慧，渗透民族自豪感，拓展学生的知识面，二是体会数学来源于生活，应用于生活，视频提到了古代数学家从生活中发现问题，通过数学知识解决问题的故事。鼓励学生做生活中的有心人，激励学生用数学眼光去发现生活中的问题，用数学知识去解决问题，从而提高学生的数学核心素养。

存在的问题：导学作业的设计时常存在低效甚至无效的现象。本节课，问题导学设计整体质量较高，后期课堂生成中，有个别问题的设计脱离了学生的实际状况，有的问题过于简单，例如"你通常晚上几点睡觉？"学生无需经过思考就能解决，缺乏学习动力；有的问题跨度过大，例如"两种计时法转化时，为什么下午的时刻要加减 12 ？"学生需要经过长时间思考才能弄明白，容易使学生失去学习兴趣。

建议如下：如果问题非常重要，也没有更好的问法，请老师在提出问题前充分铺垫，做好前置补偿学习。从"问题导学和微课导学"两个角度分析，我们组认为问题设置较为合理,导向明确;"微课"设计巧妙直观有效,有利于提高学生的能力,培养学生数学核心素养。

②观课报告二。观察点:思维严谨的学科德育渗透和数学抽象的核心素养渗透。

主要从两方面进行观课,一是思维严谨德育目标的渗透,二是数学抽象这一核心素养的养成。

根据数学学科德育特点,提出四个数学学科德育范畴中思维严谨、理性精神、数学审美、爱国主义[①]。本课针对四个范畴中的思维严谨进行了观课。思维严谨主要体现在思维缜密、有理有据、一丝不苟和规则意识四个方面。数学核心素养中包含六个方面:数学抽象、数学建模、逻辑推理、直观想象、数学运算、数据分析。其中数学抽象这一核心素养的培养策略体现在从具体到抽象,从直观到抽象,从经验到抽象三方面。

结合课中几个环节的设计,从两方面进行评析。

在导入环节,教师首先出示钟面,问"这个时刻你在做什么?"一生说"10时我正在上课",一生说"10时我正在睡觉",教师追问"为什么同一时刻却有两种活动?"学生回答:因为一天有24个小时,一天时钟转了两圈,就有两个10时。教师在这里借助学生已有的生活经验,设置矛盾冲突,引发学生思考,这样的追问促使学生考虑问题更加全面缜密、严谨、统筹兼顾。也正因为这样的追问,引发了学生的深度思考:怎样区分呢?教师在学生自主思考后及时追问:怎样表示能让人一看就明白呢?因为学生在生活中见过24时计时法,此事教师追问就是利用学生已有的生活经验,引出新知——认识24时计时法。在这一环节中,教师充分调动学生的生活经验和认知经验,把这些经验抽象成数学思考,是教师在有意识地引领学生实现"从经验到抽象"的数学认知。

12时计时法和24时计时法之间的关系,是本节课教学的重难点。为了解决这一重难点,教师充分利用多媒体课件,借助直观、形象的演示,层层递进,进行了突破。

第一层次:带着问题,借助直观,初步感知。

---

①徐云鸿. 小学数学教学中德育渗透方法例谈〔J〕. 小学数学教育,2017(17):3-8.

基于导学的自主学习型数学课堂的教学实施与评价

首先，利用"微课导学"的方式，让学生带着问题"什么是 24 时计时法？""两种计时法之间有什么关系？"进行自主学习，巧妙地利用多媒体动画，把钟面上的 24 小时"画曲为直"，借助直线型的时间尺和钟面进行直观、形象的对比。为了便于比较，教师把 12 时计时法的 2 圈时刻用蓝色和红色两种颜色表示出来，而 24 时用的是一种颜色，直观地将两种计时法的对比图呈现在学生面前，让学生初步感知到两种计时法的内在关联，体现了数学思维严谨的品格。

第二层次：问题引领，把握关系，深化学习。

学生自学后，对两种计时法有了初步的感知，但还只是处于表层的认知，比如 12 时计时法是用"0 ~ 12"这些数字来计时，有时间词；24 时计时法是用"0 ~ 24"这些数字来计时的，没有时间词等。而要真正理解它们之间的关联，还需要深挖本质，教师采用"小老师"引导的方法，让孩子们自己提出质疑，自己解答问题，这里重点提出了 3 个问题。

第一个疑问：为什么 12 时计时法有时间词，而 24 时计时法没有时间词？（学生解答比较清楚，就不作阐述了）

第二个疑问：为什么 12 时计时法用"0 ~ 12"这些数字表示，而钟面上却没有 0 这个时刻？

这是本节课的一大亮点，也是一个重要的生成，台上的"小老师"在孩子提出问题的时候，非常诚恳地说："这个问题，我也不知道，老师，你知道吗？"直接把问题抛给了教师。什么是生成？我们课前预设的是借助自制的时间条教具来解释 0 和 24 的关系的，但学生问的是 12 时中的 0，教师非常机智，借助"时间条"围成了两圈，不仅解释了 12 时计时法中的 12 时和 0 时的关系，还借此解释了 0 时和 24 时的关系，可以看出教师的教育机智和思维缜密的特点。正是在这一步步的设疑和追问中，使学生明确了 0 时和 24 时的特殊性，虽然 24 时计时法中没有出现 0 这个数字，但是 24 时却肩负着两重责任，既是昨天的结束，又是今天的开始。教师巧妙借助每一年的春节联欢晚会全民进入倒计时那个时刻，来强调"新年钟声敲响那一刻，既是去年的结束，也是一天的开始，更是新一年的开始。"这一点拨，使学生的思维提升了一个高度，深挖出了数学的本质。

第三个疑问：为什么钟表上只有 12 个数字，时刻中却出现了 13，14，…？学生的回答没有指向关键所在，教师追问：13 时对应的是哪个时刻？

二者之间什么关系？ 14 时呢？在教师的引领下，学生发现了数学的本质。接着教师又利用时间尺，进行直观对比，深挖两者之间的关系，并逐步抽象出了 12 时计时法转化成 24 时计时法的方法。正是因为在这一关键点下足了功夫，所以学生的思维进入深层的思考，达到了追求数学原理的目的，培养了学生回答问题有论据、有条理、一丝不苟的良好习惯，也实现了从直观形象到逻辑抽象核心素养的培养。

在拓展应用环节中，让学生根据车票的发车时间，科普了交通部门是如何根据发车时间来安排检票的时间等生活实例，让学生结合本节课所学的计时法的知识进行分析、应用，不仅培养学生解决实际问题的能力，更体现了思维缜密、统筹兼顾和规则意识。

最后，教师展示了计时法发展演变的历史，让学生懂得数学知识的来龙去脉，培养了学生在生活中发现数学问题，解决数学问题的能力。

纵观整节课，我们组通过对课堂环节的评析和个案的分析，提炼出以下策略：一是借助学生的生活经验和认知经验，抽象成数学思考；二是借助直观、形象的演示，抽象出数学的关系和原理；三是借助对关键点的质疑和追问，抽象出数学的本质。

第五章 基于导学的自主学习型课堂教学模式评价体系

第一节 导学作业设计评价

一、导学作业的评价

导学作业的评价要注重课程评价的发展性,要丰富评价的范围,把课程开发、课程实施和课程运行的整体情况等,分别纳入其中进行评价。

首先,利用档案袋的评价方式在学生层面进行评价。评价的方法多种多样,可以查看导学作业中学生的完成情况、学习作品和学生积累的学习成果等,进一步了解学生的发展水平与学生的进步程度。档案袋中的导学作业能反映出学生的学习态度、参与情况、探究体验等,可以作为教师开发导学作业的参照依据。

其次,利用校本评价的方式在教师评价层面进行评价。评价的方式多种多样,可以通过开展工作坊、设立集中论坛、利用主题教研的情况等对教师进行评价。旨在通过大家集思广益,互相倾听教师在设计导学作业时的构思和意图,彼此加深理解,进一步规范导学作业的开发、设计与实施。

最后,强化导学作业的管理,教科室要成立指导团队,出台有关导学作业的管理制度和章程,落实《导学作业教师评价参考》《导学作业教师开发指导手册》《导学作业课堂实施建议》等制度,为导学作业的开发保驾护航。

二、导学作业评价的关注点

基于导学作业的价值分析进行评价,首先要关注学生的生活经验,学生的生活经验是学生开展深度学习的重要依据;其次要正视知识结构,帮助学生形成认知网络;三是要实现导学作业的过程价值,引导学生追寻学习的意义。①

(一)关注生活经验,导向深度学习

学生当下学习的现状和学生未来发展的多种可能性是设计导学作业时必须考虑的。了解学生的学习经验和认知基础的情况,这是引导学生深度学习的前提。

一方面,将生活情境融于课堂之中,让学生观照直接经验。学生的学习都是从自身已有的经验基础为出发点的,教师还要注重分析所学的知识与学生现实生活之间存在什么样的关系,以催生或唤醒学生已有的生活经验,沟通文本知识和学生实际的联系,促进学习。

例如,在设计"本金、利息、利率"等这类概念课型的导学作业时,要结合学生熟悉的生活情境,将抽象的概念赋予一定的情境。比如,让学生搜集关于"银行知识"的相关内容,布置"银行知识知多少"的实践作业,建议学生和家长一起"走进银行",亲自办理存取款业务,从存单、回执单、存款账户等文本中了解相关知识,从咨询银行工作人员、查看资料卡等方面了解当下的新政策,在激活学生的个人生活体验的基础上加深对知识的理解。

另一方面,巧设情境加深知识的理解,让学生衔接间接经验。直接经验的关注,能够有效地建立学生所学知识与个体生活之间的关系;衔接的间接经验,对学生深度、高效地理解学生熟悉的知识提供关键的支点。可以说,观照学生的直接经验是提供学生学习的现实背景,而衔接间接经验则是提供学生理解数学知识的逻辑背景和思维背景,启迪学生思考,激发学生思维活动的多样性和多元性。

例如,设计《圆的周长》的课前导学作业时,教师可以将数学文化渗透到导学作业中,布置"调查圆周率的由来,搜集祖冲之的数学故事,调查古人

---

①伍远岳,杨莹莹.知识学习视野下导学案设计的困境与突围[J].中国教育学刊,2017(12):79-84.

是如何描述圆"等相关资料,渗透爱国主义的德育教育,拓展学生视野。

再如,学习《年、月、日》的知识,可以让学生搜集相关资料,从调查中学生知道了日、月、年的由来:"地球绕太阳公转的同时也在自转。地球自转一周的时间是 23 小时 56 分 4 秒,约是 1 日,1 日是 24 时;月亮绕地球转一周是的时间是 29 日 12 时 44 分 3 秒,约是 1 月;地球绕太阳公转一周的时间约是一年"。知道了平年和闰年的由来:"地球绕太阳转一周需要 365 天 5 小时 48 分 46 秒。为了方便,将一年定为 365 天,叫作平年。这样每过 4 年差不多就要多出一天来,把这一天加在 2 月份里,这一年就有 366 天,叫作闰年"等。这样,最大限度地还原数学知识产生、发展的过程,也展示出知识形成的过程和逻辑思维的过程,让学生深刻地感受到数学文化史的价值所在。

（二）正视知识结构,形成认知网络

学生认知结构的生成、发展是以知识结构的掌握与理解为前提和基础的,把握知识的结构意味着导学作业的设计要从整体思维出发,切不可对知识进行零散、片段化处理。要发挥导学作业对学生知识结构及认知网络形成的作用,从横向知识结构和纵向知识结构两个方面来分析。[①]

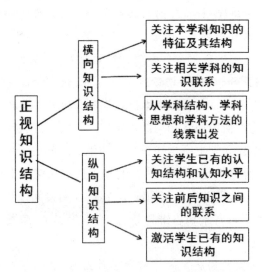

图 5-1　正视知识结构,形成认知网络

---

①伍远岳,杨莹莹. 知识学习视野下导学案设计的困境与突围[J]. 中国教育学刊,2017(12)：79-84.

第五章　基于导学的自主学习型课堂教学模式评价体系

　　学生横向知识结构的形成条件就是要求教师要密切关注整个学科知识的特征、结构，同时还要沟通相关学科之间的联系，导学作业的设计可以以知识点为线索，将相关学科的思想、方法、结构化融合为一起进行设计。

　　例如，五年级下册《圆》这一单元中，对"圆的面积"的探究，学生因为有探究其他平面图形（比如平行四边形、三角形、梯形等）面积的基础，知道研究新平面图形的面积，要用到"转化"的思想方法，学生思考的起点就是要把圆"转化"成已经学过的图形来研究它的面积。导学作业的设计，就可以让学生自己画圆或者做圆，来研究它的面积。虽然，学生探究采用的方法和手段各不相同，但设计此类导学作业的关键是"转化"思想的渗透。

　　课堂上，小组交流环节，教师给予学生充分展示、交流的机会，让学生感知各种各样的探究方法（可能学生探究的方法不一定科学合理，得到的结论也不一定完满，在这里，只要是学生有自己的想法并且经历探究的过程，能分享彼此探究的收获和喜悦都是可取的）。

　　点拨提升环节，是教师引领学生梳理课前探究的成果，并针对各种具体的情形纠偏扶正，优化提升的过程。教学中借助多媒体课件进行系统梳理（见图5-2）。

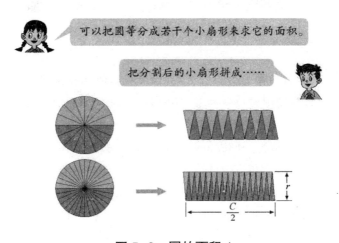

图 5-2　圆的面积 1

　　探究圆的面积，可以把圆等分成若干个"小扇形"来探究它的面积，把这些"小扇形"拼在一起，就可以看成一个近似的"长方形"。图中呈现了把圆形平均分成16等份、32等份的情况,对比观察后,不难发现:拼成的长方形的面积等于原来圆形的面积,长方形的长就是圆的周长的一半,长方形的宽是圆的半径,借助长方形的面积公式＝长×宽,从而推导出圆的面积公式（圆的周长的一半乘半径,然后再进行化简计算）。当然,对圆的面积的研究不要拘泥如此,教师还应该适当进行知识的拓展,可以利用课件演示学生有可能考虑不到的情况（见图5-3）。

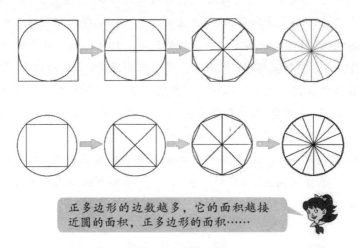

正多边形的边数越多,它的面积越接近圆的面积,正多边形的面积……

图5-3　圆的面积2

在圆外或者圆内画一个正多边形,探究圆的面积与正方形的大小关系,进而总结出,正多边形的边数越多,它的面积越接近圆的面积。这样的设计,充分体现数形结合、转化、分类讨论等数学思想方法。

学生纵向知识结构的形成条件也是多维度的。导学作业在设计时对前后知识之间的联系的关注度要做到心中有数,这样能有效激活学生已有的知识结构和逻辑关系,让现有知识成为理解新学知识理解起到有力的支撑作用。

在具体的策略上,教师可以适当借鉴"思维导图"的方式并将其运用导学作业的设计中。

例如,我们设计的导学作业都会留出一个学生反思的板块"我的收获与疑惑",这样有助于学生整理自己的学习情绪。"我的思维导图"部分是让学生根据自己梳理的相关知识体系,将本单元的知识自己设计思维导图,形式可以多种多样,尽可能不要遗漏知识点,涵盖的面要广一些;课堂上全班展示交流环节,借助于大家整理的相关内容,首先要引导学生分享自己的思维导图,说清楚自己的设计理念和所整理的重点知识,让同伴有所收获,启迪同伴的思考,全体同学在与他人彼此分享之后,再修改、完善、补充自己设计的思维导图;课堂总结环节,就可以发挥教师的启迪作用,教师可以采用多媒体辅助手段呈现出较为完善的知识结构图或精心设计的网络结构图等等,这样便于帮助学生识记知识、理解知识和掌握知识的逻辑结构,引导学生逐步地自主建构知识的结构和知识网络,形成完整的认知结构。

例如,五年级上册《比的整理与复习》单元导学作业如表5-1所示。

表5-1　比的整理与复习

学习目标	1. 通过复习比的相关内容,整理出比的相关知识点 2. 会用所学的重点知识来解决生活中相应的数学问题
知识链接	1. 梳理关于"比"的相关概念及知识之间的联系 2. 对比的基本性质、化简比和求比值等"相关联"的知识要举例说明
我的思维导图	
我的收获与疑惑	

如图5-4所示,展示的是主题为"比的整理与复习"的学生导学作业,从图中可以看出,利用思维导图梳理了单元知识之间的联系与区别。通过这一作业的布置,主动架构了"比"这一单元的知识体系,对系统掌握本单元的知识,起到了很好的促进作用。

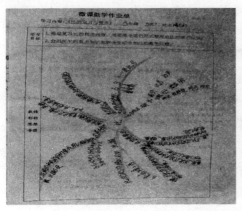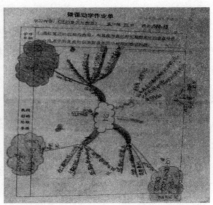

图5-4　比的整理与复习

（三）实现过程价值，追寻学习意义

学习是个体追寻与创造意义的实践活动，学习活动是教育教学中非常重要的活动形式，也是帮助学生理解知识、锻炼思维和建构学习意义的重要活动。教师要关注导学作业的过程性设计，要引导学生丰富自己的学习过程，有效实现过程的价值观，有效建构学习的意义。

教师要基于对知识性质的分析设计有针对性的导学作业。根据布鲁姆教育目标分类学，可以将知识分为不同的层次，即事实性知识、概念性知识、程序性知识和元认知知识。[①]如图5-5所示。

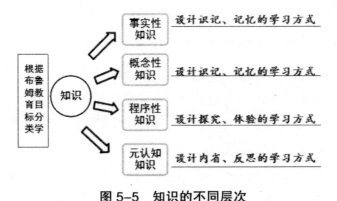

图5-5　知识的不同层次

---

①伍远岳，杨莹莹．知识学习视野下导学案设计的困境与突围 [J]．中国教育学刊，2017(12)：79-84.

因此,对学生所学知识进行结构和性质的分析是教师在设计导学作业时要思考的,并且要结合导学作业来设计学习活动方式。

例如,三年级下册《线和角的认识》一课,设计导学作业时要引导学生进行学习意义的表达。

1.认识三种线（直线、射线、线段）属于概念性知识,尽可能设计理解、记忆的学习方式,设计如下的学习活动。

（1）先画出三条不同长度的线段。

（2）延长线段的一端,就变成了射线,比较一下射线和线段的不同点。

（3）延长线段的两端,就变成了直线,比较一下直线和线段的不同点。

（4）利用列表格的方法整理一下三者之间的关系,如表5-2所示,

表5-2　三种线间的关系

名称	端点的个数	是否可以度量	是否可以无限延长
线段			
射线			
直线			

2.认识角,属于元认知知识,设计内省的学习方式,设计如下教学活动。

（1）请你根据自己的理解画出一个角,你能用自己的话说一说,什么是角吗？

（2）你知道角用什么符号来表示吗？应该怎么描述角呢？

导学作业的设计应该重视引导学生进行自我表达和意义表达,这样能够引导学生重新审视和反思自我的价值观,重新认识自我。一份合理的导学作业,意义深远,不仅能对学生个体学习过程起着重要的作用,而且能有效激发个体对生命意义的建构。

三、“微课导学”作业的评价

以人为本、着眼人的发展、重视建构的过程是评价所倡导的,评价能起到积极的导向、激励和改进的作用。“微课导学”作业的评价要关注导学作业设计的科学性、学生利用导学作业学习的有效性和对学生的学习起到的价值。

基于导学的自主学习型数学课堂的教学实施与评价

（一）用数据评价

推行"微课"导学作业,学习过程会变得丰富多彩,微视频充满丰富、具体、清晰可测的数据元素,评价时可以借助相关数据来进行分析。比如,播放"微视频"时,可以借助于网络技术手段,诊断学生在哪个知识点处停留,停留的时长是多少,视频中的哪个知识点是学生不会的,是需要反复观看的,后台记录有参考价值,可以实现全面评价导学作业的作用。可以用数据来评价导学作业的目标达成度、学习效果、使用的过程性监控以及多元化的发展等,这样,教师在课堂上就更有针对性地进行教学,这样的评价也是有"证据"的学习评价。

例如,五年级上册《用方向和距离确定位置》一课,学生观看课中微课时,对教师所整理的思维导图（见图5-6）存在理解困难的问题。

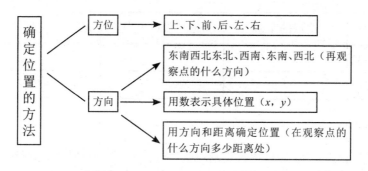

图 5-6　在平面图上确定位置的方法

授课教师在课堂上观察到大部分学生都是将视频点击"暂停"播放的按钮,在该页面停留时间较长。教师整理的思维导图,知识点涵盖较多,从知识的"纵向结构"沟通了小学阶段所有关于"确定位置"这一部分的所有内容,这是导致学生学习困难的原因之一。当然,这更是教师"故意"为止的,因为小学生对知识的整体建构能力是需要教师培养的,教师就是有效利用了"微课导学"这一技术手段,提升学生架构知识体系的能力,课堂上学生"暂停"视频播放,反复研究这一思维导图,有效掌握了这一部分知识。

对这一课堂现象进行分析,一是思维导图呈现的内容可能难度较大,学生不易理解。这就需要教师重新思考,必要时进行适当调整;二是教师课堂上要及时觉察这一问题,迅速及时调整教学策略。这就是"微课导学"评价的价值所在。

（二）体现差异性

"微课导学"的推行,使学习过程能够实现关注不同学习个体的差异。学习者可以根据个体的学习能力和学习需要自主调控学习进度、学习速度,这是一种更加接近个性化学习的自适应学习。在微课程录制时,我们往往会根据学习内容适当内嵌诊断性问题,对学习过程进行干预,同时要求在每个微课程的结尾处提出二至三个有思维含量的思考题,供学习者回馈检测学习效果,也可以开发合适的评价量规,让学生、老师、家长对学习者个人、学习共同体进行自评、互评和他评,丰富评价的维度和层次。

例如,四年级上册《平面图形的整理与复习》一课,在系统梳理本单元的知识后,给学生留有三道"挑战易错题"。如图5-7所示。

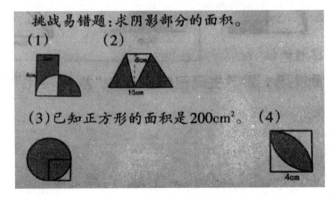

图5-7　挑战易错题

学生自主完成这三道题后,作业成果发挥有效评价作用:一是学生通过做题的情况,对自己是否掌握本单元的知识,做到了心中有数;二是学生通过查看同伴的作业,与自己的作业进行对比,进一步把握了知识;三是教师通过查看学生对作业完成的情况,整体掌握了学生是对本单元知识的了解情况,哪些地方还存在问题,有哪些学生在复习前已经掌握了本单元的知识等情况也有了把握,真正发挥了评价的作用。

通过查看学生对图中问题的解答情况来看,能有效地把握学生的学情,找到学生的困惑点,充分尊重学生差异的基础上,教师可以进行"再次检测"的方式,有效进行弥补。

（三）体现先行性

"教学评"一致性是我们的数学课堂所追求的。推行"微课导学"能体现教师的教、学生的学和评价的一体化。导学作业的第一板块出示学习目标，学生在教师设定的学习目标的指导下，不仅能够依据学习目标进行学习，并且能够对学习过程进行优化，更重要的是学生能够依据学习目标的设计对照自己的学生状况，进行反馈性评价，使评价始于学习之前。

例如，三年级《两位数乘法（不进位）》一课中，"微课"的设计让学生从情境图"为欢度国庆举行菊花展，每行摆了23棵，一共12行，一共有多少盆花？"入手，引导学生借助点子图理解"每行数×行数＝总数"，并列式解答。学生能正确地列出算式，并求得结果，说明达成了第一个学习目标。导学作业在"评价检测"的板块中，给学生留出几道相关类型题（计算 $32×21$，$13×22$），让学生根据做题的正确率来检测自己是否学会了两位数乘两位数的计算方法，这样一来，教师就可以根据学生的计算情况，评价学生是否达成了其他几个学习目标。

在实践过程中及时收集学生在课前学习中对知识的把握情况，实施教学之前，建议教师再度修正评价的内容、设计科学的评价方式，这样能起到使评价走在学习前面的作用，对学习目标的达成度起到有效的作用。

四、问题导学作业的评价

古人云："君子之学必好问。问与学，相辅而行也，非学无以致疑，非问无以广识。好学而不勤问，非真能好学者也。"[1]学和问是相辅相成的，学中问，问中学，才能真正将"学问"做好。问题导学作业设计与使用的如何，可以从以下几个方面进行评价。

（一）评价支撑的关键性问题

问题导学作业的设计中，应该围绕一个或几个关键性问题引导学生开展学习活动，这个问题是支撑该导学作业的核心问题，起着举足轻重的作用。

例如，教学五年级《解决问题——百分数》一课后，出示一连串的巩固性问题。

---

①张志林．激发学生提问提高学习兴趣［J］．中学数学教学参考，1999（11）：8-9．

（1）某商场经营的某件商品，10月份比9月份上涨30%，11月份比10月份下降30%，结果怎么样？

（2）如果这件商品先下降30%，再上涨30%，结果又会怎么样呢？

（3）分别计算后，你有什么发现？

（4）你能提出什么新问题？你能自己解决这个问题吗？

看似简单的一道生活实际问题，含义深刻，学生在解决问题（1）时，采用了"假设"的方法，假设这件商品是单位"1"，计算后发现是下降了9%。问题（2）的出示在问题（1）的基础上顺次设计的，不仅可以当作巩固练习，也可以当作新的问题。进行对比计算。

（1）9月份的价格：$1 \times （1+30\%） \times （1-30\%）=0.91$

（2）9月份的价格：$1 \times （1-30\%） \times （1+30\%）=0.91$

不难看出，问题（1）和问题（2）的计算方法是一致的，都是假设这件商品是单位"1"，然后先找到第一次变化的"分率"，再找到第二次变化的"分率"，最后计算出结果。问题（3）要求学生对比，并谈一下自己有什么发现？当学生发现两次计算的结果是相同的后，学生自然会发现，先上涨再下降和先下降再上涨其中"分率"的变化是一样的，在学生充分感悟到这个问题的本质后，再引导学生继续思考，接着出示问题（4）"你还能提出进一步思考的问题吗？"。四个问题层层递进，层层深入，前一个问题是后一个问题的起点，后一个问题又反作用于前一个问题，假设学生能够自主弄清楚每一个问题的来龙去脉，弄清楚解决这一问题的有效方法，就能不断催生自己的思维点，就会在解决问题的过程中不断地激发学生的联想，从而产生新问题，获得新的结论。

（二）评价驱动学习的有效问题

新知识的学习其实是需要有旧知识作铺垫的，教师应找准新旧知识之间的衔接点，有效地设计矛盾冲突，不断激发学生的求知欲。课堂伊始，情境的创设是要切合学生学习经验的，最好利用学生自主提出的问题驱动课堂教学，这样学习就变成了学生自己的事情，能有效地调动学生学习的积极性，有效沟通数学知识与学生的现实生活之间的联系，激发学生学习动力和学习兴趣。

例如，三年级下册《年、月、日》一课，教师板书课题——年、月、日。

师：同学们，我们今天来学习新的内容，年、月、日，你了解哪些关于年、月、日的知识？

生：我知道现在是 21 世纪。

生：我知道一年有 12 个月。

生：我知道一个月有 31 天，也有 30 天的。

生：一年有 365 天。

生：也有一年有 366 天的。

生：2 月份的天数是不一定的。

生：我知道 1 世纪就是 100 年。

生：我知道 10 月 1 日是国庆节。

……

师：大家知道的真多，看来对年、月、日的相关知识都有了一定的了解，根据同学们了解的这些知识，你还有什么问题想问吗？

生：老师，我想知道年、月、日之间的关系？

生：老师，我想知道 2 月份到底有多少天？

生：老师，我想知道什么叫平年？

……

建构主义理论认为：学习过程不是知识简单地传递的过程，是学生自主建构的过程，是学生个人经验的合理化，学习者必须在原有的认知结构基础上接受新信息、进行自我反思、自我调节。[①]年、月、日这一课时的内容是和学生的生活息息相关，是富有生活情境的。学生的小脑瓜里存在着各种各样有趣的问题，学生提出的这些问题是真实存在的，并且是有探究价值的。有效地提出有价值的数学问题驱动了本节课的研究，是可以积极主动地投入研究中取得的，这些问题是需要教师有效引领才能探究成功的，问题驱动下数学课堂的教学是学生探究的乐园，是教师顺利开展课堂教学的保障。

（三）评价思维困惑的核心问题

问题导学作业要能起到点拨思路、启发探究的作用，这就要看问题设计的是否巧、精、妙，是否在思维困惑处设置问题。由于分析角度与解决策略的不同，即使对于相同的数学问题，学生也可能会遇到不同的困惑。这时就需要

---

①任立华,王芳.建构主义理论对学生自主学习能力的影响 [J].赤子（上中旬），2015(5)：93-93.

了解学生真实的思维困惑,从学生学的角度设计适合学生主动建构的数学问题,在点拨思路的同时驱动学生继续思考、探究。

　　例如,在教学三年级《带小括号的混合运算》时,教师先利用课件呈现一幅情境图,图中包含的主要信息有:"一筐苹果60个,一篮苹果比一筐苹果少38个,求3篮苹果一共有多少个?"在课前学生已经积累了解决此类问题的知识经验,所以先让学生交流分步计算的解题过程,即先求什么、再求什么,并理解数量关系:"一篮苹果的个数x苹果的篮数=总个数。"在运用综合算式解决问题时出现了一个矛盾冲突,学生非常困惑:"解决实际问题要先算一篮苹果有多少个?",即先算综合算式里的减法,而算式"60-38×3"根据运算顺序应该先算乘法,所以这样列式是不对的。此时,教师要通过以下两个问题点拨学生的思路。

　　(1)如果写成一个综合算式,该怎样写呢?

　　通过对这个问题的思辨活动,让学生在交流过程中充分体会到解决问题思路与运算顺序的矛盾,进而明晰算式的运算顺序要和解决问题的思路一致。

　　(2)怎样才能先算60-38呢?

　　教师应该充分放手,给学生探究的空间。在学生尝试运用各种符号运算的探究活动中,小括号便在千呼万唤中应运而生了。

　　这两个问题如同魔术般神奇地点燃了学生思维的火花,有力地驱动学生深入思考,学生的探究也由茫然走向火热,进而真切地体会到小括号产生的必要性以及它的价值,课堂也因此而焕发出生命的活力。

五、实践探学作业的评价

　　华罗庚曾经说过:"人们对数学产生枯燥无味、神秘难懂的印象,原因之一便是脱离实际。"[①]数学实践性作业是为学生在数学与生活之间架起桥梁,让学生发现生活中的数学,研究生活中的数学。正因为实践探学作业的这一特点,所以可以采取多元化的评价方式来衡量。

　　(一)制定评价标准进行多元评价

　　评价对实践探学作业起着导向和质量监控的作用,是达成学习目标的重

---

①王悦.小学数学知识生活化教学研究[J].读与写(教育教学刊),2019(2):172.

要手段。因为作业的特殊性，评价时一定要针对整个研究的过程，对学生在作业的完成过程等多个进行评价。评价的要全方位的展开，在评价的角色方面既要有同学评价、家长评价、自我评价，还要有教师的总体评价。评价的多元性，可以使评价结果公平、客观和有效，为达成实践探学作业的目标起到重要作业，也让学生明晰个人发展的方向。

例如，"水表知多少"实践探学作业。

学习目标：知道自己家庭中各类表的具体位置，学会读各类表，了解读数的意义，并进行记录。

活动1：生活中有哪些表？它们各自发挥着什么功能呢？请你调查一下吧。

【设计意图】学生通过问询家人、查找资料、实地勘察等多种方式，了解生活中常见的表的名称、样子和基本用途，获得基本的生活经验。

活动2：认识水表。

示例：常用水表之一（见图5-8所示）。

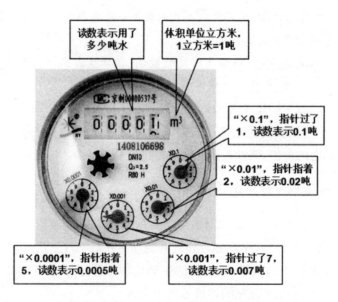

图5-8　水表的结构和读数方法

【设计意图】通过提供的水表的样例，让学生独立自学，初步了解相对比较复杂的水表的读数方法。

活动3：你会读水表了吗？电表或其他表呢？把它们画下来（或拍照），

写下它此刻的读数 (精确到个位)。

【设计意图】要求学生先找到自己家的水表、电表、天然气表及其他常见的表,通过观察各种表的表面结构,尝试进行读数,并了解读数的基本意义,然后通过拍照或者画图的形式把表盘展示在导学作业上,记录读数及意义,并记录当天的日期,方便后续学习以及返校后和老师、同伴进行交流。

布置了实践探学作业后,我们进行了如下所示的实践成果评价,帮助学生总结回顾活动的过程,反思自我,也促进同伴交流和亲子学习,一举多得。

【评价标准】

3 颗星:能独立认读 3 种 (及 3 种以上) 生活中的表,并能正确记录,理解读数的意义。

2 颗星:能在家长的帮助和提示下认读 3 种生活中的表,并能正确记录表的读数,理解读数意义。

1 颗星:能独立 (或在家长的帮助下) 认读各种表,但读表的误差比较大。

【成果评价】

自己评价 : ☆ ☆ ☆　家长评价 : ☆ ☆ ☆　同学评价 : ☆ ☆ ☆

实践探学作业的布置,学生能够将数学课堂上学到的知识拓展到生活实践中去,在生活实践中能够更加充分、深入地感知数学学习的全过程,正因为有了这份"情感"更能有效地激发学生对开展数学实践活动的兴趣,更加深切地感受到数学来源于生活并且应用于生活的价值所在,感受到了数学源于生活、用于生活的价值,有效地拓展了学生的知识面,能更加全面地提升学生的数学核心素养。

(二)评价参与实践探学作业的态度

学生是否有兴趣参与也是判断实践探学作业是否有效的一个很重要的标准。科学的实践探学作业可以通过学生在活动过程中的许多外显性的行为表现出来。

例如,五年级数学《体积和体积单位的认识》一课,设计课前体验活动,让学生到超市、商场等场所去观察、了解哪些物品是以升和毫升为单位的,分别是多少升和毫升。学生用各种方法记录观察到的升和毫升。如:一瓶香水 5毫升、一瓶面霜 30 毫升、一瓶矿泉水 500 毫升、一大桶矿泉水 4 升、一桶色拉油5升等。在学生认识了生活中的升和毫升后,让他们在家里用滴管滴水和用盆盛水等方法,感受1毫升和1升水各有多少。经过这样的实践活动,学生对升和毫升有了感性认识,教师在课堂上再组织学生进行估一估、测一测等活动,让他们对1毫升、5毫升、100毫升、200毫升和1升、5升等建立起清晰的表象,课堂教学可谓水到渠成。

从案例中不难看出,活动的设计从学生本身角度去思考,对"体积单位"这一表象的认识,学生经历了"观察—记录—对比—实验—估测"的探究过程来感知、体验,学生有兴趣、乐参与、能实践,积累了数学活动经验,收获了新知。

（三）评价创新精神和实践能力的发展情况

评价学生在完成实践性作业过程中从发现问题、提出问题、分析问题到解决问题的全过程,实现课程标准的要求,同时也能有效地中体现学生的探究精神和实际操作能力。

例如,设计贴近学生生活的素材的活动,布置"如何制作一把舒适的椅子"的实践探学作业,课堂反馈情况比较精彩。

组1:调查了古人对舒适椅子的尺寸要求,《鲁班经》里说:"板凳式,没做一尺六寸高,一寸三分厚,长三尺八寸无分。凳头三寸八分半,脚一寸四分大,一寸二分厚。"

组2:从坐深、坐宽、椅背三个方面调查了相关的数据:坐深应小于坐姿时大腿的水平长度,尺寸最好在380～420mm;椅子的坐宽不小于380mm,最好以自然垂臂,舒适姿态的肩宽为准;椅背的高度一般不宜高于肩胛骨。

组3:设计"C"字形休闲的阅读椅。

学生要完成实践探学作业是需要经历一系列探究活动的,比如同伴的协作、小组的交流、全班的展示等。在实践活动的完成中,要充分地发挥教师的主导作用,引导学生能科学地分析数学问题,能用数学的眼光来观察生活中的"事件"和生活中存在的"问题"。作业的完成,对学生的要求较高,首先要让学生大胆的猜想,其次鼓励学生在充满数学味的探究活动中去验证,这样才能获得更科学、合理的结论,提升学生的创新意识和实践能力。

（四）评价对学习方法与研究方法的掌握情况

要想完成好实践探学作业,需要调动多种感官参与,采用多种学习方式去主动探究。因此,评价学生对资料查阅、调查研究、工具运用等方面的把握情况,还要综合评价学生在实践过程中技能的发挥情况。

例如,五年级下册"图形与几何"领域的知识综合复习时,学生已经掌握了长方体、正方体、圆柱等多种立体图形的表面积和体积的计算方法后,提出怎样测量"圆柱形花瓶的侧面积和容积"问题。课前学生进行了自主探究,课堂交流环节。

(1)求圆柱形花瓶的侧面积

方法一:把圆柱形花瓶看作圆柱,用软尺围圆柱形花瓶中段绕一圈,量出腰长,这就是圆柱的底面周长,再用软尺测量出花瓶的高,然后用求侧面积的方法"圆柱的侧面积＝底面周长×高"。

方法二:给圆柱形花瓶做一件美丽的"外衣",用包装纸把花瓶包一圈,剪掉多余的部分,然后量出该包装纸的长和宽,计算出长方形的面积,就是花瓶的侧面积。

(2)求圆柱形花瓶的容积

方法一:先测量出圆柱形花瓶底面的直径和花瓶的高度,利用圆柱体积的计算方法,计算出容积。

方法二:将圆柱形花瓶装满水,然后把水导入带有刻度的量杯中,用量杯测量出水的体积。

方法三:找一个写有容积的矿泉水瓶,装满水瓶后,分别向花瓶中导入水,根据倒入水的量,能大约估测花瓶的容积。

实践探学作业拓展了教学时空,使得学习空间从扁平化走向了立体化。学生自己去发现生活中的数学,去研究生活中的数学,并能用数学的眼光去思考,去解决,实践应用能力得到了提升。

第二节　自主学习评价

现代教育的理念是以培养学生的自主学习能力为终极目标,让学生拥有自求自得、独立思考、自我管理的能力,能够通过自主学习活动,学会学习,形成良好的学习习惯和学习品质。

一、自主学习评价设计的原则

评价是为了促使学生发展的,要进行公平客观的发展评价,发挥评价的功能,就要求教师遵守评价原则,提高教学效果。

（一）以教学目标为依据

针对数学学科的特性,有效实施教学评价。例如,采用各种不同的技术和方法、不同形式、不同的数学元素等实施教学评价。无论采用何种方式,前提都必须以教学目标为依据来进行。将教学目标中的关键性"行为动词"进行解读,使之变成可测的"行为目标",这样,就可以把抽象的教学目标变成直观的教学活动,然后,再根据具体的"行为目标",制定适当的评价方式和工具,来实施有效的评价。

例如,一年级上册《11～20各数的认识》一课,对教学目标进行定位。

首先,分析课程标准的要求。（1）在现实情境中理解万以内数的意义,能认、读、写万以内的数,能用数表示物体的个数或事物的顺序和位置。（2）能说出各数位的名称,理解各数位上的数字表示的意义。

其次,进行课程标准解读。"能"即"会",要求学生在具体的现实情境中会读、会写、会用数表示物体的个数,会表示几个和第几,并能对所认识的数进行排序,比较大小；认识从右边数第一位是个位,第二位是十位,能用数学语言表达出每个数位上数字表示的意义。

第三,进行德育目标分析。在学生认识数的过程中,培养探索创新、敢于质疑、独立思考、善于反思,求真求实的理性精神和思维缜密、一丝不苟、有理有据、规则意识的思维品质及数学抽象的核心素养。

最后,确定教学目标。

（1）学生能结合现实情境正确地数出 11 ～ 20 这些数量中物体的个数，能正确读、写 11 ～ 20 这些数字。

（2）初步认识计数单位"个"和"十"，知道数位"个位"和"十位"。知道 11 ～ 20 各个数的组成、排列顺序和这些数字的大小。

（3）会用 20 以内的数的来描述生活中的事物，培养学生"数感"，体验学生学习数学的乐趣，使学生获得学习数学的积极的情感体验和享受成功的乐趣。

（4）经历计数单位"十"的建构过程，建立正确的数的概念。

教学目标的确定，从课程标准入手开始研究，分析其中蕴含的关键性行为动词，分析其中蕴含的德育渗透点，然后确定学生应达成的学习目标，根据确定的学习目标来进行评价，呈现出"有标可依"的状态，实现自主学习的评价。

（二）兼顾多种目标

众所周知，教学目标从知识目标、过程目标和情感态度价值观目标这三方面进行描述，当然，现下还应该将核心素养目标和学科德育目标融合到其中，因此，教学评价也要兼顾多种目标，不能只关注一种目标，或只强调对认知目标的评价，忽视对其他目标的评价。此外，教学目标还应该关注不同的层次。因为，不同层次的目标的评价是不同的。例如，根据布鲁姆的教育目标分类理论，认知目标可以分为知识、理解、应用、分析、综合和评价等层次，[①]所以在对认知目标进行评价时，更不能只单纯从知识层面进行评价，同时也要兼顾过程与方法、情感态度与价值观、学科德育的渗透等其他层面目标的评价。

例如，四年级数学智慧广场《烙饼问题》，出示问题："平底锅中一次能烙两张饼，每面都要烙三分钟，如何能尽快烙好三张饼？"

分析问题，也就是找到最优化的烙饼方法，不仅要顺利烙熟饼，也要探寻用时最短的策略。确定教学目标时，就要兼顾多个目标。首先，应该考虑"烙饼问题"所体现的数学本质是什么；然后，还要体现对学生进行优化思想的培养；最后，探寻烙饼耗时最短的方案。由此可以看出，知识目标是引导学生

---

①刘世斌. 从布鲁姆教育目标分类学视角看有效教学的实施［J］. 中小学教学研究，2013（5）：3-5.

发现烙 3 张饼要用多少时间,为了让学生更加清晰地理解这一问题,可以画一个大圆表示平底锅,制作三种小的圆形纸片标注上"正面""反面"。利用学具演示,让学生清楚第一次可以先烙 2 张的正面,正面烙好后,取出第 2 张饼;第二次,烙第 1 张饼的反面,和新放入的第 3 张饼烙正面……,这样把抽象的知识直观化,有助于学生理解。同时,在演示时,教师要不断地引领学生进行分析,将优化的思想方法进行渗透,兼顾多种目标的评价方式,有助于学生建构知识。

数学教学中关注学生的知识目标是最基本的,最应该的。当然,不能忽视思想方法目标、能力目标、德育目标的关注,才可以在实践操作层面上游刃有余。

(三)采用多种评价方法

任何一种评价方法都不可能全面地衡量学生所有的学习结果,因为每一种评价方法都有本身的特殊功能和自身的局限性,所以倡导多种评价方法相结合的方法。教学过程是丰富多彩的,不是各种各样活动的叠加,这就决定着不同阶段的教学过程,也要采用不同的评价方法,才能够实现评价的有效性。评价的目的是提高课堂教学的效果、提升学生学习能力、把握学生学习状况,这样,教师就可以根据外显的状态,根据评价的结果采取补救措施,提高教育教学质量,真正实现评价的有效性。

例如,五年级下册《比例尺》一课,课程标准中对本节课是这样要求的:"了解比例尺;在具体情境中,会按给定的比例进行图上距离与实际距离的换算。"结合上述要求,我们解读关键性动词"了解、具体情境、换算",确定教学目标。对"了解比例尺"这一要求,制定的目标是认识数值比例尺和线段比例尺,并能说出两种比例尺的意义;对"在具体情境中,会按给定的比例进行图上距离与实际距离的换算。"这一要求,制定的目标是能根据给出的条件,求出图上距离或实际距离。教学目标确定好后,再来确定教学重难点:教学重点放在学生如何根据图上距离(或实际距离)和比例尺,计算出实际距离或计算图上距离。教学难点是让学生会看地图上标注的比例尺,会根据度量出的地图上两地之间的距离或者实际距离,分别求出未知的量。从学生数学表达培养的角度定位,教学目标还要有:能用规范的语言描述什么是比例尺,比例尺是如何分类的,怎么求比例尺。从学习数学价值的角度定位,教学目标也要有:会识图,知道图上标注的是线段比例尺还是数值比例尺,并且会进行这两种比例尺之间的转换,更高一层次的目标就是会根据比例尺,估测相关的距离。

多种评价方法对应着多重教学目标,不同教学目标考察学生的自主学习的程度不同。因此,落实不同的层次目标,就需要多种评价方法加以衡量。

（四）多次进行评价

评价的最终目的就是确保教学目标有效达成。评价时要正确地看待评价结果,通过评价结果的反馈,能够起到改善学生的学习效果的作用。可见,进行多次评价是具有实质性意义的。

例如,在教学四年级下册《2,3,5的倍数》一课时,探究环节,学生已经知道"2的倍数的特征":个位上是0,2,4,6,8;"5的倍数的特征":个位上是0或5。受知识正迁移的影响,学生根据"2和5的倍数的特征"会猜想到"3的倍数的特征":个位上是1,3,5,7,9的数。学生的这种思维方式是合情合理的,在实践教学中,教师应该及时地进行评价:"同学们根据2和5的倍数的特征,进一步猜想得出3的倍数的特征的思路很正常,但是,猜想毕竟是猜想,需要我们进一步地去验证,请你先举几个例子看一下,你猜想的3的倍数的特征是不是正确呢? 如果不正确,你能想办法探究出3的倍数的特征呢? "

上述案例中教师的评价是及时的,也是科学的。首先教师肯定学生的猜想,让学生感受到学习数学的路径是正确的；其次,教师提出了验证的方法,先举例子,然后再想办法进行探究。这样多次进行评价,不仅保护了学生学习的积极性和求知欲,而且适时地给学生提供数学知识探究的相关策略,评价是真实有效的。

二、自主学习评价标准

开展自主学习评价对促进师生交流有着重要的作用。自主学习评价具有导向、激励、矫正等功能,对学生开展自主学习能力等方面的提高起助力作用。

（1）评价小组活动中的自主学习。小组活动中开展自我评价,各小组成员能从多向的信息交流中认识自我、能有效地开拓思路,同时也有利于学生自我调控学习方法,对个人的学习行为、学习习惯起到促进作用,对激发自主学习的积极性、主动性,形成自己的个性等方面都有裨益,能有效地提高自主学习能力。

利用表格记录学生在小组活动中自主学习的参与情况,每一位成员是否参与、参与的时长、发表的主要观点、对主要观点做出的反应等情况,进行量化分析。以此来衡量学生小组合作学习中自主学习的效度。如表 5-3 所示。

表 5-3　小组成员自主学习的参与度情况

问题	组别	成员	参与（打∨）	时间		主要观点摘录	对观点的做出的反应	量化情况分析
				开始	结束			
记录交流的问题	一组	1						
		2						
		3						
		4						
	二组	1						
		2						
		3						
		4						
	三组	1						
		2						
		3						
		4						

（2）课堂学习中的自主学习评价。课堂学习的各个环节,比如自主学习环节、组内学习环节和组间学习环节都有自主学习的内容,各环节中的自主学习评价如表 5-4 所示。可以从活动的参与、问题的质疑、效果的达成等多方面进行评价,以此来衡量自主学习的效度。

表 5-4 合作学习中的自主学习评价表

项目	学习内容		情况纪实（小组成员）				评价情况		
			1	2	3	4	优	中	差
自主学习情况	主动参与活动情况								
	积极思考问题情况								
	完成检测达标情况								
组间学习情况	合作情况	合作意识							
		合作实效							
	交流情况	主动性							
		参与人数							
		交流质量							
		倾听习惯							
组间学习情况	成果情况	完成情况							
		展示情况							
		组内评价							
组间学习情况	质疑补充情况								
	资源共享情况								
	讨论交流情况								

（3）根据评价标准进行自我评价。从学生评价角度看，应重视学生的自我评价。学生自己对自己的学习状况、学习参与度、学生收获等进行自我调控就是自我评价的过程。如表 5-5 中呈现的是学生自我评价的方法，可以从四个评价维度、多个评价关注点进行自我评价。

表 5-3　学生自我评价的方法

评价维度	关注点	个案分析
学习目标的提出	能明确学习目标	
	能结合学习目标进行对自我的评价	
评价时机的把握	创设情境环节	
	自我评价形式	
	巩固提高环节	
	拓展延伸环节	
	总结收获环节	
评价方法	能进行自我评价	
	能进行互相评价	
	能对获得的结论进行评价	
	能对学习结果进行评价	
	能对提出的问题进行评价	
自我评价形式	小组交流	
	师生互查	
	个人发言	
	小组讨论	
	师生论辩	
	师生质疑	

依据一定的标准对行为进行评判体现了评价的客观性。标准的制定是非常重要的,它是对学生的课堂学习状况和具体行为表现提出来的一种规则。评价的标准,不应该停留在"描述"的层面上,而应该让标准为评价提供

"判断"和"解释"的基础。标准既是评价主体预先设定的,同时在设定的过程中,以及在后来的评价过程中,又是互动生成的。自主学习评价标准亦应是过程性的、生成性的。

第三节 小组合作学习评价

小组合作学习环节是基于导学的自主学习型课堂教学模式中的重要环节,要求教师在课堂上要不断地探索实施有效合作的途径和方法,也要随时改进小组合作学习存在的问题,实现学习方式的转变,真正让小组合作学习促进学生学习能力,这就需要关注小组合作学习的评价。如果教学活动是一次次的遇见,那么教师与同学们课堂上智慧的激荡,就是幸福的相处与成长,学生学习探索的过程是潜移默化的,用耐心来潜心教育,你总会在不经意间看到"奇迹"。

一、小组合作学习评价

评价应该贯穿与整个教学过程中,评价机制不同,产生的学习热情和学生开展学习时的行为方式也不同,小组合作学习是一种特殊的学习形式,这就决定着小组合作学习评价机制的独特性,迎合小组合作学习的特点,及时、准确、恰当地对学生进行评价,真正发挥评价的多重功能。

评价应该全面开展,不仅要发挥教师的主导作用,也要发挥小组的综合评价作用,更要注重学生的主体作用。

（一）发挥小组合作学习在课堂教学中的作用

要真正发挥小组合作学习在课堂教学中的作用,要对小组合作学习有个整体认知,小组合作学习在每一个环节的具体表现教师都要心中有数。很多教师有这样的疑惑:"我的小组合作学习在课堂上状态怎么样?"也许是"不识庐山真面目,只缘身在此山中"的真实写照,这就需要借助观察量表来进行诊断、解惑。

1. 小组合作学习在课堂教学中的作用

小组合作学习在课堂教学中起着重要的作用,是基于导学的自主学习型课堂教学模式中一个非常重要的环节。可以设计如表 5-6 所示的观察量表来探寻小组合作学习的有效性。

表 5-6 小组合作学习的观察量表

拟解决的问题：如何提高小组合作在课堂学习中的效率？

观察点：小组合作学习有效性

讲课人：   科目：   课题：   时间：

		有无	水平			具体表现
小组合作学习有效性的表现			★★★	★★	★	
小组合作前	1. 教师对活动任务的介绍					
	2. 教师对活动任务目标要求					
	3. 教师对活动任务的方法要求					
小组合作学习有效性的表现		次（个）数				具体表现
小组合作中	1. 教师对活动任务的介绍					
	2. 教师对活动任务目标要求					
	3. 教师对活动任务的方法要求					
小组合作学习有效性的表现		次数				具体表现

续表

		有无	水平	具体表现
小组合作成果的反馈	1. 教师的评价			
	2. 教师的组织			
	3. 教师的小结			

说明：

"教师对小组合作水平的评价"是记录教师了解几个小组的情况；

"教师的评价"是教师对小组展示水平的评价；

"教师的组织"是记录教师对小组展示方法方式的指导；

"具体表现"记录教师所采用的教学手段，例如：语言、肢体动作等。

表格中，从小组合作前、合作中、合作后多个角度衡量小组合作学习的有效性。

2. 加强小组精神文化建设

要想真正发挥小组合作学习在课堂教学中的作用，首先就要加强小组精神文化建设，让整个小组有共同的价值追求，为了达成共同的目标携手共进，要培养和激励小组中每一位成员的认同感、责任感、荣誉感、归属感和团队精神，形成民主、和谐、团结、上进的组间关系，合力建设自己的小组。

例如，让自己小组有独特性和典型性。首先，建设小组合作的文化氛围，比如小组 4～6 人以什么样的位置形式就座；小组名称、小组达成目标、小组精神的展现。每个周对各小组进行综合评定，记录在案，并展示小组排行榜。每个月对各小组整体表现情况进行表彰，颁发"优胜小组"的锦旗，这些评价方式都会极大地鼓舞各小组的拼劲，助于形成合力。

例如,小组精神文化建设项目,小组精神文化建设要求如表5-7所示。

表5-7　小组精神文化建设要求

设计项目	相关要求	设计内容
设计小组的"徽章"	要解读小组设计的寓意,清楚本组的小组徽章各部分代表的意义	
设计小组的"吉祥物"	发挥小组集体智慧结晶,并且命名,清楚吉祥物的意义	
设定口号	口号要响亮、积极、有向心力,能激励全组共同前进	
制定目标	制定每周目标,每月目标,每学期目标	
创设温馨环境	建设自己的小组文化,设计自己小组的板报等	

3. 小组中的表现性评价

小组评价在课堂中进行具体操作时,要以每一个小组成员在课堂上的表现情况为评价的依据,一般采用量化评价的方式,根据班级各自的情况,尽量用分数评价,这样能直观、可测、便于比较,这样就能准确地评价小组成员。小组整体的分数就是每一位成员的得分情况的总和,这样每一位成员都能意识到"组容我荣""我衰组衰",对小组的总和评价要做到"日结、周评、月比"。评价的具体内容应该是全方位的,包括小组成员的学习态度、课堂上整个小组表现出来的自控能力、是否能够履行团队的义务、整个小组是否能够做到遵章守纪、整个小组能否做到集体协作等。因为评价要遵循全面、兼顾、综合的原则,课堂上还要根据每一个小组成员在课堂上的具体情况,在评价时也要全面兼顾学生的发展状态、具体表现、德育体现和成绩变化等。小组合作学习有效性课堂察量表如表5-8所示。

第五章　基于导学的自主学习型课堂教学模式评价体系

表5-8　小组合作学习有效性课堂观察量表

时间_____　讲课人_____　评课人_____　课题_____　组号_____

	小组活动情况纪实	量化评价
组长组织能力	1.组长能全心全意为小组服务,起到积极作用	A、B、C
	2.组长能做到分工明确,平均、合理、科学地分配任务	A、B、C
	3.组长能协助小组成员做好材料的收集、整理,能够组织不参与合作的学生,开展好小组工作	A、B、C
	4.组长能在讲解时起到示范、引领作用,能触发学生思考	A、B、C
	5.组长能照顾个别学生,监督其及时修正自己的错误,维护整个小组的作用	A、B、C
小组整体的合作情况	1.小组内成员能根据教师提出的小组合作学习的具体要求,积极地、主动地参与小组合作学习活动之中	A、B、C
	2.小组内成员能明确自己的任务,并能认真地履行职责	A、B、C
	3.小组成员间积极主动地遵守小组纪律,认真倾听同伴发言,互助互学,团结协作,共同提高	A、B、C
	4.合作氛围和谐、愉快,问题解决效果好、合作学习效果好	A、B、C
记录小组合作学习遇到困难的和解决的办法		

记录典型表现,比如小组活动中哪位成员在某一方面的突出表现
记录典型表现,比如小组活动中哪位成员在某一方面的突出表现
记录小组合作学习不足之处和改进措施
举例说明组间交流时各小组之间的思维是否得到碰撞或提升?
总体评价:

注:A,B,C表示三个评价等级,A表示积极主动,B表示一般,C表示被动消极。

评价每一位成员的参与情况和小组整体合作学习情况。表格中对小组长提出了具体的要求,也是小组长引领学生开展小组合作学习的实施标准。小组合作学习的整体评价中,小组长发挥着重要的作用,但小组成员的协作也是不可忽视的,有这样的合作标准作为依据,各小组成员能够共享小组合作的成果,小组成员间互相帮助、互相促进的意识会得到更好的巩固。总之,评价的适度性,能全面发挥小组合作学习的重要性,全面提高学生的学习品质和学习主动性。

(二)发挥教师的评价作用

教师对评价起着重要的作用。教师的评价一方面能够激励学生积极地参与到学习活动中去,另一方面对提高合作学习的质量也起重要的作用。教师的评价要科学有效,不仅要有鼓励性和针对性,而且要有指导性和全面性,体现过程性和实效性。另外,在评价过程中做到:一是不仅要重视对学生个人进行评价,而且要与对小组集体进行的评价相结合,体现评价的针对性和全面性,通过教师的评价促进小组成员之间互相学习、取长补短,互相促进、共同提高;二是不仅要重视对学生学习的过程进行评价,而且还要与对学生的学习结果的评价相结合,体现评价的指导性和科学性。另外,教师要充分鼓励学生在合作学习中的合作态度、方法、参与度等方面进行评价,体现评价的过程性。更要注重对小组合作学习的结果进行评价,体现合作学习的实效性,对合作学习中表现突出的小组和个人及时给予充分肯定和鼓励,发挥评价的积极作用。

1. 评价合作状况

教师要对学生是否以认真的学习态度参与到合作学习中进行评价,要重视调动学生小组合作学习的积极性和主动性,注重培养学生的自主能力和创新意识,让学生因为评价而动起来,让课堂活起来。组内合作学习情况观察表如表5-9所示。

表5-9　组内合作学习情况观察量表

观察对象:小学 ＿＿＿ 年级学生。（以合作小组为单位观察）

观察内容:学生在小组内合作学习的情况。

观察目的:通过观察学生在小组内合作学习的情况,了解小组合作学习的状况。

项目	具体情况记载	合作情况评价
小组组员构成情况		
是否所有成员都参与其中		
是否有明确的分工		
谁来决定他们的分工		
是否相互协作		
对问题的解决情况		
整体合作情况总评		
观察分析:		

表 5-9 中，可以从宏观上观察小组整体建设情况，也可以从微观上观察小组成员的整体参与情况。从宏观和微观两个角度来观察小组合作学习情况，能够全面地考察小组的整体和个体的学习情况。

2. 评价学生表现

每一个人都希望得到别人的肯定、鼓励和赞许。教师对学生个人进行评价时，一定要进行智慧评价，发挥评价的激励功能。只有学生的学生内心被肯定、学生的观点被赏识、学生的人格被尊重、学生的行为被认可，学生才会更加积极、主动地参与到合作学习中去。在对小组合作学习进行评价时，教师可以从学生个体参与的态度和在合作学习中表现出来的能力和积极性等方面进行评价。小组讨论时的观察量表如表 5-10 所示。

例如，课堂上参与情况的评价，可以评价学生积极主动回答问题的状态，在评价小组交流时，要评价在小组讨论中能否引发小组成员的思考，要评价合作学习中那些积极参与、学习热情高涨的学生，要鼓励他们多提出自己独到的见解。对于那些成绩中下等、平时不善于发表自己意见、合作学习中参与热情不高的学生，应该鼓励他们说出自己的想法，并让他们跟同伴一起讨论、研究！

表 5-10　小组讨论时的观察量表

项目	观察项目	学习内容一			学习内容二		
		优	中	差	优	中	差
小组合作时	听从小组统一分配任务，互相协作						
	能主动质疑，与同伴进行思维碰撞						
小组交流时	参与意识						
	主动发表观点						
	交流质量						
	倾听习惯						

续表

项目	观察项目	学习内容一			学习内容二		
		优	中	差	优	中	差
小组成果展示时	参与意识						
	主动发表观点						
	交流质量						

利用小组合作情况观察表,对小组合作、交流和成果展示等项目进行观察,对学生合作时的个人表现从优、中、差三个标准进行评价。

3. 教师的组织指导在小组合作中的作用

学生在合作过程中难免会遇到这样或那样的困难,有知识上的疑惑之处,有合作技能不会把握之处,有合作纪律把握不好节奏等,这些都会对学生的合作进程带来一定的影响,要注重教师的组织和引导作用,可以设计表 5-11。

表 5-11　组合作时教师的组织指导策略的探求观察量表

拟解决的问题：提高小组合作时教师的组织指导的有效性

观察点：小组合作时教师的组织指导策略的探求

讲课人：　　　　课题：　　　　时间：　　　　观察教师：

合作分类	合作分类	次数	形式	时长	具体表现	达到效果
组内合作	指导					
	组织					
	参与					
组间合作	组织					
	指导					
	参与					
	评价					

说明 ：

"组织"形式指的是命令、商讨、引导……

"指导"形式指的是直接告知、启发、间接告知……

"参与"形式指的是教师的角色扮演，如优等生、一般学生、后进生等。

课堂实践中，教师的指导是多角度、多方面和多形式的，更是基于评价的指导。

（三）发挥学生评价的作用

提到评价，大家总是会不经意地想到教师在评价中起到主导作用，这其实就是传统的评价方式对大家的观点的影响。我们在进行评价时，不能是教师对学生的单项评价，教师和学生都在评价中起到主导的作用。学生是有思想的个体，是有意识的个人，学生也应该在评价中发挥积极的作用，而且是非常有必要的评价，比如，学生个体对自己的评价，同伴之间的评价，这样就会让学生积极地参与到评价中来，培养学生自我管理、自我激励的能力。因此，注重学生的自我评价和同伴互评也是课堂评价的重要方面。

1. 自我评价

《数学课程标准》中明确指出：评价要涵盖科学素养各方面的内容，既要考察学生对科学要领与事实的理解，又要评价学生在情感与价值观、科学探究的方法与能力、科学的行为与习惯等方面的进步与变化。因此在对学生的学习结果进行评价时，不仅要让学生看到自己的进步，也要让学生对自己进行合理的评价。如表 5-12 所示，学生可以针对具体的实施标准对学习习惯进行评价。

表 5-12　学生学习习惯评价表

学生学习习惯评价表		第＿＿周		
评价要素		1	2	3
学习习惯	学习态度端正，能做到认真阅读文本、积极地进行思考，能够按时、独立完成小组合作学习的任务			
	积极向同学或教师请教疑难问题			

续表

学生学习习惯评价表				
评价要素		第＿＿周		
		1	2	3
	主动求助、帮助学习伙伴,做到一对一解决问题			
	积极参与小组的各种活动,不游离于活动之外			
	积极发言、认真倾听、大胆质疑、敢于补充			
	注重学习方法的学习、积累和使用			
	认真、主动地对学习活动提出的问题进行补充和评价			

注：评价等级分三个档次，A 表示我做到了（3 分），B 表示我正在努力做（2 分），C 表示我意识到了（1 分）。

表 5-12 中,学生记录自己在课堂中的学习状态,通过对各种学习行为的记录,以此来进行评价。

2. 互相评价

在小组合作学习的过程中,因为小组数量较多,教师不可能对每一个小组的学习状况全面把握,也不能清晰地了解每一个学生的表现。是不是学生的合作情况就无法掌控呢?而事实上,学生在参与学习的过程中对自己的学习情况、对本组同学的表现情况,在主观和客观上都有深刻的了解,甚至比教师了解得更详细、更清楚、更全面。因此,引领学生进行小组的自我评价、互相评价会起到重要作用,这样会使评价公平、公正、客观,具有说服力和可信度。

例如,小组合作学习时,对提出的问题小组中成员会互相交流提出自己的观点和见解,在交流中很多同学的观点不一定是一致的,大家就会互相补充、不断修正,发表观点的同学还会根据别人的想法调整自己的观点,这就让每一位学生感受到评价的力量。有新观点的同学,被发现了优点;被修正的同学,确定了自己努力的方向。而且在相互的交流和点评的过程中,不仅锻炼了口头表达的能力、思辨能力和自我调整的能力,还有助于正确地认识同伴,正确地认识自己。另外,小组合作学习中,大家在组长的带领下,共同质疑、互相讨论、互相学习,共同提高,彼此加深沟通、了解。小组成员之间进行客观评价时,学生能够平心静气地聆听对方的发言,效果大于教师对个体的评价,在这种同学之间的平等关系下的评价,对培养学生的自我评价能力起到重要的作用。小组成员课堂活动观课量表如表 5-13 所示。

表 5-13　小组成员课堂活动观课量表

时　间		地　点		执教人	
课　题		年　级		观察人	
小组成员姓名	S1：	S2：	S3：		S4：
	倾听	表达	思考	互动	该生学习品质分析
S1					
S2					
S3					
S4					
T-Ss					
观摩小结与反思					
备　注	通过对学生倾听、表达、思考、互动、等合作习惯及小组的学习气氛、学习历程、学习结果等细节进行记录,从而对学生是否积极思考、主动学习进行诊断分析或者对学生学习的丰富性、多样性及创造性进行评价				

评价时要据可评、有话可说这是学生评价时要遵循的规则,同时又能有效地培养学生对同伴、对学习中的问题形成客观公正的学习态度。开展小组评价时,不仅要注重组内互评,还要注重组间互评,发挥学生评价的作用,切实做出合理、科学、全面的评价。

二、开展小组"捆绑式"评价

采取了小组"捆绑式"评价,有助于发挥团队的作用,也就是说是以小组的整体表现为评价依据,来评价小组内每个成员的学习状态。小组内每个成员的学习行为不仅仅是个体行为,而是小组学习行为的一部分。小组"捆绑式"评价的激励性、调控性和导向性作用,能有效落实基于导学的自主学习型课堂教学模式。

（一）群策群力,评价参与状态

在教学二年级《千米的认识》时,为降低学习难度,布置实践作业,要求小组合作探究两个问题:一是说清楚"1千米有多长?"(可以用举例子的方法),二是搜集"千米在生活中的应用",在课堂上说给同伴听。小组合作完成的作业方式,也为学生提供了充分的活动时间和空间。学生们为了小组集体的荣誉,自觉地利用课余时间,去搜集资料,遇到不懂的,主动地询问同学、请教家长,有的小组甚至会自觉地聚在一起,针对不懂的问题进行交流。课堂上,学生交流出很多案例是教师预设之外的精彩。

师:哪个小组愿意和大家分享一下你们调查到的关于千米的知识?

小组长:我们小组来分享,xx同学你来说是如何调查的? xx同学你来说1千米有多长? xx同学你来给他们补充。我负责与其他小组的同学进行联谊。

生1:千米也叫公里,用字母km来表示,读作千米。

生2:我们调查的方法很多,我是上网查的,他是问爸爸妈妈的,他是从书上看到的。

生3:我来解释一下1千米有多长? 1千米就等于1 000米。我们调查到在学校操场上绕跑道跑一圈是300米,跑3圈多一点,大约是1千米。我们还调查到两臂张开长约是1米,这样1 000个人手拉手的长度大约是1千米。

小组长:哪个小组来给我们小组补充? 谁来评价一下我们调查的结果?

生4:你们的想法很新颖独特。

生5：你们表达得很清楚，我们一听就明白。

生6：你们讲述得很好，我收获很多。

……

师：这个小组通过合作探究，知道了关于千米的很多知识，知道了1 000米就是1千米。调查的方式多种多样，这些好的学习方式都是值得我们大家学习的，希望大家都能像他们小组一样在学习中积极思考，认真研究，给他们小组加分。

这个环节中，重点评价学生实践作业完成情况、学生参与合作的程度、思维的深度和广度等，学生在实践作业的引导下，群策群力，团结协作。这种评价机制激发了学生的学习动力，使学生学习中能自觉地形成了"比、学、赶、帮、超"的学习氛围，从而达到高效的学习效果。

（二）互帮共议，评价合作程度

"单位之间的换算"一直是教学的难点，为了让学生掌握单位换算的方法："高级单位化低级单位，乘进率；低级单位化高级单位，除进率"。把换算方法的提炼，放在小组合作学习这个环节，借助学生之间的"互帮共议"来解决，自主地来突破。小组合作时教师巡回指导，发现小组合作的好的方法，及时给予评价。

教师出示题目要求。

1. 填空：2千米＝（　　）米，2千米＝（　　）分米，2000米＝（　　）千米，200厘米＝（　　）米。

2. 总结一下，长度单位之间换算的方法。

小组交流的场景如下。

小组长：我们小组来交流这三道题，从xx同学开始轮流来说自己的想法，然后再选出好的方法来汇报。

（学生交流）

小组长：我们一起来说说xx同学的方法，哪儿好，哪儿不好。

（学生交流）

生1：xx同学还有3道题没做对。

生2：我来帮他讲。

生3：我再出几题，让他做一做。

小组长：我们再来交流换算的方法吧？

第五章　基于导学的自主学习型课堂教学模式评价体系

......

师总结：我发现第 xx 小组非常团结，对还没学会的同学关爱有加，他们互相帮助，互相督促，共同进步。现在，他们每个人都掌握了长度单位的换算，该怎样奖励他们小组？

生：加满分！

在互帮共议中，始终强调小组合作的重要性，使学生明确自己和他人始终和小组的成功"捆绑"在一起，从而达到了生生间合作学习的目的。这种评价促使学生在平等相近的交流中，达到了信息互相沟通、知识互相补充、疑难共同解决的目的，差异在交流中消融，教学效果非常明显。

（三）组间展示，评价思维发展

交流提高的目的是将学生的思维升华。为了达到最佳的效果，教学中我们积极利用"捆绑式"评价的导向作用，促进学生的思维走向深刻。在教学三年级上册的《方向与位置》时，关于方向与位置的相对性是教学难点。课堂上学生交流时，往往找不到观测点，也不知道该如何看，为了突破难点，利用组间展示这个环节让学生畅所欲言。

师：哪一个小组愿意交流一下确定方向的方法呢？

组1：我们小组找到的方法是先找准观测点，然后把自己想象成图里的人物，然后就可以观察了。哪个小组有不同的方法？大家还有什么补充？

组2：我们小组同意你们的观点，我们小组还要进行补充。我们认为：首先要找准观测点，然后把自己置身于图中，在观测点的地方画上"方向标"，这样就能很快地确定方向。大家同意我们小组的观点吗？

生1：你们两个小组交流得都非常好，我认为，在观测点画上"方向标"，这样做题的正确率会更高，谢谢你们的分享。

生2：我想问一下，这么有创意的想法是怎么得到的呢？

组2的小组长发言：我们小组一起想的，第一位同学说确定位置时找先找准观测点，第二位同学说再把自己想象成图中的人物思考一下是哪个方向，第三位同学说想象成图里的人物有时容易出错，我说用清晰可辨的"方向标"来试一试，我们在一起实验了一下，果然，这个方法真的很灵。

师：原来，这个最佳创意是经过组里每个人的积极探究得到的。真是人多智慧大呀！如何奖励他们？

生：每个人都加分，再把奖励的分合起来，就是他们小组的成绩。

基于导学的自主学习型数学课堂的教学实施与评价

（学生鼓掌）

组间展示可以把各个小组不同智慧的结晶融合在一起，依靠集体的力量，达成共识。在组间交流的过程中，会收获别样的精彩。当学生进行追问"你们小组这么有创意的想法是怎么得到的呢？"组长进行说明，这是全组同学通过讨论、争辩、互补共同交流从而得到的方法。此时，每一个小组成员，脸上都洋溢着成功的喜悦，这就是对整个小组合作成效的肯定。对有创意、有深度想法的小组进行重点奖励，这种小组"捆绑式"评价方式让学生感受到合作才能共赢。

（四）全班交流，评价思维的深度

基于导学的自主学习型课堂模式中一个重要的环节就是教师的点拨交流，在此环节中教师要把小组内探究的知识进行提升，同时也应把学生想不到的方法进行拓展。可以采用教师提出问题、师生共同交流的方式，在彼此的协作中，完成对知识体系的建构。全班交流这一环节，重点应该对学生的思维深度进行评价，以此激励学生积极参与，主动思考，善于质疑，从而达到教学相长的效果。

例如，教学四年级上册《平均数》一课。记录课堂上的三个片段，通过师生共同交流的方式，生成了一系列的课堂精彩。

【片段一：平均数应该排在哪？】

学生已知"平均数的意义——平均数反映一组数据的整体水平"这一知识点之后，对平均数在这组数据的哪个位次上有所思考。

师："想想看，平均数会在这组数据的什么位次呢？"

任平："我感觉，应该在中间，比如说有五个数，应该排第三个。"

学生点头认可。

颖："如果是 6 个数，哪排在第几呢？"

嘉："那就是在第 3 个数和第 4 个数之间"

学生纷纷点头。

看来达成共识了，平均数在孩子们的眼中就是"平均分"的结果，列举了"奇数和偶数"的例子来表达想法，太正常不过了，这是学情的真实写照。

思考：怎样能让孩子们理解"平均数反映的是一组数据的整体水平，而它的位次是不确定的"的这一问题呢？索性举个例子吧。

师："先来看这组数据 100，100，100，0，它的平均数是多少？位于这组数据的哪个位次呢？"

学生快速动脑计算着。

子玉："平均数是75,位于第二。"

生答道："是,第二,这是怎么回事? 不是应该在2和3之间的位置吗?"

师："想想看这是怎么回事?"

"0太小了!"不知是哪位喊出来。

众生认可。

趁机理顺："在这组数据中, 0太小,感觉有点不和谐是吧? 它属于这组数据中的极端数据,平均数受极端数据的影响很大。"

为了让学生再次理解这一知识点,我顺势调侃道："来分析一下,这则广告是不是属于虚假广告呢?"

出示题目：招聘启事,公司月平均工资5 500元,有意者请联系。(经理的工资20 000元,班长工资1 000元,工人甲500元,工人乙500元。备注：数据不一定符合实际,其关键是让学生体验情景)学生再次兴奋起来,"虚假广告!"

任平又来劲头说："不是虚假广告! 平均工资就是5 500元。"

学生质疑道："平均数是5500元,但经理工资太高了,直接导致这个结果。"

当学生说出这番话时,我知道,学生已经明白平均数受极端数据的影响很大。

随口问："那老师去应聘时,可以怎么办?"

学生喊道："老师去应聘经理。"

师大笑道："大家感觉老师有当经理的潜质? 谢谢。其实,老师想表达的意思是,假设我去应聘,我要他们公司的工资表看一下。"

通过以上这两个例子,学生读懂了平均数受极端数据的影响很大,它的位次是无法确定的

【片段二：平均数比最大的数小,比最小的数大。】

顺势过渡到下一个环节。

师："平均数和这组数据中的数有什么关系,谁能说一下?

任平又说道："平均数比最大的数小,比最小的数大。"不忘补充句："老师,我不太确定是否正确"。这样理性的思考,老师很欣慰,夸道："任平,

有数学家的潜质,数学家们也是这样想的。"

阳不服气地说到:"修老师,如果一组数据中有10个数,每个数都是10,没有最大的数,也没有最小的数,那这句话就不对了。"

一石激起千层浪。

"是哈!"学生赞同。

此时,师说道:"阳,你也有数学家的潜质,你刚才说的这组数据是特例,除去这种情况任平说的是正确的。我在想,如果你们俩长大了,读研、读博,共同开发或者研究一个项目,那就是无敌搭档了!"

数学是一门逻辑严谨的学科,我们研究的数据一般是一组大小不一样的数。

【片段三:一组数据中间的数是不是也应该有个名称?】

精彩还在继续………

任平又问道:"老师,我想知道,如果一组数据排序后,有奇数个那么最中间的数,和偶数个最中间那两个数,有没有名称呢?是个什么样的数?"

(此时,学生也跟着"起哄",喊道:"我们也想知道。")

于是,便将初中阶段要学习的"中位数"和"众数"的概念给学生讲了讲。

学生的思维需要启迪,如果教师能够引领学生的思维走向纵深,学生就会敢于质疑,敢于表达自己的观点,敢于提出自己想要知道的问题,这种学习状态,这种学习态度,这种学习品格不就是我们努力构建的自主学习型课堂吗?在进行评价时,就应该关注思维的深度,倘若教师每节课都能给学生创设这种思维的场、学习的场、参与的场,师生就可以乐在其中,享受学习的快乐。在交流的同时,我们利用评价的调控作用来引领学生的倾听,让学生认识到只有仔细倾听才会精彩纷呈。

(五)检查反馈中,评价学习效果

学习完"千米的认识",通过当堂检测,检验学生对整个单元的学习效果。

师:提前给你们几分钟时间来探讨题目。针对题目,你想对小组里的其他人说什么?

(小组交流)

生1:要认真仔细,沉着冷静。

生2：换算和比较大小的时候，要注意先把不同的单位化成相同的单位。

生3：填完长度单位后，要注意思考和比划一下，看看结果和实际的长度是否相符。

……

师：我们一起来评价一下今天的检测。获得优胜的小组有一组、四组……，这几个小组经过大家的努力成绩都全是优，给予加分。

师：我们请三组来评价一下他们今天的表现。

生1：我们组今天的成绩不理想，有个别同学的换算方法掌握不够好。

生2：xxx同学只错了一道小题，比小组讨论之前已经进步了很多。

生3：下课后我们会帮他记住方法的。

生4：下次，我一定记住换算的方法，争取给自己小组加分。

……

师：老师相信，优异的成绩一定会属于你们这个团结努力的小组。也希望在以后的学习中，会有更多的同学像xxx同学一样，在大家互帮互助中，掌握好的学习方法，养成认真仔细的好习惯，我们的成绩一定会"芝麻开花节节高"。

检查反馈这个环节中，采用小组"捆绑式"评价目的是把学生个体间的竞争转化为小组间的竞争，凸显了小组合作的巨大能量，使学生形成"组内合作，组间竞争"的氛围，在这种评价的激励下，学生会在学习中更注重自己学习的态度，逐步形成适合自己的学习方法，养成良好的学习习惯，学习能力得到了进一步的提高，学习效果显著。

小组"捆绑式"评价，使每个学生在浓厚的集体氛围中，自主地发现本身存在的缺点，自觉地取人之长补己之短，从而更好地约束和完善自我。同时，小组"捆绑式"评价，也促使每个学生的评价标准上升到一个新的高度，以更公平的竞争标准来衡量自己辩证地看待别人。这种评价机制，点燃了每个学生的学习热情，在小组这个凝聚着巨大能量的"熔炉"里相互学习，共同促进，学习效果和谐而高效。

第四节　课堂教学评价

随着素质教育的整体推进,以及小学数学课堂教学改革实验研究的不断深入和发展,教师的教学观念得以转变,对课堂教学模式进行改革的研究也取得了一些成绩。但是,基于导学的自主学习型课堂是什么样子？怎样进行教学才是自主型课堂教学？虽然每个教师的认识是一致的,但现实的课堂教学实践中差异很大,这是要面临的现实问题。促进课堂教学发展的有效手段就是要开展课堂教学评价,因此,我们应该制定课堂教学评价标准,便于进行导航和监控。

一、课堂教学评价概述

如何评价基于导学的自主学习型的课堂教学？经过多年的探索和实践研究,"为每个学生的终身学习和可持续发展打下坚实的基础"是我们确定的小学数学"自主学习"课堂教学的主要任务。也就是说课堂教学评价要以提高教师的课堂教学水平为主旨,同时也要以促进学生的自主发展为终极目标。

（一）什么是课堂教学评价

什么是教学？就是教师要引起、维持和促进学生的学习,达到预定的教学目标的活动。

什么是教学评价？教学评价是根据教学目的和教学原则,利用技术手段对教学过程和结果是否达成一致性做出判断。

什么是课堂教学评价？一般来说,对是否遵循教育教学的规律进行判断；判断课堂教学中是否优化了教师的教学环境、学生的学习内容等教学要素；判断课堂教学中是否保证了教学内容科学、合理、有效,课堂上开展的教学活动组织得当；判断课堂教学是否真正促进了学生的开展深度学习、是否促进了学生的进步和能力的提升。

（二）为什么要进行课堂教学的评价

开展课堂教学评价其目的不仅是评价教师在课堂教学是否发挥作用,更重要的是激励教师有目的性、有计划性、有针对性地不断学习、改进、提高。

第五章　基于导学的自主学习型课堂教学模式评价体系

课堂教学的评价有如下重要作用。

（1）反馈指导功能。通过教学评价的反馈信息，指导与调节教师的教与学生的学的活动，从而增加教学活动的有效性。反馈指导功能主要包含两层意思：一是对教师教学工作的反馈指导，二是对学生学习的反馈激励与强化。教师利用评价的结果可以了解学生学习的实际情况，发现教学存在的问题，反思和改善自己的教学计划、教学手段与教学方法。

（2）强化学习功能。无论是对教师还是学生，教学评价都提供着重要的学习经验。客观公正的评价可以使教师明确教学工作努力的方向，攻它山之玉，扬长避短，调动起工作的积极性。对学生学习质量的评价可以促使学生在评价之前对学习内容进行复习，加强巩固。

二、课堂教学评价原则

（一）激励性与导向性原则

对教师课堂教学的评价是为了促进教师的自身专业成长，提升教学效率。因此，小学数学课堂教学评价的指标一要有利于促进教师发挥潜能，创造性地开展教学实践，要为教师自身完善和发展提供方向和动力；二要有利于教师贯彻《数学课程标准》，遵循学生的认识规律和生活经验，从学生的生活实际出发，培养和发展学生的思维能力和数学意识，提高学生应用数学知识解决实际问题的能力；三是要有利于体现课堂教学以"学习者的发展为中心"的主体发展思想。

（二）系统性与科学性原则

课堂教学过程是由教师、学生、知识、情感等诸要素组成的复杂矛盾统一体，因此课堂评价指标必须具有系统性。教师的课堂组织、引导和点拨占有主导地位，学生的自主探究又影响教师的教学活动，具有动态变化的特点。因此，评价必须建立在科学分析基础上，使得评价标准能够真实反映该教师的教学水平和该教师完成的教学任务。

（三）过程性与发展性原则

过程性原则包括两个方面。第一，评价课堂教学的过程，即课堂教学评价本身直接针对的是课堂教学活动及其历程，在这个过程中，结合课堂教学的目标来评价课堂教学的效率。第二，它是与发展性原则相生相伴的一个原则。评价既要体现教师教学经验的发展过程，又要体现学生学习经验的发展过程,它不是用某一事件评定某一结果,而是要体现个体发展的连续性和未来指向性。

三、课堂教学评价理念

《数学课程标准》指出,评价的主要目的是全面了解学生的数学学习历程,激励学生的学习和改进教师的教学;应建立评价目标多元、评价方法多样的评价体系。对数学学习的评价要关注学生的学习结果,更要关注他们的学习过程;要关注学生的学习水平,更要关注他们在数学活动中所表现出来的情感与态度,帮助学生认识自我,建立信心。[①]

（一）评价目标多元化

多元化的评价目标是新课程提出的要求,在评价对象上,要同时关注教师和学生,重点要把教师的教学过程和学生的学习状况同时纳入评价的视野中。当然,评价并不是单纯地只是看学生的具体表现,还应通过学生的具体表现,教师随时反观自己的课堂教学中存在的现实问题,使评价促使教师针对教学中存在的问题,及时改进自己的教学方式,适时地调整教学进度和教学策略,有效地达成教学目标。

（1）目标多元化对学生进行评价。学生数学的学习一定要反映学生在学习过程中取得的进步和获得的成就,这样才能成为激励学生学习的动力。对学生的学习进行评价,能及时地诊断学生在学习中遇到的困难,教师有针对性地调整教学策略,也就是改变学生的学习路径,有助于学生能够沿着正确的学习思路形成正确的学习预期。更关键的是培养学生养成积极学习的态度、扎实学习的学风和认识自我的勇气,帮助学生重塑学习的信心,提升数学学习的能力。

例如,在括号里填上合适的数。

（1）3 020 米 =（ ）千米,8.05 立方米 =（ ）立方米（ ）立方分米。

（2）小数点先向右移动两位,再向左移动一位得到的数是 3.28,原来的这个小数是（ ）。

---

①中华人民共和国教育部.《义务教育数学课程标准》（2011 年版）[M]. 北京：北京师范大学出版社,2011：5.

（3）85×48 积的末尾有（ ）个零。

（4）三位数除以一位数,商可能是（ ）位数,还可能是（ ）位数。

（5）平年有（ ）天。

数学课程标准中明确提出,学生不仅要掌握基础知识,还要形成基本技能。不难看出,上述案例重点以基础知识为主的评价,评价的重点是考查学生对知识的理解与基本技能的形成。重视基础知识的评价,是数学教学的一个重要的组成部分,另外,还要对学生其他方面进行全方位的、多元的评价,才能保障学生的全面发展。

例如,三年级上册智慧广场《影子的变化》。

学习目标不仅仅是让学生知道"早晨、傍晚的影子长,中午的影子短"这一现象,而且要让学生能够借助影子的变化,估测较高建筑物的高度。教师布置任务的时候,就可以让学生设计多种方案去测量几个物体的影子,从而得到需要的数据。

上述案例具有一定的挑战性和实践性,对学生的要求较高,解答时需要一定的创造性。当然,对这一问题的评价,不仅考查学生对数学知识的理解,还有对创造力、想象力、实践的意识的考查,以及对现实问题了解的情况。学生设计的方案可以是多种多样的,比如说,学生可能写出在不同的时间段,测量同一个物体,记录下物体与影子的相关数据,发现"中午影子最短、早晨和傍晚影子最长"。比如说,有能力的学生能够测量多组物体,通过求这几组"物体与影长"的商,也发现"中午影子最短、早晨和傍晚影子最长"这一现象等。学生的水平是不同的,针对这样的问题设计的方案也各不相同,无论学生如何设计方案,都可以考查在数学问题上不同的发展水平和解决问题的不同能力。

（2）对教师要进行发展性评价。应该做到:教师要及时地反馈学生学习信息,目的是及时了解学生学习的进展和在学习中遇到的困难和问题;教师要了解课堂上对与教师预设的教学活动开展是否有效,课堂的教学组织情况是否顺利,是否适合本班学生的学情,对不合适的地方教师是否做出了恰当的调整;教师还要通过观察学生的学习状况和课堂的进展情况,反观教师自身在知识结构、目标设定、教学策略、教学机智等方面的开展情况,以便能适时地加以改进。

例如,一年级下册《11～20以内数的认识》教学片段。

师：（出示情境图）我们先来数一数沙滩上有多少只海鸥？

生：11只。

师：你是怎么数的？

生1：我是1只1只数的。

生2：我是2只2只数的……

生3：我先数出10只，圈到一起，发现圈外还有1只，所以是11只。

师：同学们都数对了，如果用1根小棒表示一只海鸥，想一想，11只海鸥该怎样摆？动手摆一摆。

生：学生摆11根。（学生摆出）

师：堆在一起不能快速地看出大家摆的是11根，你能不能想个好方法，让大家一眼就能看出是11根。看看谁想出的办法好！（学生独立思考，摆学具）

学生汇报，老师把学生不同的摆法在实物投影上展示，如图5-9所示。

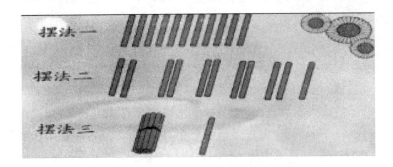

图5-9　11-20以内的数1

师：你觉得哪种方法能一眼看出是"11"？（学生发表自己的看法，各抒己见。）

师：课件在学生不知情的情况下，出示12根，你知道是多少根吗？（每种摆法快速出现）

生：12根。

（从摆法一和摆法二中很难看出是多少根，只有摆法三，学生异口同声地看出是12根。）

师：哪种摆法能一眼看出来是多少根？为什么？

生1：第三种摆法。一捆就是10根，旁边是2根，所以是12。

生2：一捆不用数，就知道是10根，其余的需要一根一根或者2根2根的数。（学生真正体会出了摆法三的优越性）

师：这种方法真奇妙，让我们跟随着电脑小博士一起来学习这种好方法吧！

课件显示10个一抽象成1个十的过程：先数出10根小棒，捆成一捆，就变成了1个整体，也就是"1个十"，再摆上1根，就是11。

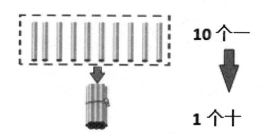

图 5-10　11-20 以内的数 2

生操作：数出10根，捆成一捆，再摆上1根。

师：指课件，10根小棒，这表示（10个一），再指一捆小棒，这表示（1个十），他们表示的数量是相等的。

小结：10个一是1个十，1个十里面有10个一，个和十都是计数单位。

师：你能用一个数表示出小棒的个数吗？怎样读？

生：11，读作十一。

师：你也能像电脑小博士这样，把十根小棒捆起来，表示13吗？

……

上述教学片段中，重点是解决"怎样摆才能让人一眼就看出小棒的根数？"这一问题。课堂上教师实施采用课堂评价的方法，引发学生的思考，让学生在比较中体验到方法三（把10根小棒捆成一捆，让学生理解了10个一就是1个十的数学关系）的好处，不仅培养了学生提出问题和解决问题的能力，而且激发了学生学习的动力和学习兴趣，培养了理性地分析问题、思考问题的优秀品质，养成了勇于探究、敢于质疑的理性精神。

（二）评价内容多维性

《数学课程标准》确定了数学课程的总体目标,对义务教育阶段学生的数学素养提出四个方面的具体要求,包括知识与技能、数学思考、解决问题、情感与态度。评价的具体内容应围绕这些方面展开,形成多维度的、全面性的评价内容体系。对学生知识与技能方面的评价包括对他们掌握数与代数、空间与图形、统计与概率等领域的相关知识进行评价;对学生数学思考的评价包括对他们的抽象思维能力、形象思维能力、统计观念和推理能力等方面的评价;对学生解决问题的评价包括对他们的提出和解决问题能力、解决问题的策略、创新和实践能力,以及合作与交流等的评价;对学生情感与态度的评价包括对学生参与学习活动情况、学习的习惯与态度,以及学习兴趣与自信心等方面的评价。

通过设计相应的问题来实现对学生不同方面的评价,也可以在综合的问题情境中评价,还可以通过分析学生平时的学习情况来评价。

例如,三年级下册《24时计时法》。

本节课教学目标是让学生知道什么是24时计时法,会用24时计时法表示时间和两种计时方法的转换。在导入环节,首先出示钟面,问"这个时刻你在做什么?"一生说"10时,我正在上课",一生说"10时,正在睡觉",老师追问"为什么同一时刻却有两种活动?"学生回答,因为一天当中,有两个10时。老师借助学生的生活经验,设置矛盾冲突,引发学生思考,这样的追问促使学生考虑问题更加全面缜密、严谨、统筹兼顾,也正因为这样的追问,引发了学生的思考:有没有一种新的计时法能解决这个问题呢?而这时老师适时追问,你知道这些时刻还可以怎样表示?而有的学生在生活中,确实见过24时计时法,老师再一次借助了学生的生活经验,借此引出新知——24时计时法。

从数学核心素养这个角度来看,教师充分调动学生的生活经验和认知经验,把这些经验抽象成数学思考。这既是对学情的尊重,也是培养学生数学抽象的一种重要策略,教师课堂上一系列问题的提出,就是在有意识地引领学生实现"从经验到抽象"的数学认知,从而落实了"数学抽象"这一核心理念。

从"导学"策略的角度来看,课堂伊始教师借助"10：00"这同一个钟面,引发学生的思考,利用"问题导学"的策略让学生明确学习"24时计时法"的必要性。一连串的问题"钟面上的时刻你在做什么?""明明是同一个钟面,怎么不表示同一个时刻？""你的意思是说一天有两个10时""谁能解释一下是怎么回事？"等,正是在这师生之间的对话中,落实了"导学"策略,让学生知其然并知其所以然。

（三）评价方法多样化

新课程倡导评价方法的多样化,摒弃传统的单一的评价方式,变为对学生多方面进行评价；摒弃传统的过多地注重知识技能的评价,变为对学生全方位的能力进行评价；摒弃传统的过多地关注结果的评价,变为多学生学习过程的评价。另外,对教师进行多维度、有针对性的评价也是应该倡导的。

例如,做好计划来安排"一天中的所有事情"。[①]

要求制作一个表格来说明在一个普通的学习日里是如何分配时间的。建议：应该考虑在学校的时间,在家睡觉、吃饭、做作业、看电视、与朋友在一起、进行运动等的时间。

解析：表现性任务需要建构一个复杂的评分标准体系。传统的测试只有一个客观、简单的评分标准,而表现性任务的开发需要设计一个复杂、系统、个别化、开放的评分标准。不同的表现性任务需要不同的评分标准,从总体上来说,我们可以从表5-14所示的5个方面来确定表现性任务评分的标准。

表5-14　任务评分的标准

目　　标	具体目标
学生表现的效果或影响	学生的表现是否成功
	是否达成了预期的目标
作品的质量及技能	是否有预期的结果
	作品能否反映出组织性
	作品能否反映出精确性

---

①脱中菲．小学数学表现性评价的任务设计与开发［J］.教育测量与评价（理论版）,2009(4)：26-28.

续表

目　标	具体目标
专业化的程度	在设计和完成作品的过程中
	是否有合理的程序方法、呈现方式
学生表现的效果或影响	所运用的观点、技能和材料是否正确
学生表现的效果或影响	知识应用的复杂程度
	知识应用的熟练程度

　　注：学生在完成了表现性任务之后，教师要根据评分标准对学生的表现或者完成的作品进行逐项的评价。

　　从案例中可以体会表现性评价的一些特征，这样的问题没有统一的、标准的答案，学生可以比较自由地回答。但回答这些问题需要相关的知识和技能，同时也需要学生运用适当的方法，特别是学生需要有创造性和想象力。不同的学生会有不同的解决方法，不同的解决问题的过程会得出不同的结果。从学生回答问题的过程和学生所得出的不同答案中，教师可以了解学生不同的思维水平，对学生的各方面表现进行综合评价。

四、课堂教学评价标准

　　评价标准是开展评价的依据和保障，有效教学的评价标准有从过程性评价和结果性评价两方面来进行评价。过程性评价标准可以根据评价对象、教学过程观、教学价值观三方面来实现。结果性评价标准可以将教学目标具体化为某一学科、某一阶段、某一节课的具体目标，根据布鲁姆的教育目标分类，包含内容和心理行为两个侧面，内容侧面就是教材内容，心理行为侧面就是教师将内容内化为学习者的心理结构并形成的各种能力和个性品质。

　　基于导学的自主学习型课堂教学模式的评价应该从教师、学生、师生协作三个大的方面来进行评价。具体内容如表 5-15 所示。

表 5-15 基于导学的自主学习型课堂教学模式的评价

组织方式	表现形式	实施项目	具体目标
教师	个人进行教学设计	目标设定	从课程标准中找出本课时的相关内容,包括知识要求和技能要求
			根据课程标准的要求,详细进行解读,使之成为清晰可测的教学目标
			将教学目标转化为清晰可测的学习目标,做到针对不同学生制定出不同的学习目标
		内容设定	能根据教学目标,把教材的知识转化为学习内容,创设情境时一定要与学生的生活实际相联系
			教师能够结合本班的学情,把教材内容转化成教学活动,最佳的方式就是把教学内容进行再创造
			教师结合教学内容,能够采取有效的教学手段开展教学活动
	教学过程	教学调控	教师能够根据学生的学情,及时调整教学思路,有效达成教学目标
			教师能够及时地调整教学策略,根据学生提出的创造性的问题开展教学活动
		教学氛围	教师要与学生建立良好的师生关系,营造民主、平等的学习氛围
			教师要为学生创设能够表达自己的真实体验和感受的平台和机会

组织方式	表现形式	实施项目	具体目标
	教学素养		教师要正确定位自己在课堂教学中的地位,是学生参与学习的引导者合作者和组织者
			教师处理学生的事情要公平、公正,如果教师出现失误的地方要及时地自己纠错,并且要勇于对学生承认自己的不足,展现教师的人格魅力和教育机智,做到与学生共同成长,切实展现教师的素养
学生	参与程度		课堂是学生的舞台,一定要让每个学生都能参与到教学活动中,而且是积极地参与其中
			全员参与是新课程倡导的,要求教师营造教学氛围让每个学生都能全身心参与到课堂教学中
			学生参与学习的态度应该是积极、主动的,不要有依赖性;要营造愉悦的环境,让学生进行丰富的体验;要不断激发学生的思维,让学生不断地开启思维,思考成为一种习惯
	学习效果		学生不仅要收获本节课的知识,同时在数学表达、数学思想和数学学习方法等多方面有所提升
			学生要享受学习的过程,要有学习得有成就感和幸福感
			学生能够主动地对自己的学习状况进行评价,学生能够结合自己的学习表现进行自我评价
师生交往	师生之间		师生之间沟通融洽,及时地进行信息交流,能够及时地根据现实情况进行互动反馈

续表

组织方式	表现形式	实施项目	具体目标
师生交往	师生之间		教师要公平地对待每一个学生,让每个学生都能得到教师的普遍关注
			学生要积极地参与教师创设的各种活动,也要主动与教师进行合作,师生之间都获得满足感,分享成功的喜悦
	生生之间		生生之间无论在小组合作学习和自主学习时,都能积极地交流,互相取长补短,融洽地能开展合作
			同伴之间能够互帮互助,能够从同伴获得不同思想、方法、观点,进行辩论
			同伴之间能够在课堂上在合作、交往中得到能力的发展和提升

　　运用评价手段来促进教师转变教学思想、改进教学,能有效促进自主学习型课堂教学的顺利开展。评价具有情境性和时效性,一定要避免使评价成为教师开展教学实践的束缚。

　　根据教学过程和效果的主观印象采用事先编制好的评价量表进行评价,是目前进行课堂教学评价最主要的方式,也是实践中应用最广泛的一种方式,最关键的是评价量表的编制。我校在基于导学自主学习型课堂模式的基础上,结合本校"和美教育"理念,在指导教师进行赛课时,制定了"三和""四美"的数学课堂评价量表,如表5-16所示。

表 5-16 数学学科"和美课堂"课堂评价表

班级		学科		执教时间	___年___月___日 第___节	
课题					执教人	
	评价项目	评价要素			分值	得分
三和	教学目标和（15分）	目标明确，且充分体现任教学科的核心素养与价值观			5	
		准确把握教材，内容符合《数学课程标准》和学生实际，年段特点清晰，重点突出，难点明确			5	
		关注数学学习过程，注重学法，激发兴趣，培养学习情感，发展学习能力			5	
	教学情境和（15分）	课堂民主，师生平等，面向全体，关注差异，因材施教			5	
		合理整合课程资源，打通课内、外与学科界限，将阅读融入数学学科知识中			5	
		氛围和谐，讨论热烈，正面评价，鼓励思辨，活用方法，有所生成			5	
	教学评价和（15分）	学生自主学习与教师相机指导相结合，重视与教材对话，理解、积累和运用学科语言			5	
		设置评价任务或标准，预设推进与生成处置自然巧妙，使学生学科核心能力得到全面培养			5	

续表

	评价项目	评价要素	分值	得分	
四美	教学评价和（15分）	对小组合作的活动情况进行评价，培养学生的团队精神和合作意识	5		
	组织有序美（15分）	恰当利用"微课"导学，有效激发学生学习动机和兴趣，有效体现目标的可操作性和学生实际有效结合	5		
		合理利用小组合作，进行自主学习、组内学习和展示探索，课堂始终处于高效有序的状态	5		
		精讲多练，学习要求和方法指导具体，并与所学知识内容有机结合	5		
	设计艺术美（10分）	基本功扎实，语音标准，语言精练，板书美观，熟练运用信息技术，教学环节紧凑，情境创设有效	5		
		恰当地运用"十二学"平台、多媒体进行教学，灵活地运用反馈答题器	5		
	思维创新美（15分）	教会学生倾听、表达、纠错、归纳、记录，指导学生清楚表达	5		
		"自主、合作、探究"的学习方式得到强化，积极参与个性化体验，个性特长得以发展	5		
		能按照合作研讨规范进行合作、在合作中交流情感，达成共识	5		

续表

评价项目	评价要素	分值	得分
	能按照合作研讨规范进行合作、在合作中交流情感,达成共识	5	
效益整合美(15分)	知识当堂过关,学习信心得到增强,学习方法得到改进,能力明显提升	2	
	每个学生都得到锻炼和提高的机会,学习兴趣和信心得到增强,享受学习、热爱生活的情感得到升华	3	
	恰当整合和拓展学科知识,体现学法指导,学生会合作,能准确表达和交流	10	
简评		总分	
		评价人:	

第五节　课堂效果反馈评价

一、实践研究

基于导学的自主学习型课堂教学模式的改革研究开展多年以来,无论是从小学生数学素养的提升,小学生自主学习、合作学习的状态、还是从全市小学数学质量调研成绩来看,与传统的课堂相比,都有了明显的改观,尤其是在促进学生数学深度学习的方面,取得了较好的效果,可以说促进了小学生数学深度学习。以《三角形的内角和》一课为例,谈一下在实践研究中的意义。

（一）设计之初的思考

1. 思考一：核心素养的育人目标

根据《中国学生发展核心素养》对学生发展核心素养的诠释,我们认为,数学核心素养是学生在接受数学教育的过程中逐步形成的适应个人自身发展和社会需要的关键能力和数学品格。在小学,数学关键能力主要指学生在数学课程学习过程中,通过对知识的积累、技能方法的掌握和运用,从数学角度发现和提出问题,获得运用数学方法、使用逻辑思维分析和解决问题的能力。数学品格主要指通过数学学习形成的修养和品质,其最终价值取向是培养"全面发展的人"。

2. 思考二：实际教学中的教学困惑

（1）课时内容难以分配。青岛版教材在《三角形的认识》一节中安排了两部分内容：一是"三角形的内角和",二是"三角形三边的关系"。在一节课中同时探究三角形的三个角、三条边的关系,对学生来说容量较大,有一定难度。基于学情分析,建议分成两节课来进行探究,第一课时研究三角形的内角和,第二节课时研究三角形三边的关系。

（2）探究活动难以充分。要使"三角形的内角和"的研究科学、有普适性,就应该让学生将各种形状的三角形（比如,锐角三角形、直角三角形、钝角三角形）都有所了解,如果全部进行研究,显然会使得研究时间过长,完不成教学任务。如果只研究其中的一种形状的三角形,就会出现对其他形状的三角形的内角和情况感知不够、研究单一的情况。何况还要让学生感知到探究"三角形的内角和"还有"剪一剪、拼一拼、画一画、算一算"等多种研究方法，综合看来，传统的教学方式使得学生的探究活动不够充分，思考不足，影响后续学习。

（3）学生思考表达欠缺。传统的教学方式，课堂上教师提供各种各样的学具，让学生自主探究，重视了探究的过程，但浪费了大量的时间。学生关注点就会在探究过程是否成功，教师难以了解每位学生的思考情况。因为时间紧、任务重，所以就会出现教师不断催促学生快速操作的情况，重形式而忽视学生的感知，这样，一方面是教师给学生表达的机会有限；另一方面，部分学生因思考未成熟而不愿表达。探究活动不足、思考表达欠缺下的数学学习，不利于学生数学思维的发展。

3. "微课导学"学习理念的吸引

"微课导学"调整了课堂内外的时间，将学习的决定权由教师转移给学生。聚焦知识点的"微视频"和同步搭配的"自主学习任务单"共同形成的"微课导学作业"，丰富了学习资源的呈现方式，突出先学环节中的教学引导。

（二）有效设计

基于"微课导学"的自主学习型课堂教学模式，"先学""后教"的方式实现了以学习者为中心的深层学习教学结构。学生基于"微课"进行自主学习，将学习的过程和成果详实记录在"导学作业单"上。这样的设计既尊重了学生的差异，也利于学生深度思考和探究。

通过课前测得知：对于"三角形的内角和是什么"这一概念，有近三分之一的学生"已经知道"或是"有一些认识"，但无法用语言清晰地表达；对于"三角形的内角和是180°"这一结论，有近四分之一的学生见到过，但不知道如何通过探究才能得到这一结果。

《三角形的内角和》导学作业设计如表5-16所示。

四年级下册第五单元信息窗二"微课导学"作业——课前用（如表5-16所示）。

表5-16　学习内容：三角形的内角和

学习习惯	1. 通过观察、操作、验证等一系列活动,知道三角形的内角和是180度 2. 能用"三角形内角和是180度"这一结论解决问题 3. 在具体的操作中,养成分类整理、有序思考的思维习惯
知识链接	1. 复习：回顾一下我们学过什么形状的三角形? 2. 三角形的内角和,指的是三角形三个内角的度数的总和,猜想一下,三角形的内角和与什么有关? 3. 选择合适的方法来研究三角形的内角和 温馨提示：可以研究不同形状的三角形,这样得到的结论会更科学
我的尝试 与思考	1. 我选择的是什么形状的三角形? 我研究的方法是这样的? _____ _____ 2. 展示下我研究的过程和方法（可以粘贴,可以描述） _____ _____ 3. 我得到的结论是_____
挑战自我	用你探究到的结论来设计两道练习题（可以设计多层次的题组）_____ _____ _____

（三）实践效果

从2016年开始,至今四年的时间,针对应用过程中出现的问题我们不断地调整更新着"微课导学"作业单,应用基于导学的自主学习型课堂模式开展《三角形的内角和》教学,综合"微课导学"作业单的反馈以及课后问卷调查数据,我们对教学效果进行了分析。

（1）悦纳自主学习方式。基于"微课导学"的自主学习型课堂教学中落实了两个"充分"：每个学生充分经历探究过程,充分表达思考。课后问卷调查结果表明：有97%的学生"喜欢这种自主学习方式",91%的学生明确"这种自主学习方式对自己掌握本节课所学知识有帮助"；对于"微课"学习中印象最深的以及最有帮助的环节,有60%的学生认为是"自己独立学习环节",有37%的学生认为是"同学间互助交流环节"。这样的学习,带给学生的不仅是身心的愉悦,更是深层的学习收获。

（2）夯实基础知识技能。学生经历了有条理、有根据的逻辑推理过程：在探索三角的形内角和的过程中,经历了"初步猜想—操作验证—获得结论"这样的学习过程。并通过"画一画、量一量、剪一剪、拼一拼"等多种方式的操作活动,完成了对"三角形的内角和"的探究学习。对结论的掌握运用情况也比较理想：一是获得"三角形的内角和"结论后,尝试解决简单问题,有6%的学生未完成,6%的学生方法错,其余88%的学生能正确利用结论解决相关问题；二是课堂上的相关练习,学生正确率均在90%以上。

（3）提升问题解决能力。"微课导学"的学习过程学生获得扎实的基础知识与技能,在教师帮助下有效完成学习的内化与提升。学习了"三角形的内角和"以后,在练习设计上定位在"求特殊三角形的内角的度数",这需要学生综合相关知识灵活应用"三角形的内角和"的结论解决数学问题。其中,求"等腰三角形顶角或底角"是难点,利用"直角三角形的两个锐角的和是90°"解决问题是方法的提升点。当面对综合性问题时,学生解决问题的方法灵活多样。课堂练习中,关于"等边三角形、等腰三角形的内角"问题,学生正确率均达97%。在拓展探究"四边形的内角和"时,学生很快地将"三角形的内角和"的探究方法和结论迁移过来,提出"从特殊到一般"的解决思路。当探究六边形的内角和时,有74%的学生能正确采用分割为三角形或四边形的转化方法,且转化方法多样。

二、"微课导学"实施效果调查结果

（一）对"微课"的分析

以四年级二班作为实验班级进行分析。

1. 观看"微课"内容的效果

调查学生观看教师设计的"微课",发现：大部分学生能够掌握"微视频"中的知识内容,能够根据视频中提供的方法进行自主探究。调查的数据分析如图 5-11 所示。

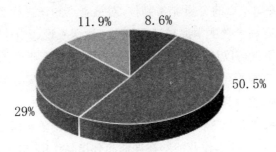

- A. 几乎什么都没懂
- B. 能知道大概的知识内容
- C. 能掌握大部分的知识内容
- D. 能掌握内容,并能安排自己学习

图 5-11 观看微课的主观感受

2. 学生对导学作业的评价

将导学作业与"微课"进行有机结合开展课堂教学可以提升学习效果。如图 5-12 所示是对学生进行的调查情况的展示分析,大部分学生认可"微课"起指导、引领的作用,而导学作业单让自己明确应该怎么学,学到什么程度,两者有机结合相得益彰。调查的相关数据如图 5-12 所示。

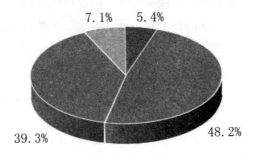

- A. 没有效果
- B. 有一些效果,能帮助预习或者总结一些知识
- C. 有效果,帮助预习下一节知识,发现自己的不足
- D. 非常有效果,既帮助总结或者预习知识,又拓展知识面

图 5-12 观看与导学作业结合的评价

（二）"微课导学"实施效果调查结论

（1）"微课"灵活性强，促进知识的学习。制作的微课中，对"三角形的内角和"的相关知识点的分析非常到位，对重难点知识进行了重点强调，图文并茂的形式，有利于学生掌握知识。同时，"微课"设计中也重视了学生技能的训练，学生不仅可以从微课中获取知识，并且提升了学生的技能。

（2）"微课"与导学作业相结合的课堂教学模式开展顺利，有利于激发学生的学习兴趣。将"微课"与导学作业结合的学习方式，在课前预习环节取得显著的效果。"微课"的形式丰富多彩，能直观形象地阐述知识，有效激发学生的学习热情；导学作业能够在课前起到指导作用，其中巩固性练习能够反馈学生的学习效果和学习中存在的问题。"微课"与导学作业结合的课堂教学模式相互依存，能起到提高教学效果的作用。

三、成效分析

（一）积累了丰富的资源

开展"微课"与导学作业相结合的课堂教学模式，能够利用"互联网+"的方式及时沟通课堂内、外的教学环境，及时地统计和分析学生课堂学习状况和学习效果的信息反馈，对学习过程能够细致地进行评价，及时把握学生的学习信息，同时建立了学习的教学资源库。

（1）整理了数学"1～10册"的导学作业和教学设计；

（2）制作了与上述配套的"微课导学"的视频材料；

（3）整理了"基于导学的自主学习课堂教学"大量的教学实录；

（4）丰富各教研组的主题教研的成果。

（二）有效地延伸了教学时空

基于导学的自主学习型课堂教学模式将下节课学生的自主学习任务作为本节课的课后作业进行安排，这样，学生不用再去做巩固性作业，也有效地将前、后两节课的相关知识进行了有效的衔接。沟通了课前、课上和课后之间的知识联系，沟通了线上和线下学习方式的联系，沟通了学生课前自主学习和教师引导相结合，切实发挥学生学习的主动性，培养学生的自主学习能力。

1. 从根本上促进了教师教学理念的转变

教师从思想上有了很大转变，首先是敢于放手了，以前总是包办代替，总是不放心学生是不是听懂了，自己不讲总是感觉缺了点什么。新的课堂模式的不断实践,发现不是教师讲了学生才是学会了,而学生讲了才是他们学会了,这个转变可以说是对传统教学模式根深蒂固的思想的转变。再次,学生的参与度越来越高,正因为学生积极参与,所以数学课堂是活跃的,学生之间的差距逐步缩小。

2. 提升了教师的专业素养,促进了教师的专业发展

设计导学作业时要求教师深研课程标准、吃透教材、研究学生,对教师的教研水平有更高的要求。例如,有效设计问题情境就要求教师了解学生的学情、把握认知规律,教师的教研范围更有深度;进行课堂评价就要求教师懂得学习心理,教师的涉猎范围更有高度。所有这一切都促进了教师的学习与研究,从而促进了教师的专业化发展。

3. 促进了校本研修和学习型组织的建设

进行课堂改革就需要借鉴别人的既有经验,但根本问题的解决还是要通过校本研修。实行课堂教学改革推动了自主研修,推动了教研组教师的集体备课,促进了教师之间的资源共享,同时丰富了资源库的建设,也将扎实开展了我校的校本研修组织的建设。与兄弟学校进行了学习型组织,通过定制召开经验交流会,有效地推动各组之间的互相学习、互相提高。

(三)激发了课堂的生机与活力

基于导学的自主学习型课堂教学模式,已经成为全体教师的授课的新常态,教师在课堂上感受到从容地运用该课堂模式带来的欣喜。课堂上学生的学习是积极的、主动的、全员参与的,教学内容变成了一个个的学习任务,不断地驱动着学生开展课堂学习。

1. 转变了学生的学习方式

课前学生独立地进行自主学习,课堂上的小组合作学习环节进行对学,全班展示环节,在教师的引导下进行群学。每一个学习阶段,学生有自主学习获得的收获为基础,能够积极主动地参与到学习中去,学生的思维活跃,学习兴趣高涨,能够起到积极的促进作用,也能发挥主观能动性,创造性地解决问题。

2. 更新了学生的学习观念

自主学习是开展小组合作学习的基础,学生在小组合作学习中认识到了自主学习的重要性。小组合作学习中,学生能够积极主动地参与其中,知道学习是自己的事情,也是小组集体的事情,这样,小组长就会更加"有责任感"地组织全体成员积极主动地参与其中。课堂教学中的其他环节,教师能给学

生提供更多的锻炼机会,切实发挥学生的主观能动性,学生思维灵动、积极参与,做到眼动、脑动、身动,最大程度地调动了学生的学习热情。

3. 改变了学生的学习行为

学生的学习行为由传统的被动学习变成了现在的主动学习,课前学习环节,学生充分发挥了自己学习的主动性;小组合作学习环节,学生积极参与其中,掌握了合作探究的技巧,小组成员在独立思考的基础上,能主动发表自己的观点;课堂交流环节,学生能积极主动地倾听,展示交流时能够主动提出有价值的问题,能与同伴进行质疑、互动、交流,展现出充分的参与状态;课堂评价环节,能够对同伴交流出的观点,进行科学的评价,开展互评和自评,发挥了评价的效度。

四、研究总结

课堂模式的建构与运用,学生在数学课堂上是快乐的,在我校承办的几次大的活动中,学生展示出来的思考状态、精神面貌、个性品质,得到了与会领导和教师的高度评价。我校教师在市级组织的教学研讨会上纷纷出示观摩课:2012年烟台市"教科研之旅"走进海阳,修洁执教《三角形三边的关系》观摩课;2013年江西省"百名名校长考察团"到我校观摩,修洁介绍了数学课堂模式与作业融合的典型经验;2014年烟台市"校本研修"活动在我校举行,于春霞、骆菁菁从两个会场展示了分别《按比例分配》《图形的周长》的数学课;2014年我校数学作业改革的先进经验在烟台市作业改革现场会上做交流;2016年海阳市"学本课堂研修活动"在我校举行,修洁执教《最大公因数》的观摩课,得到山东省教科院张斌博士的高度好评;2017年海阳市"学科德育学本课堂"培训会议上修洁执教《两位数乘法(不进位)》的观摩课,得到山东省基础研究院崔成志院长的高度好评;2018年海阳市"名师工作室"建设推进会议,修洁执教《24时计时法》的观摩课,得到烟台市教师培训科白新奎科长的高度评价。

经过课堂教学模式的变革,教科研氛围日益浓厚,"科研兴教、科研兴校"不是口号,更成为一种自觉的行动。教师们成长迅速,一大批优秀教师崭露头角,成为教改研究的骨干。近几年来,我校3位教师评上高级教师职称;1位老师被评为"烟台名师";2位教师被评为"烟台市学科带头人";2位教师被评为"烟台市教坛新秀";2位教师被评为"烟台市名班主任";4位教师执教国家级、省级数学优质课；十几位教师执教烟台市级数学优质课，共有 100 多篇论文在区级及以上论文评比中获奖或在各级刊物上发表。

　　课堂模式实施以来，无论在自主学习还是合作学习方面都取得了可喜的成绩。开展自主学习时，学生的学习兴趣得到激发，课堂上学生求知欲强，能够积极主动地探索知识；学生个性得到发展，课堂上学生自信满满，能够主动向教师挑战；学生的学习能力得到培养，课堂上学生问题意识强，能够敢于发表自己的观点。开展小组合作学习时，学生的合作意识得到培养，课堂上积极参与，能够默契地配合；学生的合作观念得到提升，课堂上全员互动，能够做到人人为小组做出贡献；学生的合作技能得到提升，课堂上组长带头，能够做到合理分工人人共参与。课堂改革最受益的是学生，不仅学生的各方面能力有了提高，他们的自主性、主动性、独立性都得到了最大程度的发展。今后，我们将加倍努力，把课堂变革引向深入，探索课堂模式更好的实现路径和方法。

后 记

　　叶澜教授说:"课堂教学应被看作师生人生中一段重要的生命历程,是他们生命的有意义的构成部分。对于教师而言,课堂教学是其职业生活的最基本的构成部分,它的质量直接影响教师对职业的感受、态度和专业水平的发展、生命价值的体现。"教师的生命价值只有在课堂上才能得到真正的体现,对于课堂的研究是教师职业生涯中最值得去做的一件事情。回顾 20 年的教育教学生涯,我从任教十年的初中,调入小学,一直从事数学教学与研究工作,在不同学段的授课过程中,我与团队成员就数学课堂教学的话题进行了多年的讨论与探究,使我零散的思路越来越明确,对课堂教学理论和实践进行学习、研究和整理,点滴见解记录在案。

　　因本人水平有限,撰写比较仓促,对引用部分专家的见解没有悉数标注,有遗漏之处,还望海涵。

　　在此,感谢给予我帮助的各位领导,感谢给予我鼓励的育才小学,感谢给予我力量的数学团队,感恩大家。

2020.4.6